KB261495

주제로 보는
한국사 1

고즈윈은 좋은책을 읽는 독자를 섬깁니다.
당신을 닮은 좋은책—고즈윈

주제로 보는 한국사1_ 고대편
이희근 지음

1판 1쇄 발행 | 2005. 12. 15.

발행처 | 고즈윈
발행인 | 고세규
신고번호 | 제313-2004-00095호
신고일자 | 2004. 4. 21.
(121-819) 서울특별시 마포구 동교동 200-19번지 오비브하우스 501호
전화 02)325-5676 팩시밀리 02)333-5980

값은 표지에 있습니다.
ISBN 89-91319-51-3
　　　　89-91319-54-8(세트)

고즈윈은 항상 책을 읽는 독자의 기쁨을 생각합니다.
고즈윈은 좋은책이 독자에게 행복을 전한다고 믿습니다.

고대편

주제로 보는
한국사

교양인을 위한 우리 역사 87가지 이야기

1

이희근 지음

고즈윈
God's Win

국내 학자들 간에 견해차뿐만 아니라
일본의 역사왜곡, 중국의 동북공정에서 보듯이
한국 고대의 실체는 논란 내지 논쟁 속에 있다.

도서관이나 서점에 진열된 중고등학교 교과서와 대학 교
재 등 한국사 관련 개설서 내지 통사류는 사실(史實)만을 나
열한 백과사전식 책들이 대부분, 아니 절대 다수를 차지하고
있다고 해도 결코 지나친 말이 아니다. 때문에 한국인이면
대다수가 한국사 하면 달달 외워야 하는 것이거나 재미없는
과목으로 여길 것이다.

한국사가 이렇게 인식된 데에는 국사학계에 일차적인 책
임이 있다. 국사학자 대부분이 이른바 실증사학이란 미명하
에 기록 자체에 매몰되어 그 이면에 담겨 있는 실체는 도외
시한 채 사실의 진위 여부만에 천착한 연구 성과를 제출해왔
기 때문이다. 한국사 관련 교과서나 교재가 사실, 즉 정보만
으로 이루어질 수밖에 없는 구조적인 문제점이 바로 여기에
있다. 당연히 이런 유의 책을 읽은 독자들은 한국사에 대한
전반적인 이해는 고사하고 엄청난 정보에 질려 본능적으로
한국사 관련 책들에 아예 접근하지 않으려는 기피경향을 갖
고 있을 것이다.

이러한 문제의식 아래 이 책에서는 각 시대(고대 · 고려 · 조

선)마다 한국사에 대한 전반적인 이해, 나아가 그 실체에 접
근하는 데 도움이 되는 핵심 주제 30개 내외를 선별하여 서
술하는 방식을 택했다. 이런 방식을 취한 데에는 한국사도
재미있으면서 흥미로운 분야라는 점을 인식시켜주려는 의도
도 담겨 있다.

한국 고대사를 다룬 1권에서는 한국 고대의 실체를 드러
내는 주제를 일곱 분야로 나누어 글을 구성했다. '고조선상
의 신화를 넘어'에서는 한민족은 단군의 단일한 후손, 즉 단
일민족이 아니라 마한으로 대변되는 한(韓)을 근간으로 중국
계, 북방계, 나아가 왜 등을 포함한 다양한 인종으로 구성되
었음을 밝혔다. 한민족은 단일민족이란 통념에는 민족적 우
월감이 담겨 있지만 역사상 중국 당나라, 로마제국 등의 사
례로 보아 다양한 인종적 구성을 지닌 국가가 크게 융성했
다. 또 현재의 고조선상은 실상 한나라 이후 중국 중화주의
자들이 조작한 기록을 토대로 만들어진 역사상, 한마디로 실
체가 없는 허구에 지나지 않는다는 사실 등도 다루었다.

'건국신화의 진실 혹은 거짓'에서는 신라 왕실은 박·

석 · 김이라는 3성씨 집단으로 구성되었으나 혁거세를 공통 시조로 하는 단일한 혈연집단으로 이루어졌음을 살폈다. 다만 중국식 성씨가 도입되면서 성씨가 없었던 시기의 인물들에게 혈통의 계통에 따라 특정한 성씨 박 · 석 · 김이 부여된 것이다. 그리고 주몽이 하늘의 아들을 자처했는가, 수로왕은 실존하지 않은 신화 속의 인물에 불과한가 등의 문제도 밝혔다. '국가개조 프로젝트, 왕권 대 신권'에선 흔히 고대국가가 강력한 왕권을 정점으로 한 중앙집권국가로 알려진 것과는 달리, 실제는 결코 그렇지 않았다는 사실을 다루었다.

'통일신라시대인가 남북국시대인가'에서는 신라의 삼국통일론은 고구려와 백제 멸망 이후 신라인이 만들어낸 신화임을 밝혔다. 즉 삼국통합전쟁 당시 신라인들은 결코 삼국을 통일하려는 계획도 의지도 없었다. 엄연히 옛 고구려 땅에는 고구려를 계승한 발해가 건국되어 신라 멸망기까지 신라와 공존하였으며, 그 발해국은 황제국을 자처했다. '세계 속의 한국 고대'에서는 고구려인은 자신의 나라가 천하의 중심국가라는 인식을 가지고 있었다는 사실을 밝혔다. 그리고 기마민족설은 그것이 한국판이든 일본판이든 간에 문헌적 · 고고학적 근거가 전혀 없는 역사적 상상력이 만들어낸 허구라는 점과 함께, 백제가 진짜 중국 요서지역을 지배했는가, 통합기 신라의 경주인구가 과연 백만 명이나 되었는가 등의 문제를 점검했다.

'각국의 표상'에선 각국을 상징하는 고분벽화, 신라금관, 무령왕릉, 가야의 철을 다루었다. 여기서 신라금관의 주인공은 샤먼왕, 그것도 여자라는 사실과 더불어, 가야도 삼국 못지않은 문화를 가진 나라였다는 문제 등을 다루었다. '동아시아 삼국의 역사전쟁'에선 고구려와 발해는 결코 중국의 지방정권이 아니라 자주국이었다는 사실을 살폈다. 이는 동시대 고구려인들과 발해인들뿐 아니라 외국들, 즉 중국과 일본도 인정하고 있었으며, 중국의 정사(正史)들은 모두 발해와 고구려를 외국열전에서 다루었다. 그리고 기자조선은 중국 중화주의자들이 조작한 가상의 역사였다는 사실, 광개토왕비의 왜(倭)는 한반도 서남부에 존재한 세력이었다는 점, 그리고 임나일본부는 가야의 왜 통제기구였다는 사실 등을 밝혔다.

마지막으로, 이 책 내용 가운데는 지은이의 독창적인 견해만이 아니라 학계의 연구성과를 반영한 부분도 있음을 밝혀둔다. 그리고 이 책을 통해 한국사의 전반적인 이해, 나아가 그 실체에 접근하는 데 도움이 되었으면 한다.

2005년 11월
이희근, 이정란

고려편

조선편

한국사는 한반도를 축으로 전개되었다. 물론 고대사의 경우는 활동 영역이 오늘날의 만주지역까지 포괄하고 있었다. 이러한 지정학적 특성상 한국사는 대륙 및 해양 양세력의 영향을 받지 않을 수 없었다. 특히 중원에 자리 잡은 역대 중국 왕조로부터 큰 영향을 받았다. 그 기점은 기록상 한국역사 최초의 국가인 고조선 때부터였다. 예컨대 서기전 3세기경 연(燕)의 장수 진개(秦開)가 고조선의 서방 2천여 리의 땅을 빼앗아갔으며, 또 연나라 출신 위만(衛滿)이 서기전 198년 고조선의 준왕(準王)을 몰아내고 이른바 위만조선을 세웠다.

이 같은 침략에 의한 교섭뿐 아니라 문화교류를 매개로 하여서도 상호간에 영향을 주고받았다. 대체로 한국의 고대국가가 역대 중원 왕조의 선진문물을 수입하여 자체의 고유문화를 발전시켜나갔다. 그 단적인 사례로 고구려의 고분벽화를 들 수 있다. 고구려는 한대(漢代) 이래 중국의 고분벽화를 받아들여 고구려만의 독특한 고분벽화문화를 창출할 수 있었다. 또한 이런 문화는 일본열도에 전파되어 일본의 고대문화를 꽃피우는 데 결정적인 역할을 하였다.

때문에 한국고대사를 제대로 이해하기 위해서는 주변 여러 나라, 특히 동시대 역대 중원왕조의 역사에 대해 반드시 알아두어야 한다. 이런 전제는 고려사와 조선사에도 물론 적용된다.

● 전쟁의 시대이면서 사상의 황금기를 연
전국(戰國)시대(서기전 403~221)

전국시대는 서기전 403년(혹은 453)부터 진(秦)의 시황제(始皇帝)가 천하를 통일한 서기전 221년까지 대략 200여 년간을 이른다. 전국시대란 명칭은 『전국책(戰國策)』이 이 시기의 일을 서술하고 있는데서 비롯되었다. 당시 주(周)왕실은 쇠약해져서 겨우 수도인 낙읍〔洛邑, 오늘날의 낙양(洛陽)〕 부근을 유지하는 데 불과했고, 주가(主家)인 진(晉)의 영토를 분할한 한(韓)·위(魏)·조(趙)를 인정하여 제후로 삼는(서기전 403) 등 주왕실 스스로 사실상 봉건제도를 파기해버렸다. 이로 인해 곧 제후는 스스로를 왕이라 칭하기에 이르렀다.

춘추시대 초기에 100여 나라였던 중국은 이른바 전국7웅(戰國七雄)인 한·위·조·제(齊)의 신흥 4국과 진·초(楚)·연의 옛 3국으로 분할되었다. 7국 가운데 한-위-조〔三晉〕가 가장 문화가 발전했던 중원 땅을 차지하고, 연은 북쪽에, 제는 동쪽에, 초는 남쪽에 위치해 있었다. 이중 한국 최초의 나라인 고조선과 관련이 깊은 나라는 바로 연이다.

서쪽에 치우친 진이 점차 강대해져 동방정복의 길에 나서기 시작하자 그 대세는 진과 다른 나라들과의 항쟁으로 이어졌다. 6국은 합종(合從)하여 진에 맞서거나 또는 연횡(連橫)하였으나 끝내 진에 의해 나머지 나라가 멸망하고 중국은 통일되었다. 이 와중에 각 나라마다 경쟁적으로 유능한 인재를 발탁 등용함에 따라 제자백가학(諸子百家學)이 발흥하여 사상의 황금시대를 열었다. 농업도 철제농기구와 우경(牛耕)의 보급, 수리시설 발달 등으로 크게 발달하였다. 상업 역시 발달하여 도시에는 상설시장이 생겨나고 금속화폐가 유통되었다. 이는 곧 진·한 통일제국 발전의 토대가 되었다.

● 중국 최초의 통일제국을 연 진(秦)과 한(漢)나라 (서기전 221~서기 220)

진은 춘추시대 제후국 가운데 한 나라로, 전국7웅의 하나이며 마침내 중국을 통일하여 통일제국의 기틀을 확립하였다. 진나라가 크게 흥하게 된 시기는 목공(穆公) 이후로, 주변의 여러 세력을 정벌하고 서방의 패자가 되어 동방의 진(晉)과 패권을 다투기에 이르렀다. 전국 초 효공(孝公)이 상앙(商鞅)을 등용하여 부국강병의 신정책을 펼쳐 국력이 더 강해졌다. 이후 점차 동방을 침략하여 영토를 확대하고, 혜문왕 때 도읍을 함양(咸陽)으로 옮긴 후 시황제 때 한·조·위·초·연·제의 순으로 6국을 멸망시켜 마침내 중국을 통일하였다.

진시황은 먼저 왕의 칭호를 '황제(黃帝)'로 개정했는데, 이는 적어도 이념적으로 천상(天上)의 상제(上帝)와 같은 절대적 권력자가 되고자 한 것이었다. 진시황의 최대 개혁은 봉건제를 폐지하고 군현제를 시행하여 황제를 중심으로 한 중앙집권적 통치체제를 수립한 것이었다. 진시황의 중앙집권 정책은 여기에 그치지 않고 도량형 · 화폐 · 문자에 이어 심지어는 수레 폭까지 통일했을 정도였다. 또 진시황은 흉노를 물리치고 임조(臨洮)에서 요동까지 장장 1만여 리에 이르는 만리장성을 쌓았다. 진시황의 이 같은 강압적인 통치로 그가 죽은 후 곧 전국적인 반란이 일어나 3세(世) 16년 만에 진은 망하고 말았다. 하지만 진시황이 확립한 중앙집권적 전제군주제는 다음의 한나라에 계승되어 중국 통일제국의 출발점이 되었다. 이러한 중앙집권적 제국체제는 그 후 2천여 년에 걸친 중국사에 결정적인 영향을 주었다는 점에서 중요한 의미를 지닌다고 하겠다.

진이 망하자 유방(劉邦, 고조)은 항우(項羽)로부터 한중왕(漢中王)을 임명받았다. 이를 기반으로 실력을 쌓은 유방은 서기전 202년 항우를 무찔러 중국을 통일한 후 장안(長安)에 도읍을 정하고 한을 세웠다. 고조는 진이 엄격한 법치주의를 채용하여 실패한 사례를 고려해 법제를 늦추고, 부분적으로 봉건제를 부활시켜 군현제를 병용하는 이른바 군국제(君國制)를 시행, 인심 수습에 힘썼다. 고조 이후 한왕조는 봉건제후의 세력 확대를 염려하여 그 세력을 약화시키는 데 주력하였고 중앙집권체제 강화에 일단 성공하였다.

서기전 2세기 중엽에 즉위한 무제(武帝)는 선왕들의 유업을 이어받아 중앙집권제를 확립하고, 유교를 관학으로 삼아 법치주의 정치의 표면을 장식하였다. 무제의 통치체제는 그 후 2천 년간 중국 역대 왕조에 수용되었다. 또한 무제는 이름에 걸맞게 대외 정복활동에도 주력하여 국력을 신장하였다. 그 일환으로 무제는 동방침략에 나서 서기전 108년에 위만조선을 멸망시켰다.

이처럼 계속된 대외 정복활동으로 나라 재정은 궁핍해지고, 외척과 환관이 권력까지 휘둘러 국정은 파탄에 이르렀다. 그 결과 한은 서기 8년 외척 왕망(王莽)에게 나라를 빼앗겨 일단 망했다. 이때까지를 전한(前漢) 혹은 서한(西漢)이라 부른다. 서기 25년 유수(劉秀, 광무제)가 한을 부흥하여 낙양에 도읍을 정했다. 그 이후를 후한(後漢) 혹은 동한(東漢)이라 한다.

광무제가 한을 부흥할 때 호족의 힘에 크게 의존한 까닭에 후한은 처음부터 호족 연합체적 성격이 농후했다. 2세기 초 외척이 정치에 간섭하기 시작하자, 이들을 제어하고자 환관을 중용한 후 환관이 발호하여 국정이 문란해졌다. 북방과 서북방에서 이민족이 침략하여 생활기반이 파탄에 이른 농민들은 각지에서 봉기를 일으켰다. 그 결과 중앙의 통제력이 약화되어 지방에서는 호족들의 독립화 경향이 나타났고, 군웅(群雄)을 평정한 조조(曹操)의 아들 비(丕)가 220년 황위를 빼앗고 후한을 멸망시켜 위(魏)를 세웠다. 하지만 남쪽에서 오(吳)와 촉(蜀)이 일어나 위와 대치하는 삼국시대가 되었다.

●격동기에 귀족문화를 꽃피운 위진남북조(魏晉南北朝, 220~589)

남북조는 진(晉)에서 수(隋)에 이르는 중간 시대로, 화북과 강남에서 여러 나라가 명멸했던 혼동기 그 자체였다. 강남에서는 동진(東晉)에 이어 송(宋, 420~473), 제(齊, 479~502), 양(梁, 502~557), 진(陳, 557~589)의 4왕조가 들어섰다. 화북에서는 선비족(鮮卑族)이 5호16국의 혼란기를 끝내고 북위(北魏, 386~534)를 세웠는데, 북위가 다시 분열하여 동위(東魏, 534~550)와 서위(西魏, 535~557)가 서고, 이를 각각 계승한 북제(北齊, 550~557)와 북주(北周, 557~581)의 5왕조가 세워졌다.

남조의 특징인 귀족제도는 동진 때 확립되어 귀족이 9품관인법(九品官人法)에 따른 관료제도의 운영을 독점하였으며, 문벌과 가격(家格)의 위계, 귀족과 서민의 신분적 구별 등 모든 것을 규제하였다. 이들 귀족은 대토지와 전호(佃戶) 등을 소유하고 광활한 산림과 호수의 이득마저 독점하여 장원을 영위하였다. 반면 북방의 위협과 귀족제도의 보존을 위해선 강한 무력이 필요하게 됨에 따라, 미천한 무장 출신의 천자가 귀족층의 용인하에 왕조를 세운 것 또한 남조의 특징이다. 그 결과 남조에서는 정변과 살육이 잇달아 발생하였다.

이런 사정은 북조에서도 마찬가지였다. 북위의 효문제(孝文帝)는 한인(漢人) 호족의 지지가 필요하여 양족 지배층의 융화를 도모하고자 귀족제도를 실시하였다. 하지만 선비족의 힘을 배경으로 한 북위의 황실은 남조보다 그 세력이 강하여 균전제(均田制)를 시행했으며, 이 제도는 부병제(府兵制)와 함께 수 · 당 시대로 계승된 주요 정책이었다. 이 같은 남북조의 여러 제도의 원형은 위(魏)나라 때 형성되었다. 예컨대 관리임용제에서는 9품관리법을 설치하여 각 군(郡)에 중정(中正)을 두고 관내의 인재를 1품에서 9품까지 나누어 품계(品階)에 따라 해당 관직에 임명하였다. 군사제도에서도 부자 형제 대대로 병역의무를 부과하는 병호(兵戶, 軍戶)를 설정하여 병호제를 만들었다. 토지정책으로는 둔전제(屯田制)를 시행해 내지의 군현에 둔전을 설치하였다. 이들 둔전은 일반 농민을 모집해 경작시키되 국가가 직접 관장하였다. 또 호(戶) 단위로 부과하는 호조제(戶調制)를 시행하였는데, 이것이 남북조 호조(戶調)의 효시가 되었다.

조조의 아들 비는 220년 한 헌제(獻帝)의 선양을 받아 위를 세웠다. 위나라가 9품관리법을 도입한 것은 결과적으로 남북조에서 성행한 귀족제의 성립에 결정적인 역할을 하였다. 위의 국력은 삼국 가운데 가장 강해 오와 촉을 압도했고, 밖으로는 요동에 미쳤으며, 고구려를 침략하여 수도 환도성을 함락시켰다. 사마소(司馬昭, 文帝)는 촉 토벌의 공에 따라 진왕(晉王)이 되었는데, 그 봉지(封地)가 전국의 3분의 1이나 되었다. 그 아들 염(炎, 무제)은 265년 선양받아 진을 세우고 나서, 280년 오나라마저 병합하여 중국을 통일하였다. 무제는 귀족의 특권을 인정하여 정국을 안정시켰다. 이도 잠시 다음의 혜제(惠帝) 때부터 국정이 혼란해져, 황실의 울타리로 강력한 병권을 위임받은 여러 왕이 '8왕의 난'을 일으켰다. 8왕의 난 이후 유목민족들이 연속 침략하여 화북에는 이른바 5호16국이 연이어 들어섰다. 진왕조도 316년 멸망했다. 이를 서진(西晉)이라 이른다. 결국 중국은 본격적인 혼동의 시기로 접어들게 된다. 이보다 앞서 진 왕실의 일족인 예(睿, 원제)가 317년 건업(建業, 현 남경)에 진을 치고 있었는데, 망명객과 토착 호족들의 지지를 받아 즉위하여 진을 부흥시켰다. 이것이 동진(東晉)으로 남조의 시발점이 된다.

남북조, 특히 남조의 문화와 생활방식은 귀족적 성격을 보였다. 문학에서 병문(駢文, 사육문)이라 불리는 운과, 형식을 중시하는 화려한 문체가 그 단적인 사례일 것이다. 시인 도잠(陶潛), 글씨의 왕희지(王羲之), 그림의 고개지(顧愷之)가 대표적인 작가이다. 또한 남북조에서는 불교와 도교가 크게 유행하였다. 남조에서는 양 무제의 두터운 불교신앙이 유명하다. 북조에서는 태무제(太武帝)의 지원으로 도교를 성행시킨 대신 불교를 금지하였다. 문성제(文成帝) 때 불

교가 다시 유행했고, 저 유명한 운강(雲岡)과 용문(龍門)의 석굴이
조성되었다.

● 세계제국을 추구한 수(隋)와 당(唐)나라(581~907)

수가 중국을 재통일하기 전, 중국에서는 3세기 이래 3백년 넘게
혼란과 동요가 지속되었다. 그 와중에 새로운 현상이 나타났다. 남
조의 여러 왕조의 존속은 강남지방의 개발을 초래했고, 북조에선
강력한 이민족 정권하에서 귀족제로 대변되는 문벌사회의 모순을
해소하고자 균전제, 부병제 등을 실시하였다. 또 문학·사상·종교
분야에서 새로운 경향이 나타났다. 수는 이러한 여러 조건을 토대
로 중국의 재통일을 완수하였다. 창업자 양견(楊堅, 문제)은 북주의
선양을 받고 즉위한 지 8년(589)에 남조의 진마저 정복하였다.

수 문제는 문벌사회의 폐단을 해결하고자 강력한 중앙집권정책
을 추진하였다. 주·군·현(州郡縣) 3단계를 주·현 2단계로 고쳐
간소화하고, 지방호족의 집합소인 용관(冗官)을 폐지하고 지방관은
모두 중앙에서 임명하였다. 이를 위해 9품관인법을 폐지하고 과거
제를 창시하였다. 3성6부제(三省六部制)가 확립되고 부병제는 한층
강화되었다. 또 문제는 수도 장안(長安)을 중심으로 전국 지배를 원
활히 하기 위해 대운하 건설에 착수하였는데, 이 사업은 그의 아들
양제 때에 완공되었다. 하지만 수나라도 양제의 과시욕에서 비롯된
과도한 토목공사, 3차례의 고구려 원정과 참패로 각지에서 봉기가
일어나 619년 끝내 망하고 말았다.

이연(李淵)은 자신이 옹립한 수의 공제(恭帝)로부터 선양받아 당을 건국하였는데, 이가 바로 당의 고조(高祖)이다. 고조는 당시 수나라 말기 이래 각지에서 할거한 반란집단들을 평정하는 데 온힘을 쏟아 왕조의 기틀을 닦았다. 2대 태종(太宗)은 자기 형인 태자를 죽이는 쿠데타를 일으켜 즉위하였다. 태종은 귀족세력을 억제하는 한편 수의 과거제를 정비하여 천하의 인재를 가문을 불문하고 등용하였다. 태종은 이들의 도움을 받아 국내정치와 대외관계 양자에서 비상한 실적을 올렸는데, 태종의 재위기간을 그의 연호를 따서 '정관(貞觀)의 치(治)'라 한다.

당의 정복활동은 태종과 그 뒤를 이은 고종(高宗) 때에 걸쳐 대성공을 거두었다. 태종은 서북의 유목민족을 정복하였으며, 서돌궐(西突厥)도 고종 때 예속되었다. 이어 중앙아시아의 오아시스 도시국가를 차례로 정복하여 파미르고원의 동쪽 지역은 물론 서쪽에까지 세력을 확대하였다. 동북으로는 태종 때 2차에 걸쳐 고구려 원정에 실패하고 고종 때에 와서 신라와 연합하여 그 목적을 달성할 수 있었다. 그 결과 당은 주변 나라와 책봉·조공관계라는 국제질서를 만들어 이른바 세계제국으로 발돋움하였다.

당의 문화는 세계제국답게 국제적인 성격을 띠었는데, 이는 당의 개방적인 정책에서 비롯된 것이다. 즉 외국인과 내국인이 모두 왕래를 자유롭게 한 결과 중국의 전통문화와 외래문화가 융합하여 이룩된 당의 문화는 8세기 세계문화의 정상을 장식하였다. 당의 문화는 다시 주변 나라에 지대한 영향을 미쳤다. 신라의 불교예술, 발해의 관료제도를 비롯한 문물, 제지법과 도자기 기술의 서방 전래 등이 그 단적인 사례다.

●다이카개신[大化改新]으로 중앙집권체제를 이룩한 일본

645년 나카노오에[中大兄] 황자(皇子)는 조정의 실권을 잡고 있는 소가[蘇我]씨를 토벌하고 나서, 숙부 고투쿠[孝德] 천황을 세우고 자신은 황태자가 되어 정치개혁에 착수하였다. 그는 새 정권의 연호를 다이카[大化]로 정했다.

나카노오에 황태자는 황족과 호족의 사유지 및 사유민을 폐지하여 공지(公地)·공민(公民)으로 하고, 지방행정구역인 구니[國]와 고오리[評]를 설치하여 지방관을 파견하였으며, 호적을 작성하여 반전수수법(班田收授法)을 시행하고, 조·용·조 등의 징세 제도를 마련하였다. 반전수수법은 토지국유제를 원칙으로 하는 토지제도로서 당의 균전제를 모방하여 만들었다. 이렇게 해서 일본은 마침내 중앙집권적 통치체제로 들어서게 되었다.

이후 일본은 702년부터 8차례에 걸쳐 견당사(遣唐使)를 보내어 당의 문물·제도를 적극적으로 받아들였다. 그리고 중앙집권체제에 걸맞은 국가를 세우기 위해 화폐 주조, 국사 편찬 등의 사업을 차례로 추진하였다. 또 676년 삼국을 통합한 신라와도 교류를 진전시켰지만 두 나라 사이의 긴장 관계는 지속되었다. 당·신라와 대항하고 있던 발해와도 사신을 교환하여 중국 교류의 중계지로 이용하였다.

1

고조선상의 신화를 넘어

- 한민족은 과연 단군의 자손인가?
- 실체가 없는 고조선상
- 고조선의 중심지는 요동인가, 평양인가

한민족은 과연 단군의 지손인가?

"한국인은 중국 베이징 한족과 만주족, 일본인과 매우 가깝다."

2004년 초 신문과 방송 등 각종 언론매체는 한국인의 민족기원 문제와 관련하여, 이 같은 아주 놀랍고 흥미로운 연구결과를 대대적으로 보도하였다. 이는 한국인에게 너무나 익숙한 '한국인과 몽골인은 인종적으로 동일하다.'는 통념과 전혀 다른 것으로 저명한 국제학술지 「휴먼 지네틱스(Human Genetics)」 2003년 12호에 게재된 김욱 교수 연구팀의 연구 성과물에 근거한다.

보도에 따르면 한국인은 대부분 남방의 농경문화민족에서, 그리고 일부는 북방의 유목·기마민족에서 비롯되어 '이중의 민족기원'을 지닌다. 더 구체적으로 설명하면 한국인 10명 가운데 7, 8명이 중국 중북부 농경민족을 비롯한 동남아시아의 남방계적 유전적 특징을 지닌 반면에, 나머지인 두세 명 정도만이 몽골·시베리아 북방계의 유전적 특징을 지녔다는 것이다. 한마디로 북방계 단일민족이란 통념과는 달리, 오늘날의 한국인은 매우 다양한 인종적 특징을 지녔다고 할 수 있다.

한민족은 단일민족인가, 다민족인가

이는 결코 놀랄 만한 사실이 아니다. 오늘날의 통념과 달리, 고대 한국에 대한 정보를 제공하는 각종 문헌자료의 내용과도 별 차이가 없기 때문이다.

알려진 것처럼 한반도에는 삼국이 건국되기 이전에 이미 마한(馬韓)으로 대변되는 한(韓)이란 세력이 거주하고 있었다. 이어 진시황(秦始皇)의 폭정을 피해 중국계 유이민이 옮겨왔는데, 이는 1~2세기의 한반도에 대한 정보가 담겨 있는 『후한서(後漢書)』동이전(東夷傳) 한조(韓條)의 "진한(辰韓)은 …… 진나라의 망명한 사람들로서 고역을 피하여 한국에 왔다."는 기사에서 확인된다. 이들브다 앞서, "일찍이 조선의 유민들이 이곳에 와서 산곡 간에 헤어져 여섯 촌락을 이루었다."는 『삼국사기(三國史記)』 신라본기 혁거세조 기사에서 보이듯이, 고조선 유민들은 경주지역에 정착해 있었다. 이들 집단이 바로 신라와 가야의 전신이 되는 진한과 변한(弁韓)을 형성하였다.

만주지역에 자리 잡고 있던 부여족의 일부도 한반도로 이주해오는데, 이들이 고구려와 백제의 건국 주도세력이 된다. 또한 "마한은 (삼한 중에) 서쪽에 있는데 54국이 있으며, 북쪽은 낙랑, 남쪽은 왜(倭)와 접해 있다.…… 변한은 진한의 남쪽에 있는데 역시 12국이 있으며, 그 쪽은 왜와 접해 있다."는 『후한서』 동이전 한조의 기사가 말해주듯 왜 역시 한반도 서남부에 위치해 있었다.

이렇게 한반도에는 이미 고대 때부터 다양한 민족과 집단이 정착하여 각기 나름의 역사를 전개해가고 있었다. 이는 한국역사상 해양세력과 대륙세력이 교차하였던 한반도라는 지정학적 위치를 고

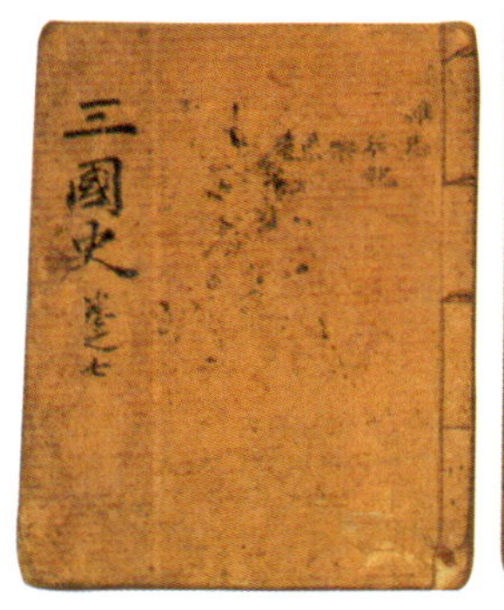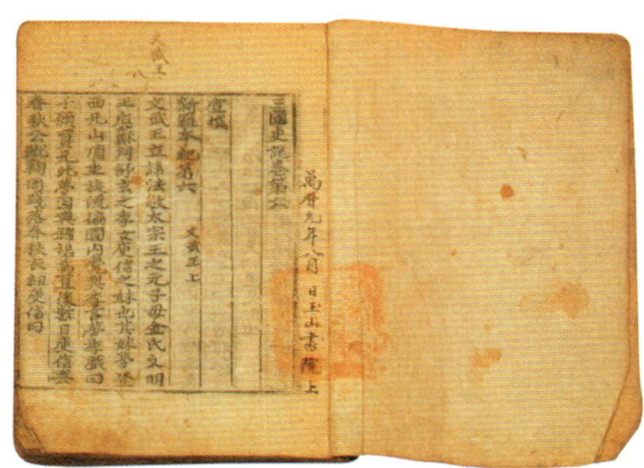

『삼국사기』

려하더라도 매우 자연스러운 것이다.

사실이 이러한데도 한국인이라면 누구든지 한민족의 시조가 누구냐는 물음을 받았을 때 주저 없이 단군이라고 답한다. 게다가 대다수는 단군신화마저 역사적 사실로 받아들이려는 경향이 매우 강하다. 이 때문에 고조선이란 용어보다는 단군조선이란 명칭을 더 선호하는 것 같다.

단군을 한민족의 시조로 기록한 최초의 문헌은 13세기 후반에 편찬된 일연(一然)의 『삼국유사(三國遺事)』와 이승휴(李承休)의 『제왕운기(帝王韻紀)』다. 따라서 단군이 한민족의 시조라는 인식은 고조선 멸망 이후 무려 1천5백 년이 지난 고려 후기에 편찬된 기록을 토대로 이루어진 셈이다.

문제는 이들 문헌 이전의 기록에서는 한민족의 기원을 단군과 관계없이 기술하고 있다는 점이다. 결론부터 말하면 『삼국유사』와 『제왕운기』가 편찬된 13세기 이전의 문헌에서는 단군을 한민족의 시조로 기록하지 않았다. 오히려 단군신화는 한민족 전체가 아닌 평양 일대에 전해져온 한 지역의 전승설화에 불과한 것으로 여겨지고 있었다. 그렇다면 일연이나 이승휴는 왜 평양지역의 전승인 단군신화를 자신들의 문헌에 기록하여 단군을 민족의 시조로 내세운 것일까?

단군이냐 기자냐

『삼국유사』와 『제왕운기』는 단군신화에 대해 기본적으로 거의 비슷한 내용을 전하고 있지만, 세부적인 짜임새에서는 몇 가지 차이를 보인다. 단군을 표기하는 데 있어 『삼국유사』는 '저단 단(壇)' 자를 쓰는 반면에, 『제왕운기』는 '박달나무 단(檀)' 자를 사용하여 그

나주 반남고분군 전방후원묘 전경 전방후원묘는 봉분의 앞부분은 타원형이고 뒷부분은 원형인 무덤 양식의 하나로, 이 무덤은 왜인의 무덤으로 추정된다.

의미를 다르게 나타내고 있다. 내용에 있어서도 차이가 있다. 『삼국
유사』는 곰이 변한 웅녀와 환웅 사이에서 단군이 출생한 것으로 설
명하는 데 비해, 『제왕운기』는 환웅이 손녀에게 약을 먹여 사람으로
변하게 한 뒤 단수신과 혼인시켜 낳은 아들을 단군으로 기록하고
있다. 즉 단군의 어머니가 한쪽은 곰이 화신한 여인이고, 다른 한쪽
은 신이 화신한 여인이다. 하지만 이야기의 중요한 골격인 한민족
의 시조가 단군이라는 점과 이후 등장한 한국사의 역대 왕조가 단
군을 계승했다고 하는 점에서는 일치한다.

그렇다면 『삼국유사』나 『제왕운기』가 편찬되기 이전에도 단군을
한민족의 시조로 여겼을까? 현재의 통념과 달리 전혀 그렇지 않다.
오히려 오늘날 한민족이면 누구나 부정하고 싶은 기자(箕子)를 당시
에는 한민족의 시조로 인식하고 있었다. 예컨대 1146년(인종 23)에
편찬된 『삼국사기』 연표상(年表上)의 기사에는 "해동(海東)에 국가가
있은 지는 오래되었는데, 기자가 주나라 왕실로부터 봉작(封爵)을
받으면서 시작되었다."고 적고 있다. 외국인의 시각도 마찬가지였
다. 인종 6년(1122) 사신으로 와서 한 달 가량 개경에 머물렀던 송나
라의 서긍(徐兢)도 자신의 저서 『고려도경(高麗圖經)』에서 고려의 선
조를 기자로 기록하고 있다.

이렇게 13세기 말에 편찬된 『삼국유사』나 『제왕운기』와 달리 12
세기까지만 해도 한민족의 시조는 단군이 아닌 기자로 인식되고 있
었다.

단군초상

기자초상

단군은 평양일대 주민의 시조

그러면 13세기 이전 한민족에게 고조선의 시조인 단군은 어떤 존재였을까? 현존하는 최고(最古)의 역사서인 『삼국사기』에는 단군과 관련된 다음과 같은 기록이 전해진다.

"봄 2월에 왕은 환도성이 병란(兵亂)을 겪어서 다시 도읍할 수 없다 하여 평양성을 쌓고 백성들과 종묘사직을 옮겼다. 평양은 본래 선인 왕검(仙人王儉)의 집이다. 혹은 왕의 도읍터인 왕검이라고도 한다."

『삼국사기』 고구려본기 동천왕 21년(247)조

　선인왕검은 바로 단군을 가리키는 것으로, 기사에 따르면 단군은
평양과 특별한 관계를 가진 인물이 된다. 충숙왕 12년(1325)에 씌어
진 「조연수묘지(趙延壽墓誌)」는 이 점을 더 구체적으로 보여준다.

　"평양의 선조는 선인왕검인데, 지금까지 남은 사람도 당당한 사공
　(司空)일세. 평양군자(平壤君子)는 삼한(三韓) 이전에 있었는데, 1천
　년 이상 살았다니 어찌 이처럼 오래 살고 또 신선이 되었는가. 땅을
　나누어 다스려 그 후예가 끊이지 않고 이어졌네."

　이처럼 13세기 이전에 단군은 한민족의 시조가 아니라 단지 평양
이라는 한 지역의 시조로 여겨지고 있었다.
　그리고 앞서 말했듯 한민족의 시조가 단군이라는 견해는 13세기
에 와서야 비로소 부각되었다. 그러나 이 시기에 일반화된 것은 아
니었다. 『삼국유사』나 『제왕운기』 이후에 제작된 앞의 「조연수묘지」
에서는 단군을 한민족의 시조가 아닌 평양의 조상으로 규정하고 있
는 것으로 보아 그러하다. 이때까지도 단군은 여전히 한민족의 시
조인 동시에 평양의 시조로 받들어지고 있었다.
　결국 『삼국유사』나 『제왕운기』가 단군을 한민족의 시조로 내세운
근거가 된 「고기(古記)」, 「본기(本紀)」, 「단군기(壇君記)」, 「단군본기
(檀君本紀)」 등은 한민족 전체가 아닌 평양 일대의 고조선계 일부 주
민들 사이에 전해 내려오던 전승을 기록한 자료에 불과했을 가능성
이 높다. 실제 「조연수묘지」에서 확인되듯 14세기까지도 평양에는
단군의 후손을 자처하는 주민들이 거주하고 있었다.
　사정이 이러한데도 일연이나 이승휴 등이 평양 일대 주민들의 전

승을 기록한 「고기」, 「본기」 등을 토대로 고조선의 시조인 단군을
한민족의 공동 시조로 내세운 근거는 무엇이었을까?

단군의 한민족 시조화 모태가 된 '기자동래설'

그것은 바로 '기자동래설(箕子東來說)'이었다. 이른바 '기자동래
설'은 기자가 동쪽으로 망명하니, 주나라 무왕이 그를 조선의 왕으
로 봉하자, 기자가 백성을 교화하여 조선을 문명국가로 만들었다는
전설이다. 하지만 위와 같은 기자의 행적을 전하고 있는 문헌들을
살펴보면 기자동래설을 액면 그대로 받아들이기가 힘들다. 진나라
이전의 선진(先秦)문헌들에서는 기자와 조선의 관계가 전혀 언급되
어 있지 않으며, 한대(漢代) 이후의 문헌들에 이르러서야 그 같은 내
용이 나타나고 있기 때문이다.

기자동래설의 실체를 그대로 인정할 수 없는 이유가 여기에 있
다. 선진시대의 기록에는 나타나지 않다가 후대의 기록에 첨가되어
기록된 것으로 보아, 기자동래설은 후세에 조작되었을 가능성이 농
후하다. 실제 기자는 조선에 온 적이 없으며, 기자동래설은 한대에
와서 조작된 것에 불과하다.(기자동래설의 조작에 대해서는 이 책의
'26. 조작된 기자조선의 실체'에서 자세히 다루었다.)

고려의 지식인들은 조작된 기자동래설을 사실로 받아들였다. 고
려 숙종 7년(1102) 예부(禮部)에서는 우리나라의 교화와 예의가 기
자로부터 시작되었다는 이유를 들어, 평양에 기자의 사당을 세워
제사할 것을 왕에게 건의하였다. 이 주장이 받아들여져 기자에 대

한 제사가 국가 차원에서 이루어졌다. 그리하여 고려왕조의 역사관을 대변하는 『삼국사기』는 기자가 주왕실의 임명을 받은 뒤부터 우리나라가 시작되었다고 선언하기에 이르렀다.

때문에 일연이나 이승휴 같은 지식인들이 기자동래설을 신봉하였다는 것은 지극히 당연하다. 중국에서 일찍부터 성인으로 추앙받던 기자가 조선에 와서 백성을 교화하여 조선을 문명국가로 만들었다는 전설을 자랑으로 받아들였기 때문이다. 즉 그들은 중국과 우리나라가 기자 이래 문화적으로 한 집안을 이루었으니 서로 다른 나라가 아닐뿐더러 우리의 문화수준도 중국에 결코 뒤지지 않는다는 생각에서 기자동래설을 자랑스러워 하였다. 이런 사정은 이승휴가, 우리나라가 소중화(小中華)임을 자랑스럽게 여겨 "요동에 별천지가 있사오니, 중국 왕조와 두연(斗然)히 구분되며…… 경전착정(耕田鑿井) 어진 고장 예의 집, 중국인들이 이름 지어 소중화라."고 노래한 『제왕운기』 동국군왕개국연대(東國郡王開局年代)편 첫머리에서 단적으로 확인할 수 있다.

창조된 국조 단군상

따라서 일연 등이, 우리나라도 중국의 요임금 시기부터 존재해온 오랜 역사적 전통을 지닌 자랑스러운 나라임을 전하고 있는 『고기』 등의 기사에 주목한 것은 아주 자연스러운 현상으로 보인다. 그것도 마치 중국의 이상적인 제왕인 요와 순(舜)의 관계처럼 단군이 기자에게 선양했다는 기사를 포함했다는 점에서 더욱 그러했을 것이다. 이에 대해 『제왕운기』는 「본기」를 인용하여 다음과 같이 적고 있다.

"(단군은) 요제(堯帝)와 같은 해 무진년에 나라를 세워 순을 지나 하(夏)나라까지 왕위에 계셨도다. 은나라 무정(武丁) 8년 을미년에 아사달에 입산(入山)하여 산신이 되었으니, 나라를 누리기를 1,028년. 그 조화 석제(釋帝)이신 환인의 유전한 일. 그 뒤 164년에 어진 사람(기자) 나타나서 군(君)과 신(臣)을 마련하다."

『삼국유사』는 「고기」를 인용하여 단군과 기자의 선양관계를 더 명확히 기록하고 있다.

"단군왕검은 당요(唐堯) 즉위 50년 경인에 평양성에 도읍하고 처음으로 조선이라 칭했다. 또 도읍을 백악산 아사달로 옮겼는데, 이 곳을 궁홀산(弓忽山)이라고도 또 금미달(今彌達)이라고도 하며 1,500년 동안 나라를 다스렸다. 주나라 무왕이 즉위한 기묘년에 기자를 조선에 봉하여 단군은 이에 장당경으로 옮겼다가 뒤에 돌아와 아사달에 숨어 산신이 되었으니 나이가 1,908세였다."

이처럼 일연과 이승휴는 평양 일대 고조선계 일부 주민들의 전승을 기록한 「고기」 등을 토대로 새로운 역사상을 만들어냈다. 즉 '공자가 이상적인 인문(人文)의 시대를 연 첫 성군(聖君)으로 칭송한 중국의 요임금과 같은 시기에 건국되었으니 우리나라도 중국 못지않은 유구한 역사를 지닌 나라'라고 하는 역사상이 탄생한 것이다. 그것도 요순의 관계처럼 단군에게 선양받은 기자에 의해 우리나라가 중국과 같은 문명국가, 즉 소중화가 되었다는 '자랑스러운' 역사상이었다.

이상과 같이 13세기에 와서 고조선의 단군이 한민족의 시조였다고 하는 역사상이 일단 성립되었다. 그렇다면 이들은 왜 한민족 전체가 공유한 것이 아닌 평양 일대 일부 주민의 전승기록을 근거로 하여 단군이 한민족의 공동 시조라는 역사상을 창조했을까? 그것은 시대적 상황 때문이었다.

이승휴는 『제왕운기』 충렬왕조에서 "천자의 누이가 대궐 살림을 맡고, 황제의 외손자가 세자(충렬왕)로 되니, 조상으로부터 물려온 왕업이 다시 빛나네."라고 노래하듯, 자신이 살던 시대를 고려왕조가 중흥할 수 있는 시기로 인식하고 있었다. 즉 그는 당시를, 원나라의 후원을 입어 무신정권기를 마감하고 왕권복고를 이룬 고려왕조가 계속해서 번영할 절호의 시기로 이해하였다.

그러나 현실은 그렇지 않았다. 고려와 원과의 관계는 정상적 사대관계가 아니었고, 사실상 고려는 원의 식민지나 다름없었다. 이 때문에 이승휴나 일연 등 당시 지식인들은 이러한 잘못된 사대관계를 시정할 필요성을 절감했을 것이다. 그리고 이들의 절박함은 고려왕조가 원과의 정상적인 사대 속에서 독자적인 지위를 유지할 정당성을 확보할 수 있는 역사적 근거를 마련하려는 노력으로 나타났다. 그 결과 새로운 역사상이 창출되었던 것이다.

그리하여 이들은 고려왕조가 중국과 같은 유구한 역사적 정통성을 지닌 만큼 원과의 관계에서 독자적인 지위를 유지할 정당성을 확보하고 있는 나라이므로, 원과의 사대관계 속에서 독자적인 체제를 유지해야 한다고 주장하였다. 실제 이승휴는 원종 15년(1274) 원나라에 사신의 서장관(書狀官)으로 갔을 때 세자(충렬왕)로 하여금 원나라 세조를 설득하여 고려의 독자 체제 유지를 허락받았다. 『고려사』 열전 이승휴전의 "너희(고려) 역대 임금이 제정한 제도는 하나라도 빠뜨려 잃지 말 것이며, 옛 것에 따라 그대로 시행하라."는 세조의 조칙이 그것이다. 이 조칙은 뒷날 원의 고려에 대한 내정간섭이 심해지거나 아예 고려왕실을 없애 원의 직할지로 만들려는 책동이 있을 적마다, 고려인들이 그에 대항하는 논리의 핵심적인 근거로 등장하곤 하였다.

조선왕조, 단군이 한민족의 시조임을 공인하다

고려 후기에 일단 성립된 단군상은 조선에 와서 더 확고해졌다. 『태조실록(太祖實錄)』 태조 원년(1392) 8월 경신조에 따르면, 조선왕조 건국 직후 '단군이 동방에서 처음으로 천명(天命)을 받은 임금이므로 사전(祀典)에 등재하여 국가차원에서 정식으로 제사를 모시자'는 논의가 일어났다. 이는 국가차원에서 단군을 한민족의 시조로 공인하자는 뜻이었다.

이러한 주장은 곧바로 실현되지 않다가 태종 12년(1412)에 행해지는데, 이때 단군 제사는 단군의 도읍지로 여겨진 평양에서 이루어졌다. 고려시대까지만 해도 기자를 국조(國祖)로 여기고 단군은 평양의 시조로 간주하여 국가제사에서 제외되었다가, 이때에 와서야 비로소 국가의 제사를 받게 되었던 것이다.

　이러한 과정을 거쳐 단군은 조선시대에 와서 국조로 승격되었다. 명종 때에 박세무(朴世茂)가 편찬한 어린이용 교재인 『동몽선습(童蒙先習)』에 단군을 국조로 기록한 것이 단적인 사례다.

　그 후 국조 단군상은 일제 강점기에 와서 더욱 확고해졌는데, 이는 당시 한민족의 독특한 민족주의에서 비롯되었다. 일제 강점기에 단군은 식민지 지배에 대항하기 위한 정신적 구심점이었을 뿐 아니라, 한민족의 정체성과 자부심의 원천으로 여겨졌기 때문이다. 이 때부터 단군은 한민족의 국조임은 물론이고 한민족 통합의 상징이 되었으며 그것이 오늘날까지도 통념으로 전해지고 있다.

2

실체가 없는 고조선상

|고조선은 한국사의 시작인가|

현행 국정 중·고등학교용 국사 교과서나 한국사 관련 통사류를 보면, 한국역사에서 처음 등장하는 국가는 단군이 개국한 고조선이며, 이후 등장한 역대 왕조들은 모두 한결같이 고조선을 계승한 것으로 기술되어 있다.

역대 왕조는 과연 모두 고조선을 계승했나

하지만 이 같은 고조선상은 그 형성 과정에서 근거로 삼은 주요 사서(史書)의 편찬시기로 인해 근본적인 한계를 갖는다. 고조선 멸망 직후가 아닌 무려 1,500여 년이 지난 고려 후기에 편찬된『삼국유사』와『제왕운기』등의 기록을 토대로 하기 때문이다.

이들 문헌의 고조선 관련 기사를 보면, 단군의 계보 등 여러 가지 면에서 차이가 있지만 중요한 점에서는 일치를 보인다. 첫째, 한국사는 고조선에서 시작되었으며, 고조선 이후에 등장한 역대 왕조들은 모두 고조선을 계승했다고 기록되어 있다. 이에 대해서는『삼국유사』보다 『제왕운기』가 더욱 강조하고 있다. 둘째, 단군의 고조선 개국연대가 중국사에서 이상적인 제왕으로 꼽고 있는 요임금의 재위 기간과 같다고 되어 있다.

먼저 고조선 이후에 등장한 역대 왕조들이 모두 고조선을 계승했다는 사실을 액면 그대로 받아들일 수 있을까? 『삼국유사』는 「단군기」를 인용, 부루(夫婁)와 주몽(朱蒙)을 단군의 아들로 기록하여 고조선이 부여와 고구려로 계승되었다는 역사체계를 세웠다. 하지만 『삼국유사』에 인용된 「고기」 등의 기록을 따르더라도 부루와 주몽은 단군과 1천 년 이상의 시차가 있고, 그 사이에 위만조선이 존재하였기에 고조선과 부여 및 고구려를 직접적으로 관련지을 수는 없다.

고조선 계승에 대해서는 『제왕운기』가 더 철저하다. 『제왕운기』는 「본기」를 인용하여 시라(尸羅, 신라), 고례(高禮, 고구려), 남·북옥저, 동·북부여, 예맥(濊貊)이 모두 단군의 자손이라고 적고 있다. 심지어 『제왕운기』는 아무런 근거도 없이 아예 부여, 비류국(沸流國), 신라, 고구려, 옥저, 예맥 등 삼한(三韓) 70여 개국의 군장(君長)들이 모두 단군의 후예라고 단정하고 있다.

그러나 고조선 이후에 등장하는, 조선왕조를 제외한 역대 왕조들은 자신의 나라가 고조선에서 비롯했다는 계승의식을 갖고 있지 않았다. 실제 고구려와 신라 왕실에는 그 기원을 하늘에서 찾아 천손(天孫)임을 자처하는 독자적인 건국신화가 있었고, 백제 왕실도 부여·고구려에서 그 기원을 찾았다. 이처럼 이들 왕조에는 각기 독자적인 기원신화가 있었기 때문에, 이들 국가의 지배층에게는 고조선 계승의식이 존재하지 않았다. 고려 역시 고구려의 후예를 표방했기에 고조선 계승의식이 있을 리 없었다.

요컨대 한국사의 출발점은 고조선이며, 이후의 역대 왕조가 고조선을 계승했다는 견해는 13세기에 와서야 비로소 부각되었다. 그럼 13세기 이전에는 한국사의 출발점을 어느 나라로 인식하였을까?

한국사의 시작에 대한 인식의 변천

고려 중기까지는 한국사의 시작이 기자조선에서 비롯된 것으로 인식하고 있었다. 이는 『고려사(高麗史)』 문종 9년(1055) 7월조에 실려 있는 거란(契丹)에 보낸 외교문서 가운데 "우리나라는 기자지국(箕子之國)을 계승했다."는 기사에서 확인할 수 있다. 또 인종 23년(1146)에 편찬된 『삼국사기』 연표상(年表上)의 "해동(海東)에는 국가가 있은 지는 오래되었는데, 기자가 주나라 왕실로부터 봉작(封爵)을 받으면서 시작되었다."는 기사도 이를 뒷받침한다.

이처럼 고려왕조는 단군조선이 아니라 기자조선을 계승했음을 분명히 하고 있다. 13세기 이후에 편찬된 『삼국유사』나 『제왕운기』 등과 달리, 12세기까지만 해도 고조선 계승의식이 없었던 것이다. 『삼국사기』 등에 보이는 것처럼, 오히려 기자조선이 한국사의 출발점이라는 역사인식만 존재했을 따름이었다.

그러다 이미 언급했듯이 고려 후기에 고조선상이 성립되었고 조선왕조에 와서 더 확고해졌다. 즉 고조선은 조선시대에 이르러서야 비로소 국가에서 편찬한 역사서의 첫머리를 장식하는 존재가 된다. 성종 7년(1476)에 편찬된 『삼국사절요(三國史節要)』와 성종 15년

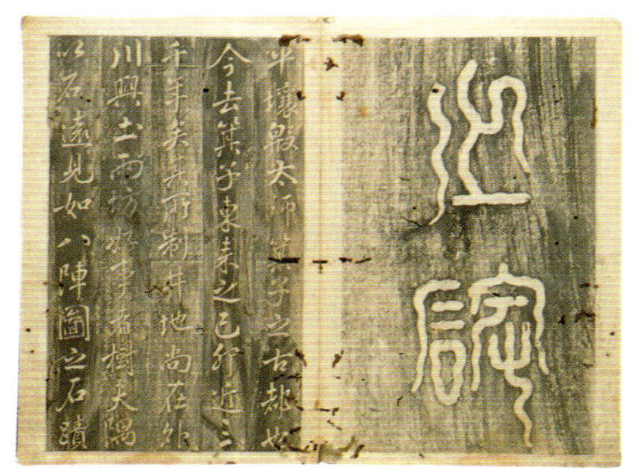

기자정기적비-조윤형 서

(1484)에 편찬된 『동국통감(東國通鑑)』이 대표적이다. 그 내용은 대략 이렇다. 단군이 직접 하늘에서 내려와 조선을 개국했으며, 기자가 동래하기 전에 아사달 산에 들어가 산신이 되었다는 것이다. 이 책들은 국가차원에서 편찬되었다는 점에서 당시인들의 역사인식에 상당한 영향을 미쳤다. 결국 고조선이 한국사의 시작이라는 역사상은 『삼국사절요』 등 관찬 역사서들을 통해 확고한 위치를 차지하게 되었다.

하지만 조선시대에도 여전히 기자조선이 고조선보다 더 중시되었다. 이는 국명에서부터 알 수 있다. 기자의 고국(故國)이라 하여 채택된 '조선'은 정도전(鄭道傳)의 『조선경국전(朝鮮經國典)』에 따르면 기자조선의 계승자를 의미한다고 한다. 정도전은 그 이유로 기자가 주왕실에 의해 조선후(朝鮮侯)에 봉해진 것, 기자가 홍범과 범금 8조를 보급하여 문화적 업적이 뛰어났다는 것을 들고 있다. 또한 『동국통감』에 단군조선은 극히 소략하게 다루고, 한국사체계를 기자조선 중심으로 서술한 것도 사례가 될 수 있다.

그러나 일제 강점기에 와서 대대적인 변화가 일어난다. 이때부터 중국인인 기자는 아예 무시되고 단군이 국조임은 물론 민족의 상징으로 변모한다. 민족주의 역사가들의 연구에 의해서였다. 그들은 일제의 식민통치를 받게 된 원인이 민족정신의 쇠퇴에 있으며 이는 사대주의에 따른 민족의 독자성 침식에서 비롯되었다고 보았다. 그 때문에 민족주의 역사가들은 외래 문물의 영향이 적었던 상고시대의 문화와 역사를 탐구하는 데 천착하였다. 그리고 그 결과가 단군과 고조선에 대한 연구로 나타났던 것이다.

민족주의 역사가들이 구성한 고조선상은 만주와 한반도를 아우르는 광대한 영역을 차지한 웅대한 제국 그 자체였다. 그들은 고조선의 수도가 만주에 있었으며 한사군의 위치도 남만주 지역이었음을 강조하였다. 나아가 고조선의 웅대함은 바로 고유한 민족문화와 대륙을 호령하던 웅건한 기상을 지닌 민족정신에서 비롯되었다고 열변을 토하였다. 이렇게 성립된 고조선상이 현재 한국인의 통념이 된 것이다.

건국연대를 둘러싼 논란

고조선이 요임금의 재위 기간에 건국되었다는 통념도 역사적 사실과 결코 부합하지 않는다. 그런데도 현행 7차 교과과정의 고등학교 국사 교과서에서는 "족장 사회에서 가장 먼저 국가로 발전한 것은 고조선이었다. 『삼국유사』의 기록에 따르면 고조선은 단군왕검이 건국하였다고 한다(서기전 2333)."고 적고 있다. 비록 단정적인 표현은 아니지만 고조선의 건국시기가 서기전 2333년이라는 국사학계 일부의 견해를 수용하고 있음을 알 수 있다.

그 결과 흔히들 고조선 건국연대를 서기전 2333년으로 알고 있는데, 이 또한 『동국통감』의 '단군이 나라를 세운 해가 요 즉위 25

년인 무진년이라'는 기사에서 비롯되었다. 이 같은 개국연대에 대해 『삼국유사』와 『제왕운기』는 각각 '요 즉위 50년인 경인년, 요 원년 무진'이라 하였다. 이들 문헌은 각기 단군의 개국연대를 다르게 기록하고 있지만 요임금 즉위년을 기준으로 한다는 점에서는 일치한다. 하지만 중요한 것은 요임금은 전설적인 인물이기에 중국학계에서조차도 그가 즉위한 해를 절대연대로 인정하고 있지 않다는 점이다. 이 때문에 한국사 연구자 대다수는 요의 즉위연대를 토대로 산정한 『동국통감』의 고조선 건국연대 기사를 그대로 인정하지 않는다.

그러면 고조선 건국시기는 언제로 보아야 하는가. 서기전 10세기 무렵이라는 것이 현재 국사학계의 일반적인 견해다. 이는 고고학적 발굴자료에 대한 분석을 통해 제시된 것인데, 학계의 설명은 대략 이러하다.

국가의 성립에는 일정한 객관적 조건이 있어야 하는데, 바로 농업경제와 청동기문화의 성숙이다. 한반도와 남만주지역에서 청동기문화가 확산된 시기는 서기전 10세기 전후이다. 물론 그보다 이른 시기에 만들어진 동포(銅泡, 단추 모양의 조그마한 청동기)가 확인되고 있지만, 그 정도의 청동기 사용은 국가 형성을 논할 객관적인 요건이 못 된다. 청동기가 본격적으로 사용된 때는 비파형동검문화 단계인데, 이 문화가 서기전 10세기 전후에 등장했다는 것이 고고학계의 일반적인 견해다. 따라서 한반도와 남만주지역에서 국가가 형성된 시기는 서기전 10세기 전후이며 이는 곧 한국사 최초의 국가인 고조선의 건국시기가 된다는 것이다.

그러나 문헌자료가 절대적으로 부족하다 해도 국가의 형성시기를 문헌이 아닌 고고학적 자료를 근거로 규정한 학계는 아마 세계에서 한국학계가 거의 유일할 것이다. 결국 고조선 건국시기에 대한 학계의 일반적인 견해 역시 근본적인 한계를 지닐 수밖에 없다.

이처럼 오늘날 통념화된 고조선상은 역사적 사실과는 큰 차이가 있다. 현재 파악할 수 있는 고조선에 대한 정확한 정보는 대략 이러하다.

고조선은 서기전 4세기 후반에 전국(戰國) 7국 가운데 한 나라인 연나라와 대적할 수 있을 정도로 중국 동북지방의 유력 세력으로 성장하였다. 그러나 서기전 3세기경 연의 침입을 받아 세력이 위축되었고 서기전 194년 연나라 출신 위만(衛滿)에게 끝내 멸망하고 말았다. 그 후 고조선의 유민 상당수가 한반도로 이주하는데, 일부는 평양 지역에 정착하고 일부는 경주 일대에 자리를 잡다. 이들이 신라의 모태가 된 사로국을 형성하였다. 이중 평양의 유민은 단군에 대한 전승을 간직하고 있었는데, 이 전승이 오늘날까지도 『삼국유사』나 『제왕운기』 등에 전하고 있는 바로 그 단군신화이다.

3

고조선의 중심지는 요동인가, 평양인가
|한사군의 위치는?|

현재까지 고조선 연구는 그 위치와 강역에 대한 연구가 전부라고 해도 결코 지나치지 않다. 또한 이마저도 중심지 위치가 어디인가에 치중되어왔다. 그간 고조선 중심지의 위치에 대해서는 중국 요녕성설(遼寧省說), 평양설(平壤說) 그리고 요녕성에서 평양으로 이동했다는 이동설 등이 제기되었다.

이런 논쟁은 현행 7차 교육과정의 고등학교 국사 교과서 36쪽 "고조선(위만조선)이 멸망하자 한은 고조선의 일부 지역에 군현을 설치하여 지배하고자 하였으나……"라는 기록에서 알 수 있듯, 한사군(漢四郡)의 중심 군현인 낙랑군(樂浪郡)의 위치만 확인할 수 있다면 종결될 수 있을 것이다. 고조선, 위만조선, 한사군 등은 같은 지역에 서로 시기만 달리하며 존재했던 정치세력이기 때문이다.

과연 한사군은 한반도에 있었을까?

국사학계는 대체로 한사군의 위치에 대해 한강 이북의 한반도에

심양 근교의 고조선 강역

서 만주 남부에 걸쳐 있었다고 보았는데, 중심지인 낙랑군의 위치를 지금의 대동강 유역으로 추정하고 있다.

한나라 무제(武帝)는 서기전 108년 동북지방의 유력한 세력이었던 위만조선(衛滿朝鮮)을 정복하고 그곳에 한사군을 설치하였다. 하지만 토착세력의 저항으로 진번(眞番)·임둔(臨屯) 두 군은 설치 20년 만에 폐지되었고, 일부 지역은 서기전 82년에 낙랑(樂浪)·현도(玄菟)에 통합되었다. 더구나 현도군도 고구려의 공격을 받아 서기전 75년부터 유명무실해졌기 때문에 사실상 우리 역사에서 의미를 갖는 것은 낙랑군뿐이라고 해야 할 것이다.

이런 사정은 다음 기사에서도 확인되듯이, 후한 초에 이르러서는 중앙 관리조차도 파견 못하고 그 지역의 수장에게 통치를 일임하는 조치를 취할 수밖에 없었던 상황을 보아도 알 수 있다.

"무제가 조선을 멸망시키고서 옥저 땅으로 현도군을 삼았다. 뒤에 이맥(夷貊)의 침략을 받아 군을 고구려의 서북쪽으로 옮기고는 옥저를 현으로 고쳐 낙랑군의 동부도위(東部都尉)에 속하게 하였다. 〔후한〕 광무제(光武帝) 때에 이르러서는 도위의 관직을 없앴다. 이후부터는 그들의 우두머리를 봉하여 옥저후(沃沮侯)로 삼았다."

『후한서(後漢書)』 동이열전

뒤이어 낙랑군은 미천왕 14년(313)에 고구려의 공격으로 남녀 2,000여 명이 사로잡힘에 따라 멸망하게 되었다.

낙랑군은 어디 있었을까?

낙랑군의 존재는 분명한 역사적 사실이기 때문에 낙랑군의 위치를 확인한다면, 한사군이 과연 한반도에 위치해 있었는지의 여부를 알 수 있다. 나아가 지금껏 많은 쟁점이 되어왔던 우리 고대사의 주요 활동 무대가 어디였는지도 확인할 수 있을 것이다.

먼저 낙랑군의 위치가 현재의 평양 지역이라는 통설을 검토해보자. 그러기 위해서는 우리가 무의식적으로 받아들여왔던 '낙랑'이라는 정치세력에 대한 사고전환이 필요하다. 지금껏 낙랑은 '낙랑군'으로 기록되어 있든 '낙랑국'으로 기록되어 있든 모두 한사군의 하나인 낙랑으로 인식해왔는데, 양자가 같은 존재인가에 대한 검토가 필요하다.

우선 『삼국사기』의 낙랑 관련 기사를 보자. 그 유명한 호동왕자와 낙랑공주에 얽힌 이야기다.

> "4월에 왕자 호동(好童)이 옥저 지방을 유람하고 있었는데, 마침 낙랑왕 최리(崔理)가 그곳에 출행(出行)하여 그를 보고, '그대의 얼굴을 보니 보통사람이 아닌데, 혹시 북국(北國, 고구려) (대무)신왕의 아들이 아닌가?' 라고 묻고는, 마침내 그를 데리고 돌아와 사위로 삼았다."
>
> 『삼국사기』 고구려본기 대무신왕(大武神王) 15년(서기 32)조

그 후 왕자 호동은 최리의 딸에게 울리는 북을 찢도록 요구하여 그해(서기 32)에 낙랑을 멸망시킨다.

이 기사는 재미 외에도 중요한 사실 두 가지를 말해준다. 먼저 최리가 낙랑군의 태수(太守)가 아닌 낙랑의 '왕'으로 등장한다. 이어지는 기사도 낙랑을 '군(郡)'이 아니라 '나라〔國〕'로 기록하고 있는데, 이는 낙랑을 무조건 낙랑군으로 보는 현재까지의 시각에 문제가 있었음을 반증한다. 또 하나, 기사의 낙랑국은 고구려 대무신왕 15년(32)에 멸망한다. 이로 보아 미천왕 14년(313)에 고구려에게 멸망한 낙랑군과는 분명히 다른 정치세력임을 알 수 있다.

『삼국사기』 신라본기 기림이사금(基臨尼師今) 3년조의 "3월에 우두주(牛頭州)에 이르러 태백산에 망제(望祭)를 지냈다. 낙랑과 대방 양국(兩國)이 귀복하였다."는 기사 역시 낙랑이 일개 군이 아니라 나라임을 말해주고 있다. 『삼국사기』 신라본기 남해차차웅(南解次次雄)조에도 "낙랑은 신라의 이웃나라〔鄰國〕이다."라고 하여 낙랑을 군이 아

닌 나라로 칭했는데, 이런 기사는 『삼국사기』에 여러 차례 등장한다.

즉 『삼국사기』에 따르면 낙랑은 낙랑군이 아니라 낙랑국이다. 낙랑이란 명칭의 정치세력이 두 개 존재하였던 것이다. 따라서 낙랑군과 낙랑국이 별개의 정치세력이라는 새로운 개념을 토대로 낙랑국의 위치를 찾아야 한다.

낙랑국은 대체 어디에 있었던 것일까?

앞의 대무신왕조는 낙랑이 북국(北國) 즉 고구려의 남쪽에 있었음을 말해준다. 『삼국사기』 신라본기의 초기 기록을 보면 낙랑이 신라를 자주 침범한 기사가 나오는데, 이로 보아 두 나라가 국경을 맞대고 있는 이웃나라였음을 알 수 있다. 위의 남해차차웅조의 '이웃나라' 기사는 이런 배경에서 나온 것이다. 또 신라본기 유리이사금(儒理尼師今) 13년조의 "가을에 낙랑이 북변(北邊)을 침범하였다."는 기사는 낙랑이 신라의 북쪽에 있었음을 보여준다. 정확한 위치 파악은 어렵지만 이 기록들만으로 낙랑국의 위치를 추정해보면 고구려 남쪽과 신라 북쪽에 있었던 것으로 보인다. 어쨌든 낙랑국은 한사군의 낙랑군과는 다른 정치세력이다.

이제 현재 국사학계의 통설인 대동강 유역에 있었던 한사군의 낙랑군에 대해 살펴보자. 대동강 유역에 낙랑군이 있었다고 주장하는 학자들은 중국측 기록인 『구당서(舊唐書)』 동이열전 고(구)려조를 근거로 제시한다.

"고(구)려는 평양성에 도읍하였는데, 이는 바로 한나라의 낙랑군 옛 땅으로 경사(京師, 낙양)에서 동쪽으로 5,100리 떨어져 있다. (고구려의 도읍으로부터) 동쪽으로 바다를 건너 신라에 이르고 서북쪽으로 요수(遼水)를 건너 영주(營州)에 이르며 남쪽으로는 바다를 건너 백제에 이르고 북쪽으로는 말갈에 이른다."

즉 평양성이 낙랑군의 옛 땅이므로 낙랑의 위치는 평양이 있는 대동강 유역이라는 것이다.『신당서(新唐書)』동이열전 고(구)려조에도 비슷한 구절이 나온다.

"고(구)려는 본래 부여의 별종(別種)이다. (그) 땅은 동쪽으로 바다를 넘어 신라에 이르고 남쪽으로도 바다를 넘어 백제에 이르는데 서북은 요수를 건너 영주와 접하였고 북쪽은 말갈이다. 군주는 평양성에 거주하는데, 장안성(長安城)이라고도 부르며 한나라의 낙랑군이다."

이 기사도 평양성을 낙랑군의 옛 지역이라고 하여 낙랑군의 위치를 대동강 유역으로 보고 있다. 그러나 대동강과 신라·백제 사이에는 바다가 없다. 따라서『당서』에 나오는 한나라 낙랑군의 위치를 대동강 유역이라고 비정(比定)하는 것은 전거가 약하다.

『당서』의 낙랑군 옛 땅에 있었던 고구려의 평양성에서 "동쪽으로 바다를 건너면 신라에 이르고 남쪽으로 바다를 건너면 백제에 이른다."는 낙랑군의 위치를 만족시킬 수 있는 지역은 대동강 유역이라기보다는 발해만 서북부라고 보아야 할 것이다.

이처럼 호동왕자와 낙랑공주 이야기의 배경이 된 낙랑국과 한사군의 낙랑군을 혼동한 것이 지금까지 낙랑군의 정확한 위치 비정에 결정적 장애 요소로 작용하였다.

낙랑국과 낙랑군의 차이

요컨대 『삼국사기』 신라본기 혁거세 30년(서기전 28)조에 처음 나타나 『삼국사기』 초기 기록에 자주 등장하는, 신라와 백제를 침범한 낙랑은 고구려 남쪽과 신라 북쪽 사이에 있었던 낙랑국으로 최소한 서기전 28년 이전에 건국되어 고구려에 의해 멸망한 서기 32년까지 존속하였다. 바로 이 낙랑국이 고구려 남쪽과 신라 북쪽 즉 대동강 유역에 있었다고 보는 것이 마땅할 것이다.

그 근거는 낙랑국이 고구려에 의해 멸망한 지 12년이 지난 대무신왕 27년(서기 44)에 후한 광무제가 이 지역을 정복하여 군현을 설치했다는 기록에서 찾을 수 있다.

"가을 9월 (후)한의 광무제가 병사를 파견하여 낙랑을 정벌하고, 그 땅을 취하여 군현을 만드니 살수(薩水) 이남은 (후)한에 속하게 되었다."

『삼국사기』 고구려본기 대무신왕 27년조

살수는 현재의 청천강이므로, 낙랑국은 청천강 남쪽 대동강 유역에 위치했음을 알 수 있다. 실제 청천강 이남 대동강 유역에서는 후한과 관련된 많은 유적과 유물이 발견되고 있다.

낙랑국에서 나오는 후한 관련 유물을 한사군의 낙랑군 관련 유물과 혼동하면서 낙랑군의 위치를 대동강 유역이라고 보는 그릇된 견해가 통설이 된 것이다. 이를 제일 먼저 전파한 사람들은 일본 강점기 당시의 일본인 학자들이었다. 이들은 대동강 유역의 유적과 유물

낙랑국 유물-채화칠협

을 근거로 한사군의 낙랑군이 이 지역에 존재했다고 주장하였다.

하지만 연대를 확인할 수 있는 유물 가운데 한사군을 설치한 전한(前漢, 서기전 206~서기 24)의 것은 없고, 후한(서기 25~219) 때의 것만 출토되는 것은 이 지역이 전한 때의 한사군 지역이 아니라, 후한 때 광무제에 의해 일시 정복되었던 지역임을 뜻한다.

출토 유물 가운데 연대가 확인되는 것 중 가장 이른 시기의 것은 1920년대 조선총독부에서 발굴한 대동강 유역의 제1호 고분(古墳)에서 출토된 화천(貨泉)이다. 화천은 왕망(王莽) 때 주조된 청동제 화폐다. 왕망은 전한 원제(元帝)의 황후(皇后)의 일족이었다가 서기 8년 황위를 빼앗아 신(新)을 건국하였지만 15년 만인 서기 23년에 망했다. 이때의 화폐가 한반도에 유입되어 통용되다가 무덤에 들어가기까지의 시간을 고려하면, 전한의 무제가 고조선을 멸망시키고 한사군을 설치한 서기전 108년 무렵의 일이라기보다는 후한 광무제가 이 지역을 점령한 서기 44년 이후의 일로 보는 것이 타당할 것이

다. 따라서 옛 고조선 지역에 설치되었다는 한사군의 낙랑군 위치
는 대동강 유역이 아니다.

만약 대동강 유역의 낙랑국이 한사군의 낙랑군이라면 후한 광무
제가 이 지역을 공격해 군현을 설치할 까닭이 없다. 그리고 낙랑군
은 각종 문헌에 나타나듯이 고구려에 멸망하는 313년까지 존속하므
로 분명 낙랑국과 낙랑군은 다른 것이다.

문제는 후한 광무제의 낙랑국 공격 기사를 어떻게 해석해야 하느
냐인데, 이는 대동강 유역에서 있었던 특정한 사건으로 이해하는
것이 옳을 것이다. 서기 32년에 고구려에게 멸망한 최리의 낙랑국
유민들이 자신들의 조국을 재건하기 위해 10여 년 후 후한의 힘을
빌렸을 가능성이 있다. 후한으로서는 동북지방의 강력한 세력으로
떠오르는 고구려를 견제하기 위해 고구려의 남쪽에 낙랑국이란 우
방을 존속시킬 필요가 있었다. 이러한 양국의 이해 일치로 광무제
가 대동강 유역을 공격하게 된 것이다.

화천 왕망의 신나라 때 주조된 화폐로 대동
강 유역에서도 출토되었다.

그런데 후한의 도움으로 재
건된 낙랑은 『삼국사기』 신라
본기 기림이사금 3년(서기 300
년)에 의하면, 대방(帶方)과 함
께 신라에 자진해서 투항한다
〔歸服〕. 이는 낙랑국이 고구려
의 공격을 받아 대동강 유역을
빼앗기고 남하한 것을 뜻한다.
이때도 낙랑군이 아니라 낙랑
국으로 표현된 것으로 보아,

후한 광무제의 정벌 이후에도 낙랑은 후한의 군현이라기보다는 예전처럼 독자적인 나라로 존재하였음을 알 수 있다.

이상과 같이 서기전 28년 이전에 건국되어 서기 32년까지 존속했던 대동강 유역의 낙랑국은 한사군의 낙랑군과는 별개의 정치세력이었다. 따라서 한 무제가 설치한 낙랑군은 『당서』의 기록대로 대동강 유역이 아니라 발해만 서북부 지역에 위치한 것으로 보아야 한다. 그리고 짧은 기간 동안 존속한 진번, 임둔, 현도의 3군도 한반도 내에 설치되었다는 근거는 없다고 보아야 할 것이다.

요컨대 한사군은 한반도 내(內)가 아닌 만주 지역에 설치되었다가 다른 세 군은 곧 사라지고, 발해만 서북부 지역에 있던 낙랑군은 서기 313년 고구려에 의해 멸망하였다는 사실을 알 수 있다.

참고문헌

『삼국사기(三國史記)』, 『삼국유사(三國遺事)』, 『제왕운기(帝王韻紀)』, 『응제시주(應制詩註)』, 『고려도경(高麗圖經)』, 『고려사(高麗史)』, 『삼국사절요(三國史節要)』, 『동국통감(東國通鑑)』, 『조선경국전(朝鮮經國典)』, 『조선왕조실록』

1) 노태돈 편저, 『단군과 고조선사』, 사계절, 2000.
2) 리지린, 『고조선연구』, 과학원출판사, 1963.
3) 박광용, 「기자조선에 대한 인식의 변천」, 『한국사론』 6, 1980.
4) 사회과학원 고고학연구소, 『고조선문제연구』, 사회과학출판사, 1973.
5) 서영대 편, 『북한학계의 단군신화 연구』, 백산자료원, 1995.
6) 신채호, 『조선상고사』, 형설출판사, 1983.
7) 윤내현, 「기자신고」, 『한국사연구』 41, 1983.
8) 윤내현, 『고조선연구』, 일지사, 1994.
9) 윤이흠 편, 『단군-그 이해와 자료』, 서울대출판부, 1994.
10) 이종욱, 『고조선사연구』, 일조각, 1993.
11) 이형구, 「대릉하유역의 은말주초 청동기문화와 기자 및 기자조선」, 『한국상고사학보』 5, 1991.
12) 정신문화연구원 편, 『단군 · 단군신화 · 단군신앙』, 고려원, 1992.
13) 천관우, 「기자고」, 『동방학지』 15, 1974.
14) 한영우, 「고려-조선초기의 기자인식」, 『한국문화』 3, 1982.

2

건국신화의 진실 혹은 거짓

4

세 개의 신라 시조전승,
3성씨 왕위교대설의 실체

|과연 3성씨가 교대로 왕위에 올랐을까|

『삼국사기』에 따르면 신라는 건국연대가 서기전 57년으로, 삼국 가운데 가장 이른 시기에 세워졌다. 그 다음 고구려가 서기전 37년에 건국되었고, 백제가 가장 늦은 시기인 서기전 18년에 세워진 것으로 전하고 있다. 물론 이들 건국시기는 신화적 성격을 지닌 건국시조전승에서 비롯된 것이기에 그대로 받아들일 수 없다. 하지만 신화 또한 일정한 역사적 사실에 근거하여 만들어졌기 때문에 무작정 부정해서는 안 된다.

그런데 특이하게도 신라의 시조전승에는 건국시조인 혁거세(赫居世) 외에도 석씨 시조인 탈해(脫解), 김씨 시조인 알지(閼智) 전승이 함께 전해진다. 이처럼 세 가지 시조설화가 전승될 수 있었던 것은 고구려나 백제와 달리 신라에서는 왕위를 박-석-김 세 성씨가 물려받았기 때문이다. 일부 학자는 고구려와 백제에서도 왕실 교체가 있었다고 주장하지만 고구려와 백제는 각각 주몽과 온조를 시조로 대개 단일 성씨로 왕위를 이어받았다. 따라서 신라의 왕위계승과 시조전승은 아주 독특하다고 할 수 있다.

국사학계에서는 신라의 왕위계승을 3성교립(三姓交立), 곧 3성씨가 교대로 왕위에 오른 것으로 설명하고 있다. 3성교립설의 직접적 근거는 『삼국사기』에 전하는 김대문(金大問)의 다음과 같은 언급에서 비롯되었다.

"이사금(尼師今)은 방언으로 잇금을 의미하는 말이다. 옛적에 남해가 장차 돌아가려 할 때 아들 유리와 사위 탈해에게 일러 가로되, '내가 죽거든 너희 박·석 2성이 연장자로 왕위를 이으라.'고 했다. 그 뒤에 김씨도 또한 일어나 3성이 나이의 많음에 따라 서로 왕위를 이은 까닭에 이사금이라 하였다."

이처럼 남해왕의 유언으로 후손인 박씨 집단과 석씨가 나이를 따져 왕위계승자를 결정하였으며, 박·석씨의 왕위계승 원칙은 후일 김씨 세력이 성장하면서 3성으로 확대되었다는 것이다.

그런데 전통시대에서 왕성(王姓)의 교체는 새로운 왕조의 탄생을 의미한다. 때문에 박-석-김 교립에도 신라가 천 년을 이어져내려올 수 있었던 사실을 합리적으로 설명해야 할 필요성이 있다.

3성교립설에 대한 국사학계의 통설은 이러하다. 김대문의 언급은 왕위계승 과정에서 나타난 권력집단의 암투와 갈등을 미화한 것인데, 초기에는 성씨가 사용되지 않았으므로 권력집단은 신라를 구성하고 있던 6부를 의미한다. 자연 6부 세력의 역학관계에 따라 왕이 결정될 수밖에 없었으며, 왕의 출신부는 얼마든지 달라질 수 있었다. 결국 왕은 기존 6부 체제를 부정하는 새로운 나라의 왕이 아니며, 왕성의 변화가 신라 왕조의 교체, 즉 국가 자체의 흥망으로 이어지지는 않았다는 것이다.

그러나 이런 견해는 신라의 삼성교립이 왕조교체로 이어지지 않았다는 사실만 전할 뿐이지, 그것이 가능했던 본질적인 이유를 밝히지는 못한다. 게다가 탈해와 미추왕의 왕위계승이 있었지만, 엄밀히 말하면 3성이 교대로 왕위를 세습했다고 볼 수 없다. 탈해가왕이 된 후 석씨 왕이 다시 왕이 되기까지 왕위는 박씨들이 세습했으며, 이후 박씨는 신라 말기가 될 때까지 왕을 배출하지 못했다. 또한 박씨 뒤를 이은 석씨 왕들도 김씨 최초의 왕인 미추왕 이후 왕위를 독점했으며, 내물왕이 왕이 된 이후에는 석씨들 가운데 왕이 된 자는 아무도 없었다. 더구나 이들은 6촌 세력이 아닌 유이민 세력이었다.

사로6촌의 형성

사로 6촌의 형성시기는 『삼국사기』와 『삼국유사』를 통해 추정할 수 있다. 『삼국사기』는 조선 유민들이 산과 계곡 사이에 나뉘어 살면서 6촌을 형성했다고 전한다. 반면 『삼국유사』는 6촌의 시조들이 하늘에서 내려왔다고 전하는데, 이는 6촌이 6부로 재편되면서 부의 연원을 신성시하여 만든 신화를 채록한 것으로 보인다.

조선 유민들이 경주 지역에 정착한 시점은 13세에 왕이 되었다는 혁거세가 등장한 시기인 서기전 69년 이전이 된다. 이 같은 사실을 토대로 국사학계에서는 서기전 1세기 말 이전에 조선 유민들이 경주 지역으로 남하했다고 추정한다. 그리고 서기전 108년에 위만조선이 멸망했다는 사실과 위만조선의 영향력 하에 있었다고 하는 한반도 서북부 지역의 무덤과 같은 양식의 토광목관묘가 경주 지역에 조성되었다는 점을 근거로, 서기전 2세기 말을 사로 6촌이 형성된 시점으로 보고 있다. 요컨대 위만조선계 유민들이 위만조선의 멸망을 계기로 서기전 2세기 말 경주 지역에 정착하여 사로 6촌을 형성했다는 것이다.

그러나 이런 추정은 위만조선 이전의 조선계 유민의 존재를 무시한 것이다. 『삼국지』에 인용되어 있는 『위략(魏略)』 기사에 따르면, 조선은 전국시대 말 연(燕)의 공격으로 서쪽 2천 리의 땅을 빼앗겼고 끝내 한(漢)나라가 건국되는 과정에서 연나라 출신 위만에 의해 멸망하였다. 이때 조선왕 준(準)이 한(韓) 땅으로 도망왔다. 또한 위만의 손자 우거왕 때에는 조선상(朝鮮相) 역계경(歷谿卿)이 자신의 간언이 받아들여지지 않자 2천 호를 이끌고 동쪽의 진국(辰國)으로 갔다. 즉 위만조선이 멸망한 서기전 108년 이전에 무수한 조선 유민들이 진한(辰韓) 땅으로 유입되고 있었다. 따라서 불확실한 고고학 자료를 토대로 『삼국사기』가 전하는 조선 유민을 위만조선계라고 해서는 안 되며, 경주 지역에 토광목관묘를 조성한 집단을 위만조선의 유민과 연결시켜서도 안 된다.

이 같은 견해는 『삼국지』 한전(韓傳)에 보이는 진한의 노인들이 스스로 진(秦)나라의 고역을 피하여 한국으로 왔다고 한 증언도 설명할 수 없다. 진나라의 고역은 진나라 장수 몽염(蒙恬)의 장성 축조를 말하는데 이때 많은 중국계 유민들이 한반도로 유입되었다. 진한 노인들의 증언은 바로 이러한 역사적 사실에 따른 것이며, 진한으로 내려온 유이민들 중에 조선계뿐 아니라 중국계도 있었음을 알려주고 있다.

이처럼 요동과 한반도 서북부에 걸쳐 있었던 고조선의 정치적 변동에 따라 이미 서기전 3세기 후반경부터 북방의 유민들이 한반도 남부의 한(韓) 지역으로 대거 유입되고 있었다. 이들 가운데 조선계 유민들이 중심이 되어 사로 6촌을 형성하였던 것이다.

사로6촌과 혁거세의 관계

『삼국사기』와 『삼국유사』가 전하는 혁거세 신화를 보면, 사로 6촌과 혁거세의 관계를 단적으로 알 수 있다. 『삼국사기』의 기록을 보자.

"고허촌장(高墟村長) 소벌공(蘇伐公)이 양산 기슭을 바라보니 나정(蘿井) 옆 수풀 사이에서 말이 꿇어앉아 울고 있었다. 가서 보니 말은 보이지 않고 다만 큰 알이 있었다. 이를 가르니 어린아이가 나왔으므로 데려다 길렀다. 십여 세가 되자 뛰어나고 성숙하여 6부인이 그 탄생이 신이하였으므로 높이 받들었는데 이에 이르러 임금으로 삼았다."

『삼국유사』는 혁거세의 등장을 더 신비롭게 표현하고 있는데, 다만 혁거세가 등장하게 된 배경이 다음과 같이 추가되어 있다.

"6부의 조상들이 각기 자제들을 거느리고 모두 알천 뚝 위에 모여 의논하기를 '우리들이 위로 백성들을 다스릴 만한 임금이 없어 백성들이 모두 방종하여 제멋대로 벗어나니 어찌 덕이 있는 사람을 찾아

알영정 전경 신라 시조 혁거세의 부인인 알영의 탄생지

나정 전경 혁거세의 탄생지

내어 임금으로 삼아 나라를 세우지 않을 것인가.' 하였다."

　백성들이 방종하여 6촌의 통제를 벗어났다는 것은 사로 6촌 내부
에 사회적 변동이 일어났음을 의미한다. 따라서 사로 6촌 세력은 새
로운 통치질서를 확립할 필요가 있었다. 이러한 배경이 혁거세가
왕이 될 수 있었던 근본적 요인이 되었던 것이다. 하지만 혁거세가
10여 년간 6부인들에 의해 길러졌다는 내용으로 보아, 혁거세 세력
이 진한의 토착세력은 물론 기존 유이민 세력을 복속시켜 지배권을
확립했던 것은 아니었던 것으로 보인다. 그러나 유리왕 대에 이르
러 6촌 세력은 6부로 개편되면서 왕권의 통제하에 들어간다. 6부로
개편되면서 성씨를 부여받았다는 것이 이를 입증한다.
　사로국의 왕위는 혁거세의 후손들이 계승하였다. 그런데 유리왕

오릉 신라 초기의 왕릉으로 시조 박혁거세와 알영부인, 2대 남해왕, 3대 유리왕, 5대 파사왕 등 5명의
분묘라 전해진다.

이후 유리왕과 함께 왕위를 계승할 수 있었던 석씨 탈해가 왕위를 이어받는다. 석씨가 왕위를 독점하던 시기에도 김씨인 미추(味鄒)가 왕이 되었다.

어떻게 다른 성을 가진 인물이 왕위를 계승할 수 있었을까? 석씨와 김씨의 시조인 탈해와 김알지 설화에서 그 해답을 찾을 수 있다.

탈해와 김알지 설화

『삼국사기』와 『삼국유사』가 전하는 내용을 보면, 탈해 또한 혁거세나 주몽처럼 난생(卵生)으로 왜국 동쪽 1천 리에 있다는 다파나국 (多婆那國) 왕비가 임신한 지 7년 만에 알을 낳았는데. 상서롭지 못하다고 하여 알을 함에 넣어 바다에 띄워 보냈다고 한다. 함은 처음 금관국에 도착하였으나, 나중에 진한의 아진포구에 이르렀다.

『삼국사기』는 이때를 혁거세 재위 39년인 서기전 19년으로, 『삼국유사』는 남해왕 때(서기 4~24)라고 하여 도착시점을 다르게 기록하고 있다. 또 금관국에서 진한 땅으로 오게 된 연유에 대해 『삼국사기』는 금관국 사람들이 괴이하게 여겨서 오게 된 것으로 전하고 있는 데 비해, 『삼국유사』는 수로왕을 비롯한 금관국 사람들이 맞이하려 했으나 함이 갑자기 달아나듯 물러나 아진포구에 이른 것으로 설명하고 있다.

두 문헌의 차이는 『삼국유사』가 인용한 「가락국기(駕洛國記)」에서 더욱 두드러진다. 「가락국기」에 따르면 탈해는 난생이었으나, 사람으로 화하여 직접 바다를 건너 수로왕 대인 44~48년경 금관국에

이르렀고, 수로왕에게서 나라를 빼앗고자 하여 두 사람이 변신술을
다투었는데 탈해가 대적하지 못하고 신라로 도망갔다고 한다. 물론
이는 「가락국기」가 가야의 입장에서 형성된 것이기에 생긴 차이다.

이처럼 세 자료가 전하는 탈해 신화의 내용은 각기 다르지만, 탈
해가 결국 진한 땅에 올 수밖에 없었음을 전하고 있는 것은 꼭 같다.

한편 일부에서는 탈해가 호공(瓠公)의 집을 뺏는 과정에서 숯과
숫돌을 이용했다는 점을 들어 탈해를 시베리아 샤먼과 연계하여 북
방 유이민 세력으로 이해하고 있다. 시베리아 샤먼 가운데 야장(冶
匠, 대장장이)기술을 보유했거나 숫돌을 지닌 경우가 있다는 것이 그
이유이다. 숯과 숫돌은 야장에게 가장 중요한 물건이다. 하지만 탈
해는 바다를 건너왔으며, 자신을 길러준 노모를 고기잡이로 봉양하
였다. 또 스스로 대장장이 집안이라고 하였지만 이는 호공을 속이
기 위한 거짓말이었다. 이런 점에서 볼 때 탈해신화는 해양문화를
배경으로 한 유이민 집단의 진한 유입설화라고 할 수 있다.

석씨계가 유이민 집단이었다고 해도 박씨계와 전혀 상관없는 별
개의 집단으로 볼 수는 없을 것 같다. 이런 사정은 다음의『삼국유
사』기사에서 추정할 수 있다.

"수로왕이 신하와 백성들과 함께 북을 울리면서 맞아 머물도록 하
려 했으나 배는 곧 나는 듯이 달려서 계림 동쪽 하서지촌 아진포에
닿았다. 이때 포구가에 한 (노)구가 있었는데 이름을 아진의선(阿珍義
先)이라 하니 곧 혁거세왕의 해척(海尺)의 어미다."

혁거세왕의 해척의 어미가 구체적으로 어떤 인물인지는 명확하지

않지만 글자 그대로 해석하면 당시 바다와 관련된 업두를 맡은 관리의 모친으로 볼 수 있다. 하지만 혁거세와 결부시킨 것으로 보아 여기서의 아진의선은 혁거세 집단과 일정한 관계에 있는 인물로 생각된다. 또 노구(老嫗)라는 표현으로 볼 때 무적(巫的)인 존재로도 여겨진다. 흔히 국사학계에서는 아진의선과 같은 노구나 노모로 표현되는 존재를 제사를 주관한 여사제(女司祭)로 보고 있다 남해왕이 혁거세를 모신 시조묘를 만들고 누이 아로(阿老)로 하여금 제사를 주관하게 했다는『삼국사기』제사조의 기사와 연결해서 보면, 아진의선이라는 인물은 바다와 관련된 제의를 담당했던 박씨계 인물로 설정할 수 있을 것이다.

탈해 외에 다른 성으로 왕이 된 인물은 김씨 미추가 있다. 그런데 김씨의 시조는 미추가 아니라 알지다. 게다가 알지가 시조로 추존된 시기는 신라 중대(中代) 왕실이 끝나는 혜공왕〔金乾運〕때였다. 신라의 역사가 본격적으로 기록되기 시작한 것은 김씨 왕대이며 사실상 신라는 김씨의 나라라고 해도 지나치지 않다. 따라서 그 시조신화를 혁거세 당대나 그 이전으로 올려잡는 것 같은 신격화도 충분히 가능하였을 것이다. 그럼에도 김씨 시조로서 그 위상이 상대적으로 낮은 알지가 채택되었다는 것은 신라 전 시기를 통하여 알지가 김씨 시조라는 데에 의문의 여지가 없었음을 뜻한다. 그만큼 신라 역사에서 알지신화가 전하는 시기와 형성된 시기가 중요하여 알지의 존재를 변조해야 할 이유가 없었던 것이다.

이제 알지전승에 대해 살펴보자.『삼국사기』와『삼국유사』는 알지전승을 전하는 데에서도 차이를 보인다. 알지가 하강한 시점을『삼국사기』는 탈해왕 9년(서기 65)으로,『삼국유사』는 탈해왕 4년으

로 기록하고 있다. 또한 알지의 존재를 알린 사람도 각각 호공과 탈
해왕으로 다르게 기록하고 있다.

　그러나 기본구조를 탈해와 알지의 관계설정으로 하고 있다는 점
에서는 동일하다. 여기서 주목되는 것은 『삼국유사』의 기록이다.
『삼국유사』에 따르면 혁거세는 나자마자 스스로 알지거서간(閼智居
西干)이라고 하였으며, 김알지의 이름도 그 사적(事蹟)이 혁거세와
같다는 데서 비롯되었다고 하였다. 또 탈해는 알지를 자신의 자식
이자 후계자로 여겼으며 알지의 탄생과 더불어 국호까지 계림(鷄林)
으로 바꾸었다.

　이처럼 김알지전승은 은연중에 김씨 시조로서의 위상을 강조하
고 있다. 이는 후일 김씨계의 왕위계승이 이전의 왕위계승을 대체
하여 새로운 왕조를 열게 되었다는 인식의 산물이다. 동시에 김씨
계가 박·석씨계와 일정한 혈족의식을 지니고 있었음을 보여준다.
물론 이들의 혈족의식은 유교식의 부계를 중심으로 한 공통혈연 의
식은 아니었다.

　한편 알지의 등장 이전에도 김씨의 존재가 보인다. 유리왕의 비
는 일지갈문왕(日知葛文王)의 딸이라고 전해지는데, 『삼국사기』의 주
(注)에 따르면 허루국왕(許婁國王)의 딸이라고 한다. 그리고 탈해왕
의 뒤를 이은 파사왕의 부인은 김씨로 허루갈문왕의 딸이다. 『삼국
사기』에서 알지의 등장은 탈해왕 9년인 65년이라 했는데, 유리왕은
탈해에 앞서 왕이 되었고, 파사왕은 80~112년의 35년간 재위한 유
리왕의 아들이다. 즉 알지가 나타나기 이전에 김씨가 이미 존재했
던 것이다.

　이는 결코 기록의 착오나 허구에서 비롯된 것이 아니다. 그보다

는 후대의 성씨 분화과정을 통해 형성된 박-석-김 성씨 관념에 따라 재구성된 것으로 보아야 한다. 즉 허루국왕이 김씨라고 하는 것은 본래 성립되어 있지 않았는데, 후대에 성씨 사용이 본격화되면서 소급된 것이다. 본래 성씨가 없었던 시기의 인물들에게 후대의 성씨가 소급되었다는 것은, 이들 3성이 중첩된 혼인과정을 통해 거의 동일한 혈족집단으로 확대되었음을 보여준다. 그러다가 점차 성씨 구별이 이루어지면서 혈통의 계열에 따라 특정한 성씨가 부여된 것이다. 가령 고구려와 왜국에 인질로 간 눌지왕의 아우들을 탈출시킨 제상(堤上)을 『삼국사기』는 박제상으로, 『삼국유사』는 김제상으로 기록하고 있는 것도 바로 이 같은 이유에서다.

이런 사정이 있었기에 신라의 왕위계승은 후대의 관념에 따라 다른 성씨 집단 간에 이루어진 것으로 여겨졌다. 그래서 '3성이 교립했다.'는 김대문의 설명이 나올 수 있었던 것이다. 하지만 실상은 거의 동일한 혈족집단에서 왕위가 이어졌기 때문에 단일한 왕조로서 신라가 유지될 수 있었다. 박씨 혁거세가 남해왕 이후 신라 멸망 때까지 시조로서 제사될 수 있었던 것도 3성 간에 동일한 혈족 관념이 있었기 때문이다.

요컨대 신라의 왕위계승은 후대의 유교적인 관념에 따라 3성교립으로 이해되었던 것이며, 실제는 혁거세를 단일 시조로 한 광범위한 공동혈족의식을 가진 집단 내에서 이루어진 것이었다.

5

주몽은 과연 하늘의 아들인가
|주몽 천자설의 의미|

고구려의 건국신화는 『삼국사기』나 『삼국유사』에 기록되어 있고, 이규보(李奎報)의 「동명왕편(東明王篇)」에서는 더 자세하게 전하고 있다. 또한 내용이 간략하기는 하지만 『위서(魏書)』 등 중국 문헌에도 전해지고 있다.

이들 문헌에 전하는 고구려의 건국신화는 세부적 사항에서 약간의 차이를 보이기는 하지만, 천제(天帝)와 하백(河伯)의 신성한 혈통을 이어받은 주몽이 여러 곤경을 극복하고 졸본지역에 고구려를 건국했다는 전체 줄거리는 대체로 일치하고 있다. 더 중요한 것은 이들 책을 포함한 고구려의 건국신화를 전하는 모든 기록들이 일말의 의문 없이 주몽이 하늘의 아들임을 분명히 하고 있다는 점이다.

실제로 고구려인은 그들의 건국시조인 주몽이 하늘의 자손임을 믿어 의심치 않았다.

"옛날 시조 추모왕(鄒牟王, 주몽)이 나라를 세웠다. (왕은) 북부여에서 태어났는데, 천제의 아들이요, 어머니는 하백의 딸이었다. 알을 깨고 세상에 나왔는데, 태어나면서부터 성스러움이 있었다."

극동대혈 10월 동명제 때 지모신(地母神)에게 제사 지내던 장소.

세계에서 가장 큰 비석으로 알려진 저 유명한 광개토왕비의 첫머리에 새겨져 있는 구절이다. 이어서 비문에는 주몽이 신(神)과 같은 능력을 지닌 인물로 그려져 있다.

"길을 떠나 남쪽으로 내려가는데 부여의 엄리대수(奄利大水)를 거쳐 가게 되었다. 왕이 나룻가에서 '나는 황천(皇天)의 아들이며 하백의 따님을 어머니로 한 추모왕이다. 나를 위하여 갈대를 연결하고 거북이 무리를 짓게 하여라.'라고 하였다. 말이 끝나자마자 곧 갈대가 연결되고 거북 떼가 물위로 떠올랐다. 그리하여 강물을 건너가서, 비류곡(沸流谷) 홀본(忽本) 서쪽 산 위에 성을 쌓고 도읍을 세웠

혼강(고구려 비류수) 찌안의 북서쪽에 있다.

다. 왕이 왕위에 싫증을 내니, (하느님이) 황룡을 내려보내어 왕을 맞이하였다. (이에) 왕은 홀본의 동쪽 언덕에서 용의 머리를 디디고 서서 하늘로 올라갔다.”

이상이 바로 고구려의 건국신화이다. 이 신화에 따르면 주몽은 천제의 아들인 천자(天子)이며 물의 신인 하백의 손자이다. 그리고 갈대와 거북 같은 동식물을 부릴 수 있는 신적인 능력을 지녔으며 황룡을 타고 하늘로 올라갈 정도로 신비한 존재였다.

광개토왕 때 북부여에 지방관으로 파견되어 활동하였던 귀족 출신인 모두루(牟頭婁) 묘지명의 첫머리에도 주몽을 천자이며 하백의 손자로 적고 있다. “하백의 손자이며 일월(日月)의 아들이신 추모 성왕이 북부여에서 태어났으니, 천하 사방(四方) 중 이 나라 이 고을이 가장 성스러움을 알지라." 이런 사정은 2004년 함경남도 신포시 오매리 절터에서 발견된 금동판 명문(銘文)의 "원하옵건대 왕의 신령이 도솔천에 올라가 미륵을 뵙고 천손(天孫)들을 만나서……."라는 구절에서도 엿볼 수 있다.

주몽은 하늘의 아들인가

이렇게 고구려인은 그들의 건국시조인 주몽이 하늘의 아들인 천자이며 하백의 손자라 굳게 믿었으며 이를 5세기의 왕실 기념물인 능비나 귀족의 묘지(墓誌)에까지 기록하였다. 하지만 결론부터 말하면, 주몽이 아무리 고구려를 건국한 영웅적인 존재였다 해도 그가 하늘의 아들일 수는 없다. 그렇다면 과연 주몽의 실체는 어떠했을까.

주몽의 참 모습을 살펴보기 위해서는 고구려가 아닌 제3자의 자료를 통해 접근하는 쪽이 바람직할 것이다. 당사자가 아닌 제3자가 남긴 기록이라면, 굳이 주몽을 미화할 필요가 없어 비교적 객관적인 정보를 제공하기 때문이다.

다음의 『삼국사기』 백제본기 온조왕 즉위년조 기사는 주몽의 실체에 접근하는 데 유용한 정보를 제공한다.

"(주몽은) 북부여에서 난을 피하여 졸본부여에 이르렀다. 부여왕은 아들이 없고 다만 딸 셋이 있는데, 주몽이 비상한 인물임을 알고 둘째딸을 그의 아내로 삼았다. 그 후 얼마 되지 않아서 부여왕이 죽자 그의 자리를 이었다."

같은 『삼국사기』 온조왕 즉위년조 말미에 단 주석에서는 동일한 내용을 이렇게 전한다.

"시조 비류왕의 아버지는 우태(優台)이니 북부여왕 해부루(解扶婁)의 서손(庶孫)이고, 어머니는 소서노(召西奴)이다. (소서노는) 졸본 사람 연타발(延陀勃)의 딸로서 처음 우태에게 시집갔다.…… 우태가 죽은 뒤 졸본에서 홀로 살고 있었다. 그 후 주몽이 부여에서 용납되지 못하여 전한(前漢) 건소(建昭) 2년(서기전 37) 2월에 남쪽으로 도망하여 졸본에 이르러 도읍을 정하고 국호를 고구려라 하였으며, 소서노에게 장가들어 왕비로 삼고 왕업을 창시함에 있어 그녀의 내조가 매우 많았다."

위의 두 기록은 주몽의 행적에 대해 전혀 다르게 전하고 있지만, 한 가지 분명한 것은 주몽이 하늘의 자손이 아니라 졸본부여나 소서노집단 등 토착세력과 연대하여 고구려를 건국한 시조에 불과하다는 사실이다. 이들 자료는 자신들의 시조도 아닌 주몽을 천제와 하백의 혈통을 이어받은 신성한 인물로 굳이 미화할 필요가 없었기 때문에 내용을 객관적으로 전하고 있는 것이다.

왕권이 취약한 고구려

실상이 그러한데도 주몽의 후손들은 왜 주몽을 하늘의 아들로 만들었을까? 흔히들 고대 한국의 왕들은 신성불가침한 절대권력을 누린 것으로 이해하고 있다. 물론 고구려왕들 역시 그러했던 것으로 알려져 왔다. 그러나 이런 통념과 달리 고구려의 왕권은 처음부터 매우 취약하였다.

고구려를 건국한 주몽은 본래 계루부(桂婁部)의 수장에 불과하였다. 원래 고구려에는 계루부 외에도 연나(椽那)·관나(貫那)·비류나(沸流那)·환나(桓那) 등 여러 나(那)가 존재했는데, 흔히 5부로 일컬어진 계루부·절노부(絶奴部)·관노부(灌奴部)·소노부(消奴部)·순노부(順奴部) 등이 이와 각각 대응된다. 이중 부여에서 졸본지역으로 이주한 주몽의 계루부는 또 다른 집단인 소노부와 맹주 자리를 놓고 다툼을 벌여 승리함으로써 연맹체의 맹주로 등장하게 된다. 『후한서』 동이열전 고구려조의 기사에는 연맹의 주도권을 둘러싼 이 같은 사정이 잘 나타나 있다.

"(고구려에는) 모두 다섯 부족이 있느니, 소노부·절노부·순노부·관노부·계루부이다. 본래는 소노부에서 왕이 나왔으나, 점점 미약해져서 뒤에는 계루부에서 왕위를 차지하고 있다."

주몽의 계루부가 연맹체의 맹주가 되었다고 해서 그 지배권이 실질적으로 다른 집단에게까지 미쳤던 것은 아니다. 이는 3세기 고구려에 대한 정보를 알려주는 『삼국지』 동이전에서 확인된다.

"연노부(涓奴部)는 본래 국주(國主)였으므로 지금은 비록 왕이 되지
못하지만 그 적통(嫡統)을 이은 대인(大人)은 고추가(古雛加)의 칭호를
얻었으며, 자체의 종묘를 세우고 영성(靈星)과 사직에게 따로 제사를
지낸다."

다른 부가 자체의 종묘를 세우고 영성과 사직에 따로 제사를 지
냈다는 사실은 주몽의 계루부가 여전히 다른 부들을 완전히 장악하
지 못했음을 말해준다.

실제 5부의 수장인 대가(大加)는 각기 사자(使者), 조의(椑衣), 선
인(先人) 등의 관직을 임명하는 등 독자적인 관료조직을 둘 정도로
거의 독립적인 세력을 유지하고 있었다. 심지어 중대한 나랏일은
계루부의 왕과 여타 부의 대가들이 참여하는 협의기관인 제가회의
(諸加會議)에서 결정될 정도였다.

계루부의 왕권이 취약하였음은 귀족세력이 왕을 살해하거나 축출
한 사례에서도 확인된다. 왕의 측근인 두로(杜魯)는 모본왕(48~53)
이 잔인하여 백성들에게 해를 끼친다는 구실로 임금을 죽였다. 연
나부 출신 조의(皂衣) 명림답부(明臨答夫)도 백성들의 고통을 돌보지
않았다는 이유로 차대왕(146~165)을 살해하였다. 봉상왕(292~299)
도 기근에 무리하게 왕궁의 보수공사를 계속하다가 국상(國相) 창조
리(倉助利)에 의해 퇴위당하고 뒤이어 자살하고 만다. 이처럼 고구
려왕들은 귀족세력에 의해 살해당하거나 지위를 박탈당할 정도로
왕권이 취약하였다.

주몽이 천자화한 까닭

따라서 계루부의 왕실로서는 자신들의 통치 정당성을 확보하기 위한 이데올로기 장치를 마련할 필요가 있었다.

흔히 고대의 통치자는 자신의 신성성을 강조함으로써 권력행사를 정당화하고 합법화하였다. 즉 자신과 여타 집단을 엄격히 구분하기 위하여 하늘의 자손을 자처하면서, 자신의 권력행사는 곧 하늘의 아들에 의한 것이니 통치를 받는 집단들이 그 지배를 신성히 여기도록 하였다. 이는 고대국가의 공통된 현상이었다. 고조선의 단군, 부여의 해모수뿐 아니라 신라·백제·가야의 시조들이 하늘의 자손임을 밝히는 건국신화가 만들어졌던 것이 그 단적인 사례다.

마찬가지로 주몽의 후손들도 자신의 시조인 주몽이 하늘의 아들임을 천명하는 내용을 핵심으로 하는 건국신화를 만들 필요가 있었다. 다만 그들은 독자적인 건국신화를 만드는 대신 모국(母國)인 부여의 동명신화를 차용하였다. 동명은 부여뿐 아니라 고구려나 백제 등 부여족 사회에서 공통의 시조로 받들어지고 있었으므로 고구려 사회에서도 신성한 권위를 인정받을 수 있으리라는 점을 고려했기 때문이었다.

실제 부여와 고구려의 건국신화는 시조가 태어난 나라(탁리국, 부여국)와 그가 세운 나라의 이름(부여와 고구려)만 다를 뿐 모든 내용이 일치하고 있다. 가령 어머니가 임신하게 된 연유, 자라는 과정, 모국의 박해를 피해 새로운 땅을 찾아가는 경위, 추격자들을 피해 강을 건너는 과정, 강을 건넌 후 특정 지역에 나라를 세운 것 등이 동일하다.

　요컨대 고구려왕들이 주몽을 천자로 한 건국신화를 만든 것은 취약한 왕권을 신성화하여 자신들의 지배를 여타 고구려 구성원이 당연한 것으로 받아들이도록 하기 위해 고안해낸 이데올로기 장치에 불과했다. 현대인의 상식처럼 주몽은 결코 하늘의 아들이 아니었던 것이다.

6

백제의 건국시조는 온조인가 비류인가
|비류와 온조 형제설의 진실|

삼국 가운데 백제에 대한 정보는 고구려와 신라 두 나라에 비해 유독 적다. 한국고대사 연구의 텍스트인 『삼국사기』에는 고구려나 백제에 비해 신라에 대한 정보가 많이 들어 있는 편이다. 비록 상대적이기는 해도 그러하다. 고구려에 대한 정보는 중국측 문헌자료에 비교적 남아 있어 『삼국사기』의 부족을 보완해주고 있다. 반면 백제

풍납토성 공주로 천도하기 이전 백제의 도읍지로 추정된다.

는 정보 부족에 따른 당연한 결과겠지만 그만큼 베일에 싸인 나라로 알려져 있다. 그래서 백제의 역사를 알고 싶어 하는 사람이 의외로 많다. 모르는 만큼 호기심을 자극하기 때문이다. 백제의 건국시조는 온조(溫祚)인가 비류(沸流)인가, 그들은 과연 형제인가 하는 궁금증도 그중 하나이다.

비류와 온조는 형제인가

『삼국사기』가 전하는 백제의 건국신화는 대략 이러하다.

"고구려 시조 주몽이 북부여에서 난을 피하여 졸본부여에 이르렀다. 그는 부여왕의 둘째딸과 결혼했다. 그 후 얼마 되지 않아 부여왕이 죽자 주몽은 왕위를 이었다. 주몽은 아들 둘을 낳았는데, 맏아들이 비류이고 둘째아들이 온조이다. 그런데 주몽이 부여에서 낳은 아들 유리(琉璃)가 와서 태자가 되었다. 비류와 온조는 태자에게 용납되지 못할까 두려워 무리를 이끌고 남하하여 한산(漢山)에 이르렀다. 이때 열 신하가 한수(漢水) 남쪽에 도읍할 것을 건의했는데, 비류는 그 말을 듣지 않고 백성을 나누어 가지고 미추홀(彌鄒忽, 인천)로 가서 자리를 잡았다. 그러자 온조는 하남위례성(河南慰禮城)에 도읍하고 열 신하의 보좌를 받아 국호를 십제(十濟)라 했다. 그런데 미추홀은 습기가 많고 물이 짜서 살기가 곤란하므로 비류가 후회하던 나머지 죽자, 온조는 그의 신하와 백성들을 모두 귀속시켰다. 그 후 국호를 백제로 고쳤다."

이 이야기는 온조가 백제를 건국한 내력을 전하고 있는 온조전승이다. 그런데 『삼국사기』는 백제의 또 다른 건국 내력을 전하는 비류전승을 세주(細注) 형식으로 싣고 있다. 그 내용은 대략 이러하다.

"북부여왕 해부루(解扶婁)의 서손(庶孫)인 우태(優台)가 졸본인 연타발(延陀勃)의 딸인 소서노(召西奴)와 결혼하여 비류와 온조를 낳았다. 우태가 일찍 죽자 소서노는 한동안 과부로 지내다가 부여에서 도망 온 주몽에게 재가했다. 주몽은 소서노의 도움을 받아 고구려를 세웠다. 그런데 주몽은 부여에서 낳은 아들 유리가 찾아오자 그에게 왕위를 물려주었다. 이에 위협을 느낀 비류는 동생 온조와 함께 무리를 이끌고 남하하여 미추홀에 나라를 세웠다."

두 건국전승은 많은 점에서 유사하다. 이복형인 유리가 고구려의 왕위를 물려받은 것이 비류와 온조가 남하한 결정적인 이유였다는 점과, 형제인 비류와 온조가 나라를 세웠다고 전하는 점이 꼭 같다. 그런데 가장 중요한 문제인 백제의 건국시조가 누구인지에 대해서는 전혀 다르게 전하고 있다. 하나는 온조로 적고 있고, 또 하나는 형인 비류로 기록하고 있다.

모든 건국신화가 그러하듯, 두 전승도 백제 건국 당시에 기록된 것이 아니라 오랜 세월에 걸쳐 전승되어온 것에 바탕을 두고 있을 것이다. 그 결과 두 전승에는 잘못 전해진 부분이 있을 것이고, 특정한 목적으로 의도적인 윤색이나 조작도 행해졌을 것이다. 하지만 시조의 이름을 제외하고 두 설화가 동일한 구성을 이루고 있는 것으로 보아 어떤 역사적 사실을 반영했음이 분명하다. 특히 후대 백제 왕실에서도 그들의 시조가 고구려에서 내려왔다고 믿고 있었기 때문에 더욱 그러하다. 다만 시조가 비류인가 온조인가, 실제로 그들은 형제인가 하는 것이 문제다.

『삼국사기』가 형제로 기록한 까닭은

건국전승에 따르면 백제의 건국주역은 북쪽에서 남하한 고구려 계통이었으며, 더 넓게 보면 부여족 계통이었다. 부여족 가운데 일부는 특정한 계기로 남쪽으로 이동하였으며, 이들의 남하는 한 번이 아닌 오랜 기간에 걸쳐 이루어졌다. 남하한 부여족은 각지에 나라를 세웠는데, 그중 하나인 고구려가 압록강 유역에서 일어났고, 그곳에서 다시 남하한 세력이 한강 유역에 백제를 세웠다. 이런 사정은 백제 개로왕이 북위(北魏) 효문제(孝文帝)에게 보낸 외교문서 중 "우리나라는 고구려와 함께 조상이 부여에서 났으므로 선대 때에는 옛 정을 돈독히 하여 지냈다."는 내용에서 확인할 수 있다.

부여족이 공유한 건국신화가 동명신화이고, 그중 가장 널리 알려

진 동명신화가 고구려의 건국신화인 주몽신화이다. 알다시피 동명
신화는 고구려뿐 아니라 부여에도 있고, 백제에서도 그 흔적을 찾
아볼 수 있다. 『삼국사기』에는 백제에서 동명왕묘를 세워 모신 사실
이 기록되어 있다. 또한 부여의 건국신화는 중국 후한 초에 왕충(王
充)이 쓴 『논형(論衡)』 등 중국측 기록에도 전해지고 있다. 따라서 백
제 건국전승의 문제는 주몽신화나 고구려의 초기 역사와 관련하여
해결할 수 있다.

비류전승에서 주목해야 할 것은 비류나 온조 모두 성이 해(解)씨
라는 사실이다. 고구려 건국신화에서도 시조 주몽에서 제5대 모본
왕까지는 성이 해씨였는데, 제6대 태조왕 때부터는 고(高)씨로 바
뀌었다. 이는 원래 해씨가 왕족이었지만 방계집단인 태조왕 계통이
새로이 왕위를 차지하면서 성을 고씨라 한 사실을 반영한 것이다.
이런 사정을 고려하면 해부루 계통임을 밝히고 있는 비류전승이 온
조전승보다 더 원초적인 내용을 담고 있는 것으로 볼 수 있다. 비류
집단이 온조집단보다 먼저 백제지역에 정착한 것이다. 실제로 두
신화 모두 비류가 형으로 등장한다는 점에서 더욱 그러하다. 그러
면 비류와 온조는 형제였는가.

시조가 형제로 나타나는 '시조형제신화'는 두 세력이 연맹을 형
성하였을 경우 그것을 합리화하기 위해 만들어지는 것이 일반적이
었다. 대가야의 건국신화가 그 단적인 사례다.

"〔고령현은〕 본래 대가야국이다.…… 시조는 이진아시왕(伊珍阿鼓
王)인데, 그로부터 도설지왕(道設智王)까지 대략 16대 520년이다. 최
치원의 석이정전(釋利貞傳)을 살펴보면 '가야산신(伽倻山神) 정견모주

(正見母主)는 곧 천신(天神) 이비가지(夷毗訶之)에 감응되어 대가야왕 뇌질주일(惱窒朱日)과 금관국왕 뇌질청예(惱窒靑裔) 두 사람을 낳았는데, 뇌질주일은 이진아시왕의 별칭이고, 청예는 수로왕의 별칭이다.'라고 하였다."

『동국여지승람(東國輿地勝覽)』 고령현조

물론 이 신화는 가야연맹의 주도권이 김해 금관국에서 고령 대가야국으로 옮겨간 이후의 사실을 반영한 것이며, 결국 가야지역 주도권 교체의 이념이 종래의 건국신화에 부가되어 변형된 것이라고 할 수 있다. 이처럼 대가야인들이 건국신화의 내용을 변형한 것은 대가야가 금관가야의 정통성을 계승했음을 부각시켜 주변 연맹국들에게 주도권을 인정받기 위한 이데올로기적인 조작이었다. 주변 세력들을 통합하고 전기연맹의 소속국들에게 하나의 정신적 명분을 제시하여, 대가야를 중심으로 한 후기연맹에 참여하도록 유도하였던 것이다.

백제의 온조와 비류 형제설도 마찬가지다. 온조와 비류가 실제 혈연관계에 있었다기보다는 위례성의 온조세력과 미추홀의 비류세력이 연맹관계를 맺게 되자 그것을 합리화하기 위해 만들었을 공산이 크다.

백제의 건국시조는

현재 학계에서는 백제의 건국세력을, 한 집단이 아닌 여러 집단이 한반도 중부지역에 정착하여 개별적으로 활동하다가 서로 정복하거나 흡수되면서 하나로 통합된 것으로 보고 있다. 백제 건국에 대한 정보를 전하고 있는 『삼국사기』와 『삼국유사』 그리고 중국 역사서인 『북사(北史)』, 『수서(隋書)』, 『주서(周書)』 등에도 백제의 시조와 건국지역이 다르게 기록되어 있다. 즉 사서에 따라 건국시조가 비류, 온조, 구태(仇台) 등으로 서로 다르게 나타난다. 건국지역도 마찬가지다. 비류는 미추홀에서, 온조는 위례에서, 구태는 대방 고지에서 나라를 세운 것으로 전하고 있다. 이는 백제의 건국세력이 한 집단이 아닌 여러 집단이었음을 의미한다. 따라서 온조와 비류는 형제가 아닌 별개 집단의 우두머리였음이 분명하다. 그러면 두 집단은 어떤 과정을 거쳐 통합되었을까?

처음에는 연맹의 주도권이 비류 쪽에 있었던 것으로 보인다. 앞서 소개한 두 전승 모두 비류를 형, 온조를 동생으로 전하고 있기 때문이다. 그 후 비류를 따르는 집단이 비류가 죽은 후 온조에 흡수되었다는 데서 알 수 있듯이, 어느 시점부터 온조계통이 우위를 점하고 연맹의 주도권을 장악한 것으로 보인다.

한편 비류와 온조 두 집단이 온조 당시에 합쳐졌다는 온조신화의 주장은 그대로 믿을 수 없다. 만약 온조집단이 온조 대 비류집단을 완전히 흡수 통합했다면, 고구려의 경우와 같이 비류를 시조로 하는 독자적이고도 대등한 신화가 후대에까지 남아 있기가 어렵기 때문이다.

『삼국지』 동이전 고구려조 기사에 따르면, 고구려에서도 전왕족(前王族)인 소노부가 적어도 3세기 무렵까지는 계루부 왕실과 대등하게 자체의 종묘를 보유하고 그들의 선조인 선왕(先王)에게 제사

지님으로써 전왕족으로서의 지위를 공식적으로 과시하고 있었다. 그후 광개토왕 때 종묘제의 완성으로 계루부 왕실의 종묘가 국가의 유일한 종묘가 됨에 따라 소노부의 종묘는 격하될 수밖에 없었다. 이는 곧 전왕족으로서의 지위를 상실했음을 의미하는 것이었다. 그 결과 소노부의 건국신화는 비류전승과 달리 소멸하여 전승되지 못했다.

따라서 비류를 시조로 내세운 건국전승이 소멸되지 않은 채 끝까지 존속된 사실로 보아, 백제에서는 온조계와 비류계가 그 성장 과정에서 주도권을 둘러싼 경쟁을 거듭하면서 상당 기간 비등한 세력을 유지하며 공존했을 것으로 추정된다. 게다가 웅진천도 등이 대변하듯 백제 왕실이 거듭되는 큰 타격을 입어 세력 확장에 한계를 드러낸 반면 '대성8족(大姓八族)'으로 표현되는 대귀족 세력은 지속적으로 분립적인 세력기반을 키워나갈 수 있어, 백제 왕실은 종묘제를 정비하거나 왕실 시조를 격상시키는 데 어느 정도 제약을 받을 수밖에 없었던 상황도 작용하였다. 물론 백제의 경우도 온조계가 어느 시점에 연맹의 주도권을 장악하면서 백제의 역사 역시 온조계 중심으로 정리되고 정착되었다.

이런 사정은 두 전승의 내용에서도 짐작할 수 있다. 비류전승과 달리 온조전승에는 건국과 국가발전, 그리고 국호와 관련된 부분이 더 자세하게 묘사되거나 덧붙여져 있다. 온조전승에 더 후대의 상황과 백제국의 성장과정 내용을 반영한 결과로 볼 수 있다. 즉 비류전승이 형성 초기의 모습에서 그리 변화가 없는 데 비해 온조전승에는 후대의 인식이 지속적으로 추가된 것이다. 이는 온조전승이 백제사의 전개과정에서 시조전승의 주류로 받아들여졌음을 뜻한다. 그러한 인식이 『삼국사기』에도 반영된 것이다.

　『삼국사기』에 따르면 백제의 역대 왕들은 모두 온조계보에 연결되어 있다. 비류계의 기록은 온조계 집단에 의해 통합되어 모두 상실된 것으로 보인다. 다만 비류전승이 전해짐으로써 그들이 존재하였다는 사실을 알 수 있고, 간헐적이지만 『삼국사기』의 곳곳에서 그 자취를 찾아볼 수 있다.

7

신화 속의 인물, 김수로왕의 실체
|수로왕 건국신화는 허구인가|

가야의 건국과정을 전하는 정보로는 김수로왕 건국신화가 유일하다. 이 신화는 『삼국유사』 가락국기조(駕洛國記條)에 전하고 있는데, 설화적이며 후대에 윤색이 가해져 역사적 사실로 인정하기 어려운 부분도 있다. 하지만 모든 신화나 설화는 일정한 역사적 사실을 반영하여 성립된 것이기에 김수로왕 신화에도 '신비의 왕국' 가야의 실체를 해명해줄 사실이 담겨 있다.

『삼국유사』에 실려 있는 수로왕 신화의 핵심은 수로왕이 김해지역에서 여러 집단을 통합하여 하나의 정치세력을 형성하는 과정, 즉 가락국의 건국과정을 전하는 정보일 것이다. 그 내용은 이러하다.

"천지개벽 후에 이 지방에는 아직 나라 이름도 없고, 또한 왕과 신하의 칭호도 없었다. 다만 아도간(我刀干)·여도간(汝刀干) 등 9간이 백성들을 통솔하였는데, 무릇 1백 호에 7만 5천 명이었다. 후한 광무제 18년(서기 42) 3월 어느 날 구지봉에서 수상한 소리가 들렸다. 9간들과 2~3백 명의 마을 사람들이 거기에 모여 하늘을 우러러 바라보니, 자주색 줄이 하늘로부터 드리워져 땅에 닿아 있었고 줄 끝을 찾

경남 김해의 구지봉

아보니 붉은 단으로 싼 금합이 있었다. 사람들이 그것을 열어 보니 해처럼 둥근 황금색 알 여섯 개가 있었다.

그 다음 날 사람들이 다시 모여서 합을 열어보니 알 여섯이 모두 사내아이가 되어 있었다. 사람들은 축하하는 절을 하고 정성을 다하여 공경하였다. 사내아이들은 나날이 자라 10여 일에 키가 9척이나 되었다. 그중 한 사람이 그 달 보름에 왕위에 오르니, 세상에 처음 나타났다고 하여 이름을 수로(首露)라 하고 혹은 수릉(首陵)이라 했다. 그 나라 이름을 대가락이라 하며 또 가야국이라고도 했는데, 여섯 가야의 하나이다. 나머지 다섯 사람도 다섯 가야의 임금이 되었다.”

이 기사의 첫 구절은 수로가 가락국을 세우기 이전의 지역 사정을 말해주고 있다. 천지개벽 후 아직 나라 이름도 없고 군신 칭호도 없었다는 것은 신화시대의 혼돈 상태를 나타낸다. 자연스럽게 모둠살이가 시작되어 아홉 개의 집단취락을 이루고 살았는데 각 취락을 다스리는 우두머리의 칭호가 간(干)이다.

이런 사회에 수로로 대표되는 집단이 출현하였는데, 진수(陳壽)가 『삼국지』 동이전에 주석으로 단 “그들은 (다른 곳에서) 옮겨온 사람들이 분명하다."라는 『위략』의 기사에서 알 수 있듯이, 이들은 외지에서 옮겨온 이주민이었다. 신화 내용 중 하늘에서 내려온 황금빛 상자의 여섯 알은 외부에서 이주해온 발달된 문명을 가진 이주민 집단을 신화적으로 표현한 것이다. 즉 여섯 알로 표현되는 이주민 집단이 낙동강 하구 유역에 들어와 자리를 잡으려 하자 토착세력이 그들의 선진문명을 환영하여 받아들인 사실을 말한다. 그리고 수로가 그들 사회에 적응하게 되자 마침내 왕으로 추대되어 가락국이라는 나라를 세운 사정을 신화화한 것이다.

이처럼 수로왕으로 대표되는 집단이 도래하기 전에 이미 김해 가락국에는 9간으로 대표되는 토착집단이 있었고 이들 토착집단과 수로집단이 결합하여 성립된 것이 가락국이다. 나머지 이주민 집단 역시 소국을 이루어 이른바 전기 가야연맹을 형성하였으며 맹주국은 수로왕의 가락국이었다.

사실 전기 가야연맹을 구성한 나라들은 신화의 내용처럼 6가야가 아니라 12국이었다. 이 또한 『삼국지』 동이전 기사에서 확인할 수 있다. 동이전에 따르면 가야연맹의 소속국은 미리미동국(彌離彌凍國), 접도국(接塗國), 고자미동국(古資彌凍國), 고순시국(古淳是國), 반로국(半路國), 락노국(樂奴國), 미오야마국(彌烏邪馬國), 감로국(甘路國), 구야국(狗邪國), 주조마국(走漕馬國), 안야국(安邪國), 독로국(瀆盧國) 등 모두 12개국이다. 이중 구야국이 수로왕의 가락국이다.

수로신화는 가락국의 건국연대에 대해서도 역사적 사실을 제공한다. 신화의 내용대로 정확히 서기 42년은 아닐 수도 있지만 그 무렵일 가능성이 크다. 현재 학계에서는 가락국의 건국연대를 서기 2세기경이나 그 이후로 보는 것이 통설이다. 서기 42년은 신화에서 나

온 것이기에 믿을 수 없다는 것이 그 이유이다.

비록 김해의 가야국이 아닌 고령의 대가야 건국연대지만 『삼국사기』 지리지에 따르면, 진흥왕 23년에 대가야가 멸망할 때 그 역년(歷年)이 시조로부터 마지막 왕까지 520년이라 하였다. 진흥왕 23년은 서기 562년에 해당하므로 그 해를 기점으로 520년을 거슬러 올라가면 서기 42년, 곧 후한 광무제 18년이 된다. 이처럼 가야의 전승자료에는 건국연대가 서기 42년으로 되어 있다.

전승자료에 신화적 요소가 포함되어 있다고 해도 가야인들이 남긴 정보가 모두 건국연대를 서기 42년으로 하고 있다는 점에서, 이를 간과해서는 안 된다.

가야의 건국연대가 서기 42년 전후임을 방증하는 문헌자료도 있다. 한반도의 1~2세기 정보를 전하고 있는 『후한서』 동이열전의 "변진(弁辰)은 진한(辰韓)의 남쪽에 있는데, 역시 12국이 있다."는 기사가 그것이다. 가야지역에 변진 12개국이 존재한 것으로 보아, 수로왕이 2세기 전에 가락국을 건국했을 가능성이 농후한 것이다.

이런 사정은 고고학적 자료에서도 확인할 수 있다. 그 단적인 사례는 김해패총에서 출토된 신(新, 9~23)의 왕망전(王莽錢), 김해 양동리(良洞里) 토광묘에서 나온 후한대(25~220)의 상방경(尙方鏡), 창원 다호리(茶戶里) 목관묘에서 출토된 전한대(서기전 206~서기 8)의 성운경(星雲鏡)·오수전(五銖錢)·금형대구(琴形帶鉤)·소동탁(小銅鐸), 창원패총에서 나온 오수전 등이다. 이들 유물이 출토된 것은 가야지역에 서기 전후 때부터 중국 왕조와 교역했던 세력이 있었음을 뜻한다. 당시에 이미 외국과의 교역을 수행할 만한 세력인 국가 수준의 정치집단이 형성되어 있었다는 사실을 입증하는 것이다. 이 같은 문헌 및 고고학 자료로 보아, 앞의 『후한서』 기사에 나오는 변진 12국은 이미 서기 42년 무렵에 형성되었을 가능성이 크다.

한편 가락국은 단지 수로 및 토착집단만으로 이루어진 것은 아니었다. 허왕후로 대변되는 집단도 포함되어 있었다. 신화에 따르면 수로왕이 탈해를 물리치고 나서 나라가 안정되자 9간이 이제 왕후를 맞이해야 된다고 제의한다. 자신들의 딸 가운데 가장 예쁜 처녀를 골라 왕비로 삼았으면 좋겠다고 하지만 수로왕은 이를 거부하고 외부세력인 허황옥(許黃玉)을 왕비로 맞이한 것으로 기록되어 있다. 현재 학계에는 허왕후의 출신지와 관련하여 다양한 견해(인도설, 태국설, 중국설, 일본설)가 제출되어 있는데, 분명한 사실은 그가 외부세력이었다는 점이다. 수로왕이 토착세력뿐 아니라 혼인관계를 통해 제3세력인 허왕후 집단과도 연합한 것은 그만큼 수로집단의 주도권이 확립되었음을 의미한다.

이처럼 수로집단이 토착세력을 압도한 것은 수로왕이 탈해왕과의 왕위를 둘러싼 다툼에서 승리하여 권력기반을 확고히 한 직후였기에 가능하였다. 앞서 보았듯이 신화에는 탈해왕이 신라왕이 되기 전에 가락국에서 수로왕의 왕위를 찬탈하려다가 패하였다는 내용이 나온다. 이는 탈해왕(57~79)이 신라의 왕위에 오르기 전에 일어난 사건이다. 실제로 탈해왕 집단이 금관국을 경유하여 신라로 이동하였다는 기사가 『삼국사기』 신라본기 탈해이사금조에도 실려 있는 것으로 보아, 이 또한 역사적 사실을 반영한 것으로 보인다.

수로왕의 주도권 장악을 추정해볼 수 있는 기록은 또 있다.

"8월에 음즙벌국(音汁伐國)과 실직곡국(悉直谷國)이 국경을 두고 서로 다투다가 왕에게 와서 판결을 청하였다. 왕이 처리하기 난처하여 생각하기를 '금관국 수로왕이 연로하여 아는 것이 많을 것이다.' 하여 불러서 물었더니 수로가 의견을 내어 다투던 땅을 음즙벌국에 붙이게 하였다."

『삼국사기』 신라본기 파사이사금 23년(102)조

인접국의 국경분쟁에까지 개입하여 중재했다는 것은 그만큼 수로왕의 권력기반이 강화되었음을 뜻한다.

이 사건과 관련하여 주목되는 것은 신화에 나타난 건국연대의 신빙성에 관한 문제다. 신화의 내용대로라면 가야의 건국연대는 수로왕이 태어난 해인 서기 42년이다. 그렇다면 사건이 일어난 102년은

수로왕 재위 61년째가 되는 해로 수로왕은 위의 기록처럼 연로하였
을 것이 맞다. 따라서 가야의 건국연대는 신화에서처럼 서기 42년
무렵이었다고 할 수 있다.

요컨대 수로왕의 건국신화는 온통 허구에 찬 것이 아니라 일정한
역사적 사실을 반영하여 성립된 것임을 알 수 있다. 물론 수로집단
이 건국 이후 주도권을 장악하고 나아가 전기연맹의 주도국으로 성
장하는 과정에서 후대에 지속적으로 신성화 작업을 추진하였기 때
문에 어느 부분이 허구이고 역사적 사실인지는 정확히 분별해야 하
지만, 분명한 것은 수로왕 신화를 통해 수로왕의 건국 및 주도권 장
악 과정의 실체를 어느 정도 확인할 수 있다는 점이다.

8

발해의 시조 대조영은
말갈인인가, 고구려인인가

한국인이면 누구나 아무런 의문 없이 발해사를 한국사의 영역으로 받아들인다. 그러나 이런 통념은 비단 중국뿐 아니라 다른 나라에서도 인정받지 못하고 있는 실정이다. 이는 발해사 연구에 이용되는 자료들이 발해의 시조 대조영(大祚榮, ?~719)의 출신에 대해 서로 상반되는 듯한 기록을 남기고 있는 데에 그 본질적인 원인이 있다.

그 결과 연구자들은 각자의 견해에 맞는 자료만을 취사선택하여 자신의 주장을 펼치고 있다. 여기에 연구자들의 민족적 입장까지 개입되면서 상반된 견해차가 좁혀들 가능성마저 희박하여 혼란만 가중시키고 있다. 대체로 남북한 학자들은 대조영이 고구려 출신임을 밝히려고 하는 반면에, 중국 및 일본 학자들은 그가 말갈인임을 입증하려는 경향이 있다.

대조영은 말갈계 고구려인

이런 까닭에 지금까지의 발해사 연구는 주로 발해의 건국 과정,

그것도 건국자인 대조영의 출신 문제에 집중되어왔다. 이것이 바로 발해의 정체성, 즉 한국사인가 중국사인가를 밝힐 수 있는 핵심문제로 여겨졌기 때문이다.

대조영 집단은 본래 속말(粟末)말갈 지역에 살다가 본거지를 떠나 고구려 영역 내에 옮겨와 살았다. 이런 사정은 다음 기사가 뒷받침해주고 있다.

"신이 삼가 살피건대, 발해의 원류(源流)는 고구려가 멸망하기 전 본디 사마귀만한 부락이었지만, 말갈의 족속(族屬)이 번성해지자 그 무리 중 속말이란 소번(小蕃)이 있었는데, 일찍이 고구려를 추종하여 고구려 영내로 옮겼다."

최치원 「사불허북국거상표(謝不許北國居上表)」

이 글은 발해가 존재하던 때에 씌어진 것이며, 게다가 신라왕의 이름으로 당 황제에게 보낸 것이기 때문에 매우 믿을 만한 기록이다.

그러면 대조영의 속말부는 언제 고구려로 이주했는가. 말갈 7부(部)의 하나인 속말부는 현 찌린시〔吉林市〕를 중심으로 한 북류 쑹화강〔粟末水〕 유역에 있었다. 이곳은 원래 부여국이 있었던 지역이므로, 때론 이들을 부여말갈이라 부르기도 하였다. 쑹화강 유역에서는 부여 멸망 후 물길(勿吉)이 부여를 대신하여 주도권을 잡았다. 이들이 북제(北齊) 시기인 563년부터 말갈로 불리기 시작하였다. 이후 말갈 7부의 이름이 중국에 알려지게 되었다.

그러다 고구려가 6세기 말부터 이 지역에 다시 진출하면서 속말 말갈이 분산되었다. 이 와중에 일부는 고구려에 저항하다가 중국으로 들어갔고, 일부는 고구려에 투항하여 고구려 영내로 이주하기도 하였다. 이때 대조영 집단도 고구려로 옮겨왔다. 물론 고구려로 이주한 사람들은 대조영이 아니라 그의 조상들이었다.

대조영의 조상들이 고구려에 들어와 정착한 곳은 요동의 태자하(太子河) 유역이다. 이는 "양수(梁水)의 지역이 바로 발해인의 고향이다."라는 『요사(遼史)』의 기사가 뒷받침한다. 양수는 당시 대양수(大梁水), 동양하(東梁河), 태자하로 불렸던 강으로 오늘날의 태자하이다. 이들은 귀화한 후 주로 군사적인 역할을 맡은 것으로 보인다. 말갈에 관련된 기록들이 거의 다 군사적 행동과 관련되어 있기 때문이다. 실제 대조영 자신도 고구려의 장수였다.

이러한 과정에서 대조영 집단은 고구려로의 동화과정이 진전되어 순수 말갈족 상태에서 벗어났다. 이런 사정은 "대조영은 본래 고구려의 별종(別種)"이란 『구당서』 기록과 "발해는 본래 속말말갈로서 고구려에 붙은 자"란 『신당서』 기사 등이 입증해주고 있다. '고구려 별종'이나 '고구려에 붙은 자'라는 표현은 대조영이 순수 말갈족도 아니고, 그렇다고 순수 고구려인도 아니었음을 의미한다. 말갈의 혈통을 이어받았지만 고구려로 귀화하여 고구려화가 상당한 정도로 진전되었던 것이다. 그 때문에 한국측 자료인 『고려사(高麗史)』와 『고려사절요(高麗史節要)』에서는 발해가 본래 속말말갈이라고 밝히면서도 대조영을 고구려인이라고 명확히 해두고 있다.

한편 흔히들 대조영이 영주(營州)로부터 단번에 2천리 길을 달려가 동모산(東牟山)에 나라를 세운 것으로 알고 있는데 이런 통념도 상식적으로 쉽게 받아들이기는 어렵다. 요컨대 발해의 건국이 단번에 이루어진 것은 아니었다.

태자하 유역 전경 대조영의 조상들이 고구려에 귀화하여 정착한 곳이다.

고구려 멸망 후 대조영 집단은 당나라에 의해 영주 지역으로 옮겨졌다. 이곳에는 대조영 집단뿐 아니라 고구려, 말갈, 거란 등 여러 계통이 당에 의해 강제로 끌려와 있었다. 그러다 696년 5월 거란족의 수령 이진충(李盡忠)이 돌궐(突厥)의 후원 하에 난을 일으켜 영주 도독을 죽이고 영주를 점거하였다. 여기에 대조영의 아버지 걸걸중상(乞乞仲象)과 걸사비우(乞四比羽)도 동조한 것으로 보인다. 걸걸중상이 이진충 등으로부터 대사리(大舍利)란 칭호를 받은 것으로 보아 그러하다. 나중에 그의 아들 조영은 대사리의 대를 성으로 삼았다. 사리는 원래 추장, 수령을 의미하는 일반명사로 쓰이다가 후에 거란족의 요나라에 의해 관직명으로 채택되었다.

그해 9월 이진충이 죽자, 손만영(孫萬榮)이 무리를 이끌고 당군을 격파하여 세력을 크게 떨쳤다. 하지만 손만영도 697년 6월에 그의 노비에게 피살되면서 잔당마저 완전히 평정되었다. 그러자 걸걸중 상과 걸사비우는 무리를 이끌고 영주에서 벗어났다. 따라서 이들이 영주를 떠난 시기는 거란 세력이 와해될 무렵, 즉 손만영이 죽은 697년 6월 이후일 것이다.

1차 건국지는 동모산이 아니다

이들 집단은 요하를 건너 요동에 잠시 머물렀다. 그리고 요동에 머무는 동안 고구려 유민을 규합하면서 순식간에 세력을 키우게 되 었다. 그 결과 걸걸중상과 걸사비우는 각각 나라를 세울 수 있는 역 량을 갖추게 되었다.

동모산 정착 이전에 발해가 건국되었다는 사실은 일본의『유취국 사(類聚國史)』*에 698년 발해가 건국되었다고 기록되어 있는 데서 확인된다.『유취국사』는 발해가 존립했던 시기에 편찬되었기 때문 에, 이 책의 발해 관련 기록들은 발해 사신 등에게 전해 들은 내용을 기술한 것으로 보인다. 따라서『유취국사』의 발해 건국 연대 기록은 발해 조정의 공식 견해로 보아도 좋을 것이다.

걸걸중상과 걸사비우가 698년에 각각 나라를 세움에 따라 당나

---

* 관원도진(菅原道眞)이 892년 칙명을 받아 육국사의 전오사(前五史)에 관한 기록을 모아 편찬한 책. 나중에『일본삼대실록』의 기사를 증보하였는데, 모두 200권이지만 현재 60권만 전하고 있다. 다행히 발해사를 다룬 권 193과 권 194는 현존하고 있다.

라는 이들의 죄를 사면하고 걸걸중상을 진국공(震國公)으로, 걸사비
우를 허국공(許國公)으로 삼으려 하였다. 봉작(封爵)이 진국공과 허
국공인 것은 이들이 세운 나라 이름이 각각 진국과 허국이었기 때
문일 것이다. 이는 발해 이전의 국호인 진국(振國 혹은 震國)이 진국
공의 작호(爵號)와 동일한 것으로 보아 그러하다. 이때 당의 세력은
사실상 요동에서 철수했기에 작호를 내리어 이들의 세력을 인정함
으로써 요동 지역의 안정을 꾀하려 하였다.

그런데 걸사비우가 당의 책봉을 거부하자 측천무후가 이들을 거
란 이진충의 잔당으로 규정하여 이해고(李楷固)로 하여금 토벌하게
하였다. 이때 이해고의 공격 직전에 걸걸중상이 사망하여 그의 아들
대조영이 진국의 주도자가 되었다. 이해고의 원정은 두 차례에 걸쳐
이루어졌는데 첫 번째는 걸사비우 집단에 대한 공격이었다. "성력
(聖曆, 698~700) 중에 이르러 당에 칭신(稱臣)하고 조공하였다."는
『오대회요(五代會要)』* 기사로 보아, 대조영 집단이 당에 대해 상대
적으로 온건했기 때문일 것이다. 첫 번째 원정에서 이해고는 걸사비
우를 죽이는 대승을 거두었다. 이해고의 공격에 위협을 느낀 대조영
은 예봉을 피하여 동쪽으로 이동하면서 걸사비우의 잔여 세력을 규
합하였다. 하지만 이해고가 여세를 몰아 계속 추격하자 끝내 양자
사이에 싸움이 벌어졌는데 대조영이 천문령(天門嶺)에서 크게 이겼
다. 천문령은 현재 혼하(渾河)와 휘발하(輝發河)의 분수령인 합달령

---

* 왕부(王溥)가 송나라 초기에 편찬한 책으로 오대(五代) 후양(後梁)·후한(後漢)·후당(後唐)·
후주(後周) 여러 왕조의 실록 등에 의거하여 오대의 전장 제도(典章制度) 총 297사목(事目)을 기재
하였다. 신(新)·구(舊)『오대사(五代史)』보다 일찍 편찬되어 역사가들이 중시하고 있다.

(哈達嶺)이다.

이해고의 추격을 격퇴한 대조영은 무리를 이끌고 당군의 추격권 밖인 동모산으로 이동하여 여기에 성을 쌓고 정착하였다. 이 동모산이 바로 오늘날의 뚠화씨〔敦化市〕 성산자촌(城山子村)에 있는 성산자산성이다. 이곳은 당의 동북지방 관문인 영주로부터 2천 리 떨어져 있다. 이렇게 멀리 이동한 것은 혹시 당의 세력이 다시 공격해올 것에 대비한 것으로 보인다. 터전은 비록 좁지만 방어하기에 편리한 곳이므로 당시의 위급한 사정을 단적으로 보여준다.

새로운 근거지를 마련한 대조영은 당의 세력을 견제하기 위해 당시 당을 공격하고 있던 돌궐에 사신을 보내어 외교관계를 수립하였다. 또한 신라에도 사신을 파견하여 국교를 맺은 것으로 보인다.

"그 추장 대조영에게 비로소 신번(臣蕃)의 제5품 벼슬인 대아찬(大阿飡)을 주었다."는 최치원의 「사불허북국거상표」기사에서 알 수 있듯이 신라가 대조영에게 진골 귀족에 내리는 대아찬을 준 것으로 보아 그러하다. 이때는 신라와 당이 전쟁을 벌인 지 얼마 안 되어 두 나라 관계가 원만하지 않은 때라, 신라 역시 발해의 국교 수립 제안에 적극적이었을 것이다.

이처럼 대조영은 주변국과의 관계 개선을 꾀하는 동시에, 705년 당과도 정식 국교를 수립하여 건국 초기의 불안한 정국을 안정시킬 수 있었다. 이제 대조영은 주변 지역에 대한 정복활동을 시작하였다. 그는 우선 주변의 말갈족을 통합하는 데 주력하였다. 이때를 전후하여 고구려 유민도 합류하였다. 이런 사정은 "말갈의 무리와 고구려 유민이 속속 귀속하였다."는 『구당서』기사가 뒷받침한다.

그 결과 발해 건국 초의 인구는 『고려도경(高麗圖經)』 등에서 그 무리가 40만 명이라고 기록한 것으로 보아, 40만여 명에 이르게 되었다. 물론 "군사와 정호(丁戶)가 40만여 명이었다."는 『오대회요』의 기록처럼, 군사 및 정호가 40만여 명이라 하면 전체 인구는 이보다 더 많아질 것이다. 하지만 건국 초기란 상황을 감안하면 40만여 명 정도로 보인다. 『신당서』 발해전 기사에서 확인할 수 있듯이, 대대적인 정복사업을 벌였던 2대왕 무왕(武王) 말에 발해의 인구가 고구려 전성기 인구의 3분의 1에 해당하는 120만 정도로 늘어난 것으로 보아 그러하다. 고구려는 멸망 당시 69만 7천 호였으므로 총 인구는 대략 350만 명 정도로 추산된다.

진국의 창건자는 대조영인가

대조영이 진국 대신에 발해란 국호를 사용하기 시작한 것은 당의 책봉을 받은 713년부터다. 이해 당 예종은 낭장(郎將) 최흔(崔忻)을 보내어 대조영을 좌효위원외대장군 발해군왕 홀한주도독(左驍衛員外大將軍渤海郡王忽汗州都督)으로 책봉하였다. 『신당서』는 이때부터 비로소 '발해'라 칭하였다고 전한다. 군왕이란 봉작은 앞서 걸걸중상에게 주려 하였던 국공보다 한 단계 높은 2등급에 해당한다. 높은 봉작을 내린 것은 당시 당나라가 돌궐, 거란 등으로부터 위협을 당하여 대조영 집단을 배후세력으로 삼으려 했기 때문으로 보인다.

건국과 관련하여 해결해야 할 중요한 문제는 진국의 창건자를 가리는 일이다. 『구당서』와 『신당서』에는 대조영이 스스로 진국왕이 되었다고 적고 있다. 이와 달리 『오대회요』는 걸걸중상과 걸사비우가 각각 고구려의 옛 땅에서 왕이 되었다고 기록하고 있다. 그런데 앞서 살펴보았듯이 측천무후가 진국공으로 삼으려 했던 인물은 바로 걸걸중상이었다. 따라서 진국의 건국자는 걸걸중상이었던 것이 분명하다. 다만 걸걸중상이 죽자 대조영이 뒤를 이었고, 이어 동모산으로 이동하여 나라를 크게 일으켰기 때문에 대조영이 건국자로 부각된 것으로 보인다. 그 결과 대조영에게 나라의 창건자를 의미하는 고왕(高王)이란 시호(諡號)가 주어졌을 따름이다. 이처럼 엄밀한 의미로 보면 진국의 창건자는 대조영이 아니라 그의 아버지 걸걸중상이다.

참고문헌

『가락국기(駕洛國記)』, 『고려도경(高麗圖經)』, 『고려사(高麗史)』, 『고려사절요(高麗史節要)』, 『구당서(舊唐書)』, 『논형(論衡)』, 『동국여지승람(東國輿地勝覽)』, 『북사(北史)』, 『삼국사기(三國史記)』, 『삼국유사(三國遺事)』, 『삼국지(三國志)』, 『수서(隋書)』, 『오대회요(五代會要)』, 『요사(遼史)』, 『위략(魏略)』, 『위서(魏書)』, 『유취국사(類聚國史)』, 『주서(周書)』, 『후한서(後漢書)』

1) 김기홍, 「고구려 건국신화의 검토」, 『한국사연구』 113, 2001.
2) 김두진, 『한국고대의 건국신화와 제의』, 일조각, 1999.
3) 김병모, 「김수로왕 연구」, 『민족과 문화』 6, 1997.
4) 김종복, 「발해의 건국과정에 대한 재고찰」, 『한국고사연구』 34, 2004.
5) 김태식, 『가야연맹사』, 일조각, 1997.
6) 노명호, 「백제의 동명신화와 동명묘」, 『역사학연구』 10, 1981.
7) 노태돈, 「주몽의 출자전승과 계루부의 기원」, 『한국고대사논총』 5, 1993.
8) 문경현, 「신라 건국신화의 연구」, 『대구사학』 4, 1972.
9) 서병국, 「신라의 삼성교립 연구」, 『관동사학』 5 · 6, 1994.
10) 송기호, 「대조영의 출자와 발해의 건국과정」, 『아시아문화』, 1991.
11) 송기호, 『발해정치사연구』, 일조각, 1995.
12) 이옥, 「주몽 연구」, 『한국사연구』 7, 1972.
13) 임기환, 「백제 시조전승의 형성과 변천에 관한 고찰」, 『백제연구』 28, 1998.
14) 최범호, 「백제 건국문제의 재검토」, 『전북사학』 19 · 20, 1997.
15) 황패강, 「박혁거세신화 연구」, 『설화문학연구』 하, 1998.

■ 광개토왕과 장수왕의 왕권 강화 정책은 성공하였는가
■ 왕권과 신권의 대립으로 좌절된 성왕의 백제 중흥정책
■ 신라 중심의 세계관을 반영한 진흥왕순수비

광개토왕과 장수왕의
왕권 강화 정책은 성공하였는가

"그들(고구려)은 북위(北魏) 오랑캐에게도 사신을 보냈지만 세력이 강성하여 (북위의) 제어를 받지 않았다. 북위 오랑캐에서는 여러 사신 관저를 두고 있는데, 제(齊)나라 사신의 관저를 제일 큰 규모로 하고 고구려는 그 다음가게 하였다."

이 기사는 『남제서(南齊書)』 동남이열전(東南夷列傳) 고구려조에 실려 있는 것으로, 5세기 말 동아시아 세력 관계에 대한 정보를 제공하고 있다. 주목할 만한 사실은 당시 동아시아 최강국인 북위가 남제 다음으로 고구려를 대우하고 있다는 점이다.

그러나 이 정보는 남제측 입장에서 서술되었기 때문에 액면 그대로 받아들일 수 없다. 『남제서』 동남이열전 고구려조에는 또한 북위가 남제와 고구려의 사신을 동급으로 대우하여 남제측 사신이 북위 조정에 항의했다는 정보가 담겨져 있기 때문이다. 북위에서는 사실상 고구려와 남제를 동등하게 대우하였음을 알 수 있다.

동아시아의 패자가 되다

잘 알려진 대로 고구려는 광개토왕·장수왕 대에 이르러 국토를 크게 확장하여 전성기를 맞이하였다. 그 이름처럼 광개토왕(391~413)은 활발한 정복사업을 벌여 영토를 크게 넓혔다. 서쪽으로는 후연(後燕)을 쳐 오랜 숙원이던 요동지방 진출에 성공하였고, 동북으로는 숙신(肅愼)과 북부여를 복속시켜 만주를 차지하였으며, 남으로는 백제를 공격하여 한강 상류에까지 진출하였다.

부왕 광개토왕의 위업을 계승한 이가 장수왕이었다. 장수왕(413~491)은 시호처럼 98세까지 산 왕으로, 재위 기간만도 78년이나 되었다. 장수왕은 중국 남북조의 양(兩)왕조와 두루 우호관계를 맺어 그들의 압력을 배제하는 한편 백제 및 신라 방면으로도 진출하였다. 그 결과 고구려의 영토는 남으로 더욱 확대되어 죽령·조령 일대에서 남양만을 연결하는 선까지 이르렀다. 이리하여 장수왕 말기에 고구려는 한반도의 대부분과 요동 및 만주까지 차지한 명실상부한 대제국이 되었다.

광개토왕과 장수왕의 괄목할 만한 성과로 고구려는 동아시아의 패자로 자리를 잡았다. 실제 고구려인들은 자신들의 나라가 천하의 중심국임을 온 세상에 선언하기에 이르렀다.[*]

광개토왕·장수왕 대의 눈부신 성취는 세월을 거슬러 올라가 살펴보면 소수림왕(371~383)의 율령(律令) 반포에서 비롯되었다. 고

---

[*] 고구려인의 천하관에 대해서는 이 책 188쪽의 「15. 우리가 천하의 주인이다」에서 상세히 다루었다.

구려의 발전 과정에서 율령 반포는 국가운영체제 개조의 분수령이 되었기 때문이다. 율령은 중국에서 성립되고 발전한 성문법인데, 율은 형벌법전이고 령은 비형벌적 민정법전으로 행정법·사법·소송법 등에 해당한다.

율령이 반포된 까닭은

소수림왕이 국가체제 개조 사업에 나섰던 것은 기존 체제로는 건국 이래 가장 심각한 위기상황에 처한 자신의 왕국 고구려의 미래를 보장받을 수 없었기 때문이다. 특히 고국원왕 대의 대외 정책 실패에 자극을 받았다.

고국원왕 당시 고구려는 전연(前燕)의 침입을 받아 엄청난 타격을 입었다. 이때 전연은 고국원왕의 어머니를 볼모로 잡아가고 부왕 미천왕의 능을 파헤쳐 그 시체를 싣고 갔으며, 심지어 수도 환도성마저 헐어버리고 5만여 명을 포로로 끌고 갔다.

게다가 고국원왕 때의 고구려는 백제와의 전쟁도 자주 치렀다. 이 같은 백제와의 잦은 공방전 끝에 고구려는 고국원왕 전사라는 최악의 상황에 직면하게 되었다. 동왕 41년(371) 백제의 근초고왕이 군사 3만 명을 직접 지휘하여 평양성을 공격해오자 고국원왕이 이에 맞서 싸우다가 전사하고 말았던 것이다.

이처럼 국왕이 살해당할 정도로 처참한 패배의 기저에는 바로 신권(臣權) 우위의 세력관계, 즉 취약한 왕권이 자리하고 있었다. 그 단적인 사례로는 귀족세력이 국왕을 살해한 사건을 들 수 있다. 이런 사건은 『삼국사기』에만 3건이나 기록될 정도로 잦은 편이었고, 앞서 살펴본 것처럼 모본왕과 차대왕, 봉상왕의 죽음이 그러했다.

고구려로서는 국왕의 전사라는 위기상황을 극복할 수 있는 기존 체제 개조를 심각하게 고려하지 않을 수 없었다. 또한 지금껏 고구려의 발전은 건국 이래 꾸준히 추진해온 정복사업의 성과 그 자체였다. 그 결과 동예, 옥저, 말갈족 및 거란족 일부 집단, 요동 지역의 중국계 유이민, 낙랑과 대방 지역 주민 등이 고구려에 편입되었다. 하지만 이들 사회는 여전히 각기 고유한 관습법에 따라 운영됨으로써 배타적이고 분리적인 인식과 태도를 간직하고 있었다.

그러나 문제는 이들 집단의 분리적인 태도와 인식보다는, 국왕이 고구려 건국의 주체세력인 5부족 가운데 왕실인 계루부를 제외한 나머지 4부족을 제대로 통제하지 못하고 있다는 사실이었다. 가령 앞에서도 한 번 인용되었던 『삼국지』 위서동이전의 "연노부(涓奴部)는 본래 국주(國主)였으므로 지금은 비록 왕이 되지 못하지만……자체의 종묘를 세우고 영성(靈星)과 사직(社稷)에게 따로 제사를 지낸다."는 기사처럼 왕실의 계루부가 아닌 다른 부가 별도로 국가의 상징인 종묘를 세우고 왕실만이 할 수 있는 제사를 지냈다는 사실은 계루부가 다른 부들을 완전히 통제하지 못했음을 말해준다.

그 결과 고구려의 주 성장 동력인 정복사업은 고국원왕 때에 와서 한계를 드러내게 되었다. 전통사회에서 전쟁의 승패는 인적자원의 효율적인 동원과 활용에 달려 있는데, 고구려는 복잡하고 다양한 구성원들에 대한 체계적이고 효율적인 국가운영체계를 마련하지 못한 결과, 그 통합의 상징인 국왕의 전사라는 최악의 상황을 맞았던 것이다.

이 모든 문제를 수습할 수 있는 방안이 바로 율령 반포였다. 고국원왕의 뒤를 이은 소수림왕은 재위 3년(373) 새로운 국가운영체제의 기반이 될 율령을 반포하였다. 즉 고구려를 구성하고 있던 다양한 집단을, 그 수장층인 귀족들을 통한 간접적 통치방식이 아니라 일원화된 성문법으로 국왕이 직접 통치할 수 있는 토대를 마련한 것이다. 이는 국왕 중심의 체계적이고 효율적인 국가운영체계를 수립한 것에 다름 아니었다.

『삼국사기』는 소수림왕 3년에 율령이 처음 반포된 사실만 기록하고 있을 뿐 율령의 내용에 대해서는 전하지 않고 있어, 현재 구체적인 내용을 확인할 수는 없다. 다만 『삼국사기』 등 현전하는 사서에 남아 있는 율령과 관련된 기록들에서 그 내용을 엿볼 수 있다. 또한 남북조시대 중국의 율령이 벌써 상당히 발전되어 있었던 만큼 고구려의 율령 역시 그 체계를 바탕으로 했다는 것이 현재 학계의 일반적인 견해다. 이를 바탕으로 하면 소수림왕이 반포한 율령은 법제만이 아니라 신분제·관료제·토지제도·재정제도·군사제도 등 국가 통치와 사회 질서 유지에 필요한 제도 전반에 걸친 개조를 전제로 한 것으로 보인다.

이처럼 율령 반포로 상징되는 왕권 중심의 국가운영체제가 있었기에 광개토왕의 획기적인 정복활동이 가능할 수 있었다.

정복군주 광개토왕, 왕권 강화에도 성공하다

광개토왕은 획기적인 정복사업뿐 아니라 왕권을 강화하는 데도 상당한 성과를 거두었다. 광개토왕은 중국의 주변 나라들 가운데 최초로 영락(永樂)이라는 독자적인 연호를 사용하였다. 연호를 쓴다는 것은 주권자의 신성한 권위를 나타내는 것으로서, 중국의 역대 왕조나 5호16국(五胡十六國) 시대 중국에 왕조를 건설한 북방민족들도 각기 독자적인 연호를 사용하였다. 고구려는 건국 이후 줄곧 중국 왕조의 연호를 빌려서 사용하였는데, 광개토왕 때에 와서 독자적인 연호를 썼던 것이다. 이는 중국 황제의 권위처럼 고구려왕의 권위도 절대적인 것임을 내외에 과시하는 표현이었다.

광개토왕은 이러한 이념적 장치뿐 아니라 왕권 강화를 위한 제도 정비에도 힘썼다. 가령 광개토왕 이전에 고구려의 군사작전은, 『삼국지』 동이전 고구려조에 따르면 주부(主簿)가 지휘하는 왕실 직속 군대와 귀족 세력인 대가(大加)의 군대로 이원화되어 있었다. 그런데 광개토왕비문에 보이는 '관군(官軍)', '왕당(王幢, 왕의 군대)' 등의 용어는 귀족들의 족병(族兵)을 국가의 공적 질서 나에 편제했거나 통제했음을 의미한다.

실제 군사 동원에서도 '궁솔(躬率)', '교견(敎遣)' 등의 비문 표현처럼 몇 만 명의 대군을 동원한 대규모 작전을 광개토왕이 몸소 통솔하거나 휘하 장수로 하여금 지휘하게 한 사례들은 이런 사정을 뒷받침한다. 예컨대 비문에 따르면 왕은 영락 10년(400) 보병과 기병 5만을 파견하여(敎遣) 신라에 침공한 왜군을 소탕하였다. 영락 14년에는 광개토왕이 몸소 군대를 이끌고(躬率) 현 황허도에 위치한 대방의 옛 땅에 침입한 왜군을 궤멸시켰다.

이처럼 광개토왕은 왕권을 강화하는 데 어느 정도 성공하였다. 모두루묘지(牟頭婁墓誌)에서 모두루가 자신을 '노객(奴客)'이라 표현하고 있듯이, 귀족 내지 관료들의 왕권 예속도가 커졌던 것이다. 모두루는 광개토왕 재위 기간에 한때 북부여의 지방관을 역임했던 인물이다. 또 광개토왕비문에 따르면 광개토왕은 생전에 '영락태왕(永樂太王)'이라 칭하였는데, 이 또한 광개토왕의 뛰어난 지도력과 빛나는 업적을 칭송하는 데 있어 왕보다 상위 개념의 태왕이라는 새로운 왕호를 필요로 할 만큼 전대에 비하여 왕의 권위가 신장되었음을 의미한다. 광개토왕비문의 "왕의 은혜와 혜택이 하늘에까지 이르고, 왕의 위력은 사해(四海, 천하)에 떨쳤다. 왕이 □□을 쓸어 없애고 백성이 각기 생업에 힘쓰니 나라가 부강해지고 백성도 넉넉해졌다."는 기사도 마찬가지다.

평양 천도를 단행한 까닭은

장수왕은 부왕 광개토왕의 빛나는 업적을 발판으로 삼아 획기적인 왕권 강화를 위해 최후의 수단으로 평양 천도를 단행하였다. 장수왕 15년(427)에 이루어진 고구려의 평양 천도는 흔히 남하정책을 추진하기 위한 목적에서 비롯된 것으로 알려져 왔다. 실제 평양 천도 후 고구려의 영토 확장을 위한 주 공격방향은 남쪽이었고, 주된 대상은 백제였다. 고구려 왕실과 백제 왕실은 같은 부여계통이었지만 주도권을 둘러싸고 여러 차례 심각하게 대립하였다. 마침내 장수왕은 재위 63년(475) 9월에 군사 3만을 이끌고 백제에 침입해 백제의 수도인 한성(漢城)을 함락시켰으며 백제의 개로왕마저 사로잡아 처형하였다. 이로써 고구려는 약 100여 년 만에 고국원왕(331~371)의 원수를 갚게 되었다. 그리하여 평양 천도의 이유가 남하정책 때문이었다는 통념은 현재까지 그다지 의심없이 받아들여져 왔다.

문제는 장수왕이 백제에 대해 대공세를 펼친 때가 평양 천도 후 무려 48년이 지난 장수왕 63년이라는 점이다. 게다가 당시 장수왕의 나이는 여든두 살이었다. 서른네 살의 한창 나이어 평양으로 천도해 좋은 시절 다 보내고 여든 넘은 할아버지가 되어 이른바 남하정책을 전개한 것이다. 이로 보아 평양 천도의 목적이 남하정책이 아닌 다른 데 있었던 것은 아닌가 하는 의문이 든다.

북위의 효문제(孝文帝)가 백제에 보낸 외교문서에서 "(장수왕의 백제 공격은) 선군(先君, 고국원왕)의 옛 원수를 갚으려는 것"이라고 지적하고 있듯이, 장수왕이 백제를 공격한 이유는 선조의 원수를 갚기 위한 조치였다.

전통시대에 수도를 옮긴다는 것은 국가의 매우 중대한 사업이었다. 삼국을 통합한 신라가 대구로 천도하려다가 경주 토착세력의 반발에 부딪혀 포기한 것을 보아도 알 수 있다. 게다가 지리상의 위치로 볼 때 국토의 동남부 모퉁이에 치우쳐 있었던 신라의 수도 경주와 달리, 국내성은 비교적 고구려의 중심부에 위치해 있었다. 그만큼 고구려의 평양 천도는 신라의 천도 계획보다는 절박하지 않았을 것이다. 그렇다면 장수왕은 왜 평양 천도를 단행했을까?

평양 천도는 왕권강화책의 최후 수단

장수왕이 평양 천도를 단행한 진짜 이유에 대한 실마리는 바로

그가 세운 광개토왕비에서 찾을 수 있다. 비문의 첫머리는 "옛날 시조 추모왕이 나라를 세웠다. 시조는 북부여에서 나셨는데, 천제(天帝)의 아들이요, 어머니는 하백(河伯)의 딸이다."라고 선포하고 있다. 천제란 천하의 만물을 주재하는 절대적 존재인 천신(天神)을 뜻하므로 추모왕은 천제의 아들 곧 천자(天子)인 것이다. 성스런 왕통을 이은 장수왕을 포함한 고구려왕들이 천자인 것 또한 당연하다. 장수왕은 비문의 첫머리에 고구려의 신성한 내력과 왕실의 존엄성을 밝힘으로써 고구려왕의 초월적인 권력자로서의 면모를 드러내고자 하였다. 결국 능비를 조성한 장수왕의 목적은 왕의 권위를 신성시하여 전제왕권을 수립하고자 하는 것이었다.

사실 장수왕이 재위 2년(414)에 능비를 세운 것 자체가 광개토왕의 권위에 의지한 행위였다. 비문의 "선왕 이래로 왕묘에다 석비를 세우지 않았기 때문에 수묘인의 연호(烟戶)에 차이나 착오를 일으켰다. 오직 국강상광개토경호태왕(國岡上廣開土境好太王)께서 역대 선왕의 묘에 모두 비석을 세워 연호의 (내력과 숫자를) 명기하여 그들로 하여금 착오를 일으키지 않게 했다."는 구절에 나타난 대로, 집권 초기에 능비를 건립하자니 부왕의 권위에 의지할 수밖에 없었던 것이다.

이처럼 아직 권력의 발판을 확고히 다지기 전에 장수왕이 왕권의 전제화를 추구하자 귀족세력의 반발이 뒤따랐다. 이들의 반발은 고구려 집권세력 간의 권력구조상 필연적인 것이었다. 귀족들의 반발이 비등하자 장수왕은 자신의 권위에 도전하는 세력을 숙청하려 했을 것이다. 하지만 능비를 세우는 조치만으로는 곧 한계에 부딪혔던 것으로 보인다. 그리하여 결정적인 수단으로 단행한 것이 바로 평양 천도였다. 문헌기록에 강족(强族)으로 표현되는 귀족세력이 강력한 토착기반을 지니고 있던 국내성에서는 이들 세력의 견제를 벗어나 강력한 왕권을 중심으로 한 중앙집권체제를 구축하는 것이 불가능했기 때문이었다.

평양 천도 이전에도 고구려 왕실은 왕권 강화를 위한 천도를 몇 차례 시도한 것으로 보인다. 실제로 『삼국사기』에 따르면 고구려는 장수왕 이전에 몇 차례 천도를 한 적이 있었다. 유리왕 22년(서기 3)에 졸본에서 국내성으로 천도했다가, 산상왕 13년(209)에는 환도성으로 천도했으며, 동천왕 21년(247)에는 평양성으로 천도했다가, 고국원왕 12년(342)에 다시 환도성으로 환도했다가, 이듬해 다시 평양성으로 환도한다. 이처럼 잦은 천도는 동천왕 21년과 고국원왕 13년

고구려 평양성 축성 기록

의 경우처럼 위나라와 연나라의 공격을 받아 부득이한 경우도 있었지만 왕권과 귀족세력 간의 권력다툼 때문이었을 가능성도 배제할 수는 없다.

가령 『삼국사기』에는 유리왕 때에 국내성으로 천도한 후 유리왕의 뒤를 이은 대무신왕이 동왕 3년(20)에 동명왕묘, 즉 주몽의 사당을 세웠다는 기사가 보이는데, 이는 주몽의 후손들이 고구려의 왕실을 잇는 정통으로서 어느 정도 자리를 잡게 되었음을 의미한다. 주몽 계열이 그 이전에 왕위를 차지하였던 세력과 분명한 구분을 짓는 상징이기에 그러하다. 결국 국내성으로의 천도는 주몽 계열인 계루부 왕실이 졸본에 확고하게 자리 잡은 다른 부들, 즉 귀족세력의 견제를 벗어나기 위한 조치로 볼 수 있는 것이다.

산상왕 때의 천도도 마찬가지다. 고국천왕의 동생인 산상왕은 그의 형수인 제나부(提那部, 절노부) 출신 왕후 우(于)씨의 도움으로 왕위에 올랐다. 그에 대한 보답으로 산상왕은 장가를 들지 않고 우씨를 왕후로 삼았다. 그런데 그는 동왕 13년 9월에 관노부(灌奴部) 출신 여자를 소후(小后)로 삼고 그해 10월에 환도성으로 천도하였다. 그 후 동왕 17년에는 소후가 낳은 교체(郊彘)를 태자로 삼았다. 이 과정에서 왕후 우씨는 소후를 살해하려 하였다. 이로 보아 산상왕 또한 제나부의 견제를 벗어나기 위하여 천도를 했을 가능성이 높다.

하지만 평양 천도로 장수왕의 목적이 완결된 것은 아니었다.『위서』동이전 백제조에 실려 있는 개로왕이 북위에 보낸 외교문서 가운데 "지금 연(璉, 장수왕)의 죄로 나라(고구려)는 어육(魚肉)이 되었고, 대신(大臣)·강족(强族)들을 끝없이 살육하여 죄악이 천지에 가득히 쌓였으며, 백성들은 이리저리 흩어지고 있다."는 기사가 이런 사정을 말해준다. 또 장수왕의 왕권 강화에 반발하는 세력은 대신과 강족으로 표현되는 귀족세력뿐 아니라, 위 기사에 이어지는 "풍씨일족(馮氏一族, 북연유민)의 사람과 말에게는 조축지연(鳥畜之戀)이 있고, 낙랑 등 여러 군(郡)은 수구지심(首丘之心)을 품고 있습니다."는 구절에서 보듯이 중국 망명세력도 있었다.

이 외교문서는 장수왕이 본격적으로 백제를 공격하기 3년 전인 개로왕 18년(472)에 보낸 것이므로, 천도 후 무려 45년 만에 장수왕은 왕권 중심의 국가운영체제, 즉 중앙집권정책에 반대하는 귀족세력 등을 제거할 수 있었다. 장수왕의 왕권 강화에 반발한 많은 귀족들은 북위로 망명하였는데 고잠(高潛), 고양(高颺), 고고(高暠) 등이 대표적이다. 이들은 모두 망명 후 유력가문이 되었다.

요컨대 장수왕이 평양 천도를 단행한 주목적은 남하정책보다는 왕권에 도전하는 대신·강족 등의 귀족세력을 약화시켜 왕권의 전제(專制)를 기반으로 하는 중앙집권체제 수립에 있었다.

중앙집권체제의 실패

그런데 장수왕의 왕권강화정책은 이후 고구려에서 그다지 성공적으로 이어지지 못했다. 이런 사정은 6세기 후반 이후 고구려 멸망기에 이르기까지 고구려의 권력구조에 대한 개략적인 정보를 전해주는 중국측 문헌들에서 확인할 수 있다. 예컨대 "(고구려에는) 가장 높은 벼슬로는 대대로(大對盧)가 있다.…… 대대로는 세력의 강약에 따라 서로 싸워 이기면 빼앗아 스스로 되고 왕의 임명을 거치지 않는다."는 『주서(周書)』 이역열전(異域列傳) 고구려조 기사처럼, 고구려 왕권은 최고 관직인 대대로조차 임명할 수 없을 정도로 취약하였다. 『구당서』 동이열전은 이에 대한 더 자세한 정보를 전한다.

"(우리의) 1품직에 해당하는 대대로라는 칭호를 가진 최고 관리는 국사(國事)를 총괄하는데 임기는 3년이다. 이 관리가 임기 만료시에도 교대 기간을 준수하지 않거나, 그밖의 사람들이 서로 불만을 품은 경우 그들은 모두 군사를 동원하여 전투를 벌인다. 여기서 이긴 자가 지위를 차지한다. 왕은 그들을 통제할 수 없으므로 왕궁의 문을 닫고 이에 개입하지 않는다."

장수왕이 죽고 반세기 정도 지난 이후에 나타난 이러한 현상은 장수왕의 왕권을 정점으로 중앙집권화가 결국 실패했음을 의미한다. 중앙집권체제는 강력한 왕권의 전제하에서만 가능하기 때문이다. 심지어 대대로였던 연개소문(淵蓋蘇文)은 국왕을 능가하는 권력을 유지하였다. 이는 그의 아들인 남생(男生)의 묘지명(墓誌銘)에 실려 있는 기록 중 "증조부 자유(子遊)와 조부 태조(太祚)는 막리지였고 아버지 개소문은 태(太)대대로였다. 할아버지와 아버지가 쇠를 잘 부리고 활을 잘 쏘아 둘 다 권력을 잡고 국정을 좌우했다."는 기사에서 확인할 수 있다.

전통적으로 전제적인 황제권을 정점으로 한 강력한 중앙집권체제를 유지해왔던 중국측에서는 고구려 왕권의 취약성을 이탈된 현상으로 여겼다. 때문에 수 양제는 이런 현상을, "대신과 호족들이 정권을 틀어잡고 당파끼리 결탁하고 접근하는 것이 관행으로 되어 있다(『삼국사기』 고구려본기 영양왕 23년조)."고 개탄하였다.

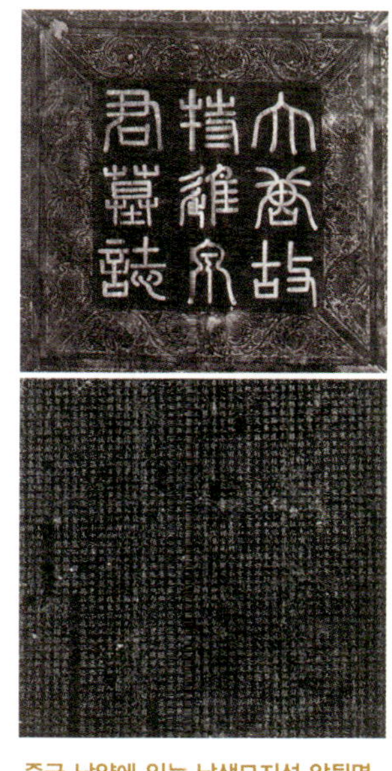

중국 낙양에 있는 남생묘지석 앞뒷면

10

왕권과 신권의 대립으로 좌절된 성왕의 백제 중흥정책

건국 당시 백제는 마한에 셋방살이하는 신세에 불과하였다. 이런 사정은 『삼국사기』 온조왕 24년조 기사가 뒷받침한다.

"가을 7월에 왕이 웅천에 목책을 세웠다. (이에) 마한왕이 사신을 보내어 책망하기를 '왕이 처음 강을 건너와서 발붙일 곳이 없을 때 내가 동북방 1백 리 되는 땅을 할애하여 살도록 하였다…….'고 말하였다. 왕이 부끄러워서 곧 그 목책을 헐었다."

백제의 딱한 신세는 근초고왕(346~376) 때에 와서 획기적으로 달라진다. 근초고왕 대의 백제는 북방의 강국 고구려왕까지도 전사시킬 정도로 전성기를 구가했던, 동북아시아의 명실상부한 패자였다. 그 결과 근초고왕은 372년 동진(東晉)으로부터 '진동장군 영낙랑태수(鎭東將軍領樂浪太守)' 라는, 외교상 동북아시아의 지배권을 인정받는 작호(爵號)를 받았다.

근초고왕의 획기적인 성과는 제8대 고이왕(234~286)이 행한 왕권 중심의 국가운영체제로의 개조에 힘입은 바가 크다. 잘 알려진 대

로 고이왕은 대외적인 정복사업을 힘차게 벌였을 뿐만 아니라 대내적으로도 백제 역사상 새로운 기원을 획할 정도로 국가체제를 개조하였다.

왕권 강화를 위한 통치체제 정비

『삼국사기』 백제본기에 따르면 고이왕 27년(260)에 6좌평(佐平)과 직무분장, 좌평 이하 극우(克虞)까지의 16관등(官等)이 설치되고 공복(公服) 및 관제(冠制)가 제정되고 내신(內臣)좌평의 임명이 완료

되었다. 다음해에는 왕의 복색(服色) 및 관제가 제정되었고 내신좌평 이외 나머지 다섯 좌평의 임명 등이 이루어졌다. 그 이듬해에는 관료체제의 질서 유지를 위한 법령이 반포되었다.

학계 일부에서는 『삼국사기』가 백제 후기에 이루어진 이러한 개혁 조치를 고이왕 대에 소급하여 기록한 것으로 파악하여, 고이왕의 통치체제 정비를 부정하고 있는 실정이다. 하지만 『삼국사기』에 고이왕 대의 좌평 임명 이후 내두(內頭)좌평을 제외한 5좌평의 관직을 지닌 인물들이 골고루 계속해서 등장하고 있는 것으로 보아, 『삼국사기』의 고이왕 기사는 대체로 역사적 사실을 반영한 것으로 보아야 할 것이다.

우선 고이왕의 관제(官制) 정비는 중국의 육전(六典)제도를 모방했을 가능성이 크지만, 관등 명칭 등은 백제 고유의 것이었다. 또한 자주색·붉은색·청색으로 3분된 복색 규정은 관료조직의 위계질서를 엄격히 하려는 동시에 왕의 권위를 강화하기 위한 조치였다. 이는 3구분의 공복 외에 국왕 자신의 공복을 제정한 사실이 뒷받침한다.

왕권을 강화하려는 고이왕의 정치적 의도는 좌평의 임명에서 잘 드러난다. 좌평 가운데 가장 중요한 위치를 차지하는 내신좌평에 자신의 아우 우수(優壽)를 임명한 것은 왕권 강화 차원에서 이루어진 조치로 이해된다. 왕족으로 보이는 우두(優豆)의 내법좌평 임명도 이 같은 추정을 뒷받침한다. 이처럼 잘 갖추어진 관료체제의 질서 유지를 위한 조치로, 관리로서 재물을 받은 자와 도둑질한 자에 대한 처벌 규정을 제정한 사실도 돋보인다.

이처럼 고이왕은 삼국 중 가장 먼저 선진적인 통치제도를 정비하였다. 고이왕의 개혁은 왕권 강화를 바탕으로 하여 국내의 모든 인적·물적 자원을 효율적으로 동원할 수 있는 체제를 마련하려는 조치로서, 백제의 획기적 발전을 가져올 제도적 장치였다.

그렇다면 고이왕은 무슨 까닭으로 국가 개조 사업에 착수했을까?

국가개조사업에 나선 까닭은

부여계 유이민이 주체가 되어 한강 유역에 자리를 잡은 백제의 주도 세력은 건국 이래 주변의 마한 세력을 점차 통합해나갔다. 따라서 백제의 성장은 마한 정복 사업 그 자체라고 해도 과언이 아니다.

『후한서』 동이전 기사는 이러한 백제의 성장을 상징적으로 보여준다. "삼한은 무릇 78국으로 구성되어 있는데, 백제국은 그중 한 나라이다." 『후한서』에서 이처럼 유독 백제국만 꼬집어 기록하고 있는 것은 후한시대인 2세기 무렵 백제가 삼한의 다른 나라들과 대조될 정도로 중국인들의 눈에 띄었음을 말해준다. 그만큼 백제는 삼한을 구성하고 있던 여타 나라들에 비해 국력이 크게 강화되었다. 2세기 후반 한·예(韓濊)의 세력이 강성하여 한군현(漢郡縣) 당국이 이를 제어하지 못했기에 백성들이 한(韓) 지역으로 유입되었다는 『삼국지』 동이전의 기사도 이런 상황을 뒷받침하고 있다. 물론 이를 주도한 국가는 백제였다.

당시 요동 지방에서 독자적인 세력을 유지하고 있던 공손강(公孫康)이 3세기 초 대방군을 설치한 것은 백제가 주도한 한(韓) 세력의 성장 추세를 통제하려는 조치였다. 공손강의 시도는 부분적인 성과를 거두어 한 세력은 대방군의 일정한 통제하에 놓인 것으로 보인다. 그러다 위(魏)나라가 237~239년 무렵 요동의 공손씨 정권을 무너뜨리고 직접 낙랑군과 대방군을 관할하면서 대동방 정책도 더 공세적으로 바뀌었다.

따라서 중국 군현당국과 백제가 주도하는 한 세력 간의 충돌은 필연적이었다. 끝내 3세기 중엽 양측의 대규모 충돌이 벌어졌는데, 244년 유주자사(幽州刺史) 관구검(毌丘儉)이 고구려를 침공한 것이 그 발단이 되었다. 충돌 여파는 곧 한반도 중부에까지 미쳤다. 『삼국지』에 따르면 한 세력이 대방군을 선공하면서 대규모 충돌이 일어나 대방태수 궁준(弓遵)이 전사하는 지경에까지 이르렀다. 이 전쟁은 고이왕 13년(246)에 일어났을 가능성이 높다. "고이왕이 낙랑을 습격하였다."는 『삼국사기』 고이왕 13년조 기사와 일치하고 있기 때문이다. 즉 고이왕 때에 이르러 백제는 기록상 한으로 표현되는 마한 세력을 주도하여 대중국 전쟁을 이끌었을 정도로 성장하였던 것이다.

전쟁 결과에 대해서 『삼국지』는 중국 군현당국이 한을 멸망시켰다고 기록한 반면에, 『삼국사기』는 고이왕이 군현의 침공을 두려워하여 포획한 사람들을 돌려주었다고 전하고 있다. 궁준이 사망한 후 두 세력 간에 대규모 충돌이 없었던 것으로 보아, 한(백제)측이 빼앗았던 주민을 송환하는 선에서 마무리된 것으로 여겨진다. 전쟁의 결과가 어떻든 간에 백제가 엄청난 타격을 입었음은 명백한 일이다.

이렇게 대중국 전쟁을 주도할 정도로 성장하였으나 전쟁 패배로 위상에 큰 타격을 입은 백제는 이미 한계가 드러난 기존 체제를 개조해야 하는 현실적인 요구에 직면하게 되었을 것이다. 당시에는 지방은 물론이고 서울 지역마저 독자성을 유지하는 5부(部) 체제로 편제되어 있었는데, 군사 활동 등이 주로 이 부 단위로 이루어지고 있었다. 이런 사정은 『삼국사기』 백제본기 초기 기록에 다루왕 3년(30) 동부의 흘우(屹于)가 말갈과 싸워 이겼다든가, 초고왕 49년(214) 북부의 진과(眞果)가 말갈을 공격했다든가 하는 기사에서도 확인된다.

부의 수장층이 부병(部兵)을 독자적으로 운영하는 등 부의 독립성이 온존하는 한, 국가적인 현안, 가령 중국 군현당국의 침입 등에 대처하는 데 한계가 있을 수밖에 없었다. 실제로 백제는 군현당국의 위협만으로 사로잡은 포로를 돌려준 일이 있었다.

고이왕은 이러한 현실적인 필요성에 자극을 받아 통치체제를 정비하는 등 왕권 중심의 국가운영체제로의 개조 사업에 착수했던 것이다. 물론 궁극적인 목표는 인적·물적 자원의 효율적인 동원 체제를 마련하는 데 있었다. 그 결과 백제는 근초고왕 때에 이르러 삼국 가운데 가장 먼저 최전성기를 구가할 수 있었다.

백제 근초고왕은 정복사업을 매우 활발하게 벌였다. 북쪽으로는 대방의 옛 땅을 두고 고구려와 다투는 동시에, 남쪽으로는 마한의 잔여 세력에 대한 통합을 시도하였다. 결과는 대성공이었다. 그리고 동남쪽으로도 소백산맥을 넘어 가야 지역에까지 영향력을 행사하였다. 이처럼 근초고왕은 백제 역사상 가장 뛰어난 정복군주였을 뿐 아니라 백제가 삼국 가운데 가장 먼저 최전성기를 구가할 수 있도록 결정적인 역할을 한 인물이기도 하다.

하지만 근초고왕 때 누렸던 동북아시아 패자로서의 백제의 위상은 근초고왕 사후 1백 년 만에 추락하고 말았다. 백제는 개로왕 21년 (475) 고구려 장수왕의 공격으로 수도 한성을 빼앗기고 개로왕마저 전사하는 등 건국 이래 최악의 위기상황에 맞닥뜨렸다.

개로왕의 뒤를 이은 문주왕(475~477)은 즉위한 지 한 달 만에 지금의 공주인 웅진(熊津)으로 천도하였다. 그러나 백제의 악화된 상황은 이후에도 그다지 나아지지 않았다. 문주왕과 동성왕(479~501)이 즉위한 지 불과 몇 년도 안 되어 귀족세력에게 연이어 살해당하는 등 여러 차례의 정치적 위기를 맞았던 것이다. 다행히 백제는 무령왕(501~523) 대에 와서야 어느 정도 안정을 되찾을 수 있었다. 마침내 백제는 성왕 재위 16년(538)에 수도를 오늘날의 부여인 사비(泗沘)로 옮기면서 중흥의 기틀을 마련하였다.

웅진 천도와 왕실의 시련

사실 문주왕의 웅진 천도는 백제 자체의 내적 필요에 의해서가 아니라 고구려군의 침공이란 예기치 못한 상황에서 임기응변적으로 이루어졌다. 자연 웅진이 한 나라의 도읍지로서 적합한 곳인지 고려하기보다는 외국의 침략을 효과적으로 방어할 수 있는지의 여부를 중요하게 여겼다. 이같은 사정은 웅진 지역이 북으로 차령산맥과 금강에 둘러싸여 있고, 동으로는 계룡산이 막아서 고구려와 신라의 침략을 방어해주는 천험의 요새지인 점이 뒷받침한다.

그러나 한 나라의 도읍지로서는 협소하고 부적합했기에 고구려의 침략 위협이 어느 정도 해소되자 백제는 곧바로 또 한 번의 천도

공산성(웅진성) 웅진시대 백제의 도읍지로 전해진다.

를 계획할 수밖에 없었다. 그것은 문주왕을 이은 동성왕 때부터 이미 천도를 추진한 사정을 보면 알 수 있다. 하지만 동성왕의 천도 계획은 웅진에 세력기반을 가진 백가(苩加)로 대변되는 귀족세력의 반발로 좌절되었고 동성왕 자신마저 죽임을 당했다. 백가세력이 천도를 반대한 것은 사비 천도로 자신들의 정치적 기반을 상실할 것을 우려했기 때문이다.

웅진 천도 이후 백제에는 사씨, 연씨, 해씨 등 대성 8족이 있었는데, 이는 "나라 안에는 여덟 씨족의 대성〔大姓八族〕이 있으니, 사씨(沙氏) · 연씨(燕氏) · 협씨(刕氏) · 해씨(解氏) · 진씨(眞氏) · 국씨(國氏) · 목씨(木氏) · 백씨(苩氏)다."라는 『수서(隋書)』 백제조 기사에서 확인할 수 있다. 이들 대성 8족은 천도 이후 최고 관등인 좌평직과 같은 주요 관직을 독점하다시피 했다.

이러한 사정은 『위서』와 『남제서』 백제조에 실려 있는 작호(爵號)의 제수를 요청한 외교문서를 비교해보면 금방 알 수 있다. 즉 개로왕이 재위 4년(458) 위나라에 자신의 지배체제 확립에 기여한 인물들의 작호 제수를 요청한 외교문서에는 수작 대상자 11명 가운데 왕족인 부여씨가 무려 8명이나 되었는데, 동성왕 12년(490)과 17년(495) 두 차례에 걸쳐 남제에 작호 제수를 요청한 외교문서에는 수작 대상자 총 15명 중 왕족은 3명에 불과했다. 이는 웅진 천도 이후 왕실의 정치적 위상은 추락한 반면에, 대성 8족으로 대변되는 귀족들의 세는 상승한 현실을 반영한다.

이처럼 대성 8족은 좌평직과 같은 주요 관직을 독점하면서 왕권을 견제했는데, 자신들의 기득권 유지를 위해서는 문주왕과 동성왕의 사례에서 알 수 있듯이 심지어 나라의 구심점인 국왕마저 살해할 정도였다.

중흥의 상징, 사비 천도

국가의 상징인 국왕(동성왕)의 시해라는 극도로 혼란한 와중에 즉위한 무령왕은 백가세력을 진압하는 한편, 수리시설을 확충하고 유민(流民)들을 귀농시키는 등 국내 혼란을 일단 수습하는 데 성공하였다. 이어 무령왕은 적극적으로 가야 지역에 진출하여 백제의 영향력을 확대해나갔다. 이로써 백제는 국가의 재정 기반을 확대하여 왕권의 안정을 도모할 수 있었다. 이런 사정은 『양서(梁書)』 백제조

에 보이는 백제의 외교문서 가운데 "다시 강국이 되었다."는 기사가 뒷받침한다. 그 결과 무령왕은 양나라로부터 '사지절도독백제제군사녕동대장군(使持節都督百濟諸軍事寧東大將軍)'으로 책봉받았는데, 이는 국제적인 지위뿐 아니라 대내적으로도 국왕의 권위와 정통성을 유지하기 위한 효과적인 수단으로 작용하였다.

뒤이어 왕위에 오른 성왕이 단행한 사비 천도는 무령왕의 이 같은 대내외적인 성과가 있었기에 가능하였다. 성왕은 귀족세력의 큰 반발에도 불구하고 재위 16년(538) 사비로 천도하는 데 성공하였고 같은 해에 국호마저 남부여(南扶餘)로 변경하여 왕실의 권위 회복에 힘썼다. 백제 왕족은 부여계인데 남부여로 국호를 변경한 것은, 백제 왕족이 범부여족을 대표하는 존재임을 내외에 과시함으로써 왕실의 권위를 회복하기 위함이었다.

성왕의 사비 천도와 국호 변경은 백제 중흥이라는 거대한 프로젝트 차원에서 이루어진 상징적인 조치였다. 이 같은 조치를 내실화하려는 노력은 통치체제 정비로 나타났다. 천도 후 성왕은 곧바로 통치제도의 개혁에 착수하였는데 22부사(部司)를 설치하여 중앙 행정부서를 정비했고, 지방을 효과적으로 통치하기 위해 5방제(方制)를 실시했으며, 관리들의 위계질서를 명확히 하기 위해 16관등제를 확립하였다.

사비 천도 이전 백제의 지방통치조직은 담로제(擔魯制)였다. 담로제는 주요 거점 지배 방식으로 토착세력의 지배권이 막강하여 지방에 대한 중앙의 통치권이 그만큼 취약할 수밖에 없었다. 반면 5방제는 왕권을 정점으로 한 중앙집권체제를 강화시켰다. 각 방에는 방령(方領) 1인, 방좌(方佐) 2인이 파견되었고 각 방은 6, 7 내지 10여 개의 군(郡)으로 이루어져 있었다.

5방제 실시에 따른 중앙의 지방 통제력 강화는 『삼국사기』 백제본기에 보이는, 6세기에 와서 빈번하게 이루어진 병력 동원 사례들에서 단적으로 드러난다. 대체로 각 방의 장관인 방령은 1만여 명의 병력을, 중앙의 좌평은 각 방의 병력을 수합하여 3~4만 명을 거느리고 출동하는 것으로 기록되어 있다. 각 군에는 대략 700~1,200명의 병력이 있었다는 주장이 학계의 일반적인 견해다. 그렇다면 각 방에서 동원된 1만여 명의 병력은 각 방에 소속된 6~10여 개의 군에서 차출된 병력임을 알 수 있다. 즉 중앙의 동원 명령이 각 방을 거쳐 각 군에 시달된 반면에, 병력 동원은 역순으로 이루어지고 있었다. 이 같은 명령의 하달과 시행은 단지 병력 동원에만 해당되는 것이 아니라 행정적인 측면에서도 적용되었을 것이다. 5방제 실시로 왕권이 더욱 강화되었음은 두말할 필요도 없다.

이 같은 왕권 강화는 궁중의 일상업무를 맡은 내관(內官) 12부, 국가의 주요 행정업무를 담당한 외관(外官) 10부로 이루어진 22부사제에서도 확인할 수 있다. 22부사에 대한 기록은 중국측 역사서인 『북사(北史)』, 『주서(周書)』 등에 실려 있는데, 기록마다 약간의 차이가 있지만 전하는 내용은 대체로 비슷하다. 문지는 22부사의 명칭과 "각기 부사가 있어 여러 행정업무를 나누어 맡았다."는 『주서』 백제조의 기사처럼 총괄적인 기능만 기록하고 있을 뿐 각 부사의 임무, 부사의 장관, 소속 관리의 수 등에 대해서는 전혀 언급이 없다는 점이다.

다행히도 왕권 강화의 지표가 되는 내용만은 "장리(長吏)는 3년마다 교대되었다."는 『북사』 백제조 기사에서 추정할 수 있다. 관리의 임기제가 시행되었다는 것은 22부사 소속 관리들이 정치적 세력을 형성하는 데 어려움이 있었음을 뜻한다. 게다가 부서의 숫자가 22부사나 되었으니 권한이 그만큼 분산되어 한 개인에게 정치권력이 집중되기 힘들었을 것이다. 반면에 관리의 인사권을 쥔 국왕의 권한은 그만큼 확대될 수 있었을 것이다.

한강 유역 수복은 왕실 권위 회복의 시금석

이처럼 성왕은 통치체제를 정비하여 왕권을 중심으로 한 중앙집권체제를 확립하고 웅진 천도 이후의 위기상황에서 벗어나 중흥의 기틀을 마련하였다. 하지만 통치체제 정비만으로는 백제 왕실의 추락한 권위를 회복하는 데 한계가 있을 수밖에 없었다. 한강 유역 상실은 곧 백제 왕실 권위의 추락을 의미했기 때문이다.

한강 유역은 백제 왕실의 발상지였기에 이곳의 상실은 곧 백제 왕실의 존립 정당성 상실을 의미하였다. 그리고 그 결과는 웅진 천도 이후 여러 왕들이 귀족세력에 의해 살해당하는 것으로 나타났다. 이는 역사상 유례가 없는 일이었다. 때문에 천도 이후 왕실의 권위를 회복하여 왕권을 확립하고자 했던 백제왕들은 끊임없이 한강 유역을 수복하려 애썼다. 비단 성왕만이 아니라 성왕의 뒤를 이은 무왕이나 의자왕도 그러했다.

마침내 성왕은 신라와 연합하여 고구려에게 빼앗겼던 한강 유역의 6군(郡)을 회복하였다. 하지만 신라 진흥왕의 배신으로 한강 유역을 다시 신라에 빼앗기고 만 성왕은 554년에 친히 군사를 이끌고 신라를 공격하다가 그만 지금의 옥천인 관산성(管山城)에서 전사하였고 백제는 군사 3만여 명을 잃는 치욕적인 패배를 당하고 말았다.

이후 백제는 또다시 대내적으로 심각한 위기에 빠져들었다. 법왕이 무려 70세의 나이로 왕위에 올라 재위한 지 2년도 안 되어 죽고 혜왕이 즉위한 지 2년도 안 되어 귀족들에 살해당하는 등 정국이 극도로 불안정했다.

이 위기를 극복한 임금이 서동설화의 주인공 무왕이다. 그는 백제의 최대 숙원사업인 한강 유역 수복을 위해 체제를 정비하고 신라에 대한 대대적인 공격을 감행하였으나 끝내 한강 유역 수복의 꿈은 이루지 못했다. 아버지 무왕의 뒤를 이어 왕위에 오른 의자왕은 즉위하자마자 신라에 대한 공격을 한층 강화하였다. 그리하여 마침내 의자왕 15년(655)에 백제 왕실의 최대 숙원사업인 한강 유역 수복이 다시 한 번 실현되었다.

왕권과 신권의 갈등으로 멸망한 백제

이런 성과도 잠시, 백제는 660년 나당연합군의 침략을 받아 끝내 멸망하고 말았다. 이로써 700여 년을 이어온 고대왕국 백제는 역사의 뒤안길로 사라지게 되었다.

백제 멸망의 내부적 요인은 왕권과 신권의 극심한 대립 때문으로 보인다. 예컨대 『삼국사기』 흑치상지(黑齒常之) 전은 흑치상지가 부흥운동을 일으킨 지 10여 일도 못 되어 3만여 명의 백제 유민을 모아 200여 성을 회복했다고 기록하고 있다. 이런 백제가 나당연합군의 침략을 받아 계백(階伯)의 황산벌 전투를 제외하고는 변변한 저항도 하지 못한 채 10여 일 만에 항복했다는 사실은, 그만큼 백제 지배층 내의 분열, 즉 왕권과 신권의 대립이 극심했다는 사실을 방증한다.

요컨대 의자왕의 한강 유역 수복은 곧 대성 8족으로 대변되는 귀족세력의 정치적 쇠퇴와 함께, 여러 왕들이 피살당하는 등 극도로 불안정했던 왕권의 재확립을 가져왔다. 그 단적인 사례는 의자왕이 재위 17년(657)에 무려 왕서자(王庶子) 40여 명을 조평으로 임명한 것을 들 수 있다. 이는 좌평직을 독점하여 왕권을 견제해온 귀족세력의 정치적 역할을 크게 쇠퇴시키는 조치였다. 그 결과 귀족층은 그만큼 권력에서 배제될 수밖에 없었다. 이런 사정은 의자왕 14년에 대좌평 사택지적(砂宅智積)이 건강상의 이유로 은퇴한 것이나, 동왕 16년에 좌평 성충이 투옥된 것이나, 나당연합군 침공 당시 좌평 흥수(興首)가 유배되어 있던 데서 알 수 있다.

이 같은 의자왕의 조치에 대한 귀족세력의 반발은 왕권과 신권의 극심한 갈등으로 이어졌고 그로 인해 지배층 내부가 분열되어 나당연합군의 침략에 제대로 대응하지 못했던 것이다. 왕권과 신권의 갈등은 결국 백제의 멸망으로 귀결되었다.

11

신라 중심의 세계관을 반영한 진흥왕순수비

『삼국유사』는 신라사를 시조 혁거세부터 지증왕까지를 상고(上古), 법흥왕에서 진덕여왕까지를 중고(中古), 무열왕 이후를 하고(下古)로 나누어 시대를 구분하고 있다. 물론 이런 시대 구분은 『삼국유사』의 저자인 일연 개인의 독창적인 견해가 아니라, 신라인들이 지니고 있었던 나름의 자국사에 대한 시대 구분 인식을 차용한 것이다.

여기서 주목할 점은 이른바 중고기(中古期)가 법흥왕 때부터 시작된다는 사실이다. 예컨대 상고기의 기점이 신라의 시조인 혁거세라는 점은 자연스럽다. 그리고 하고기의 기점을 무열왕으로 삼은 것도 이후 무열왕의 직계자손이 연이어 왕위를 계승했다는 점에서 아주 자연스러운 현상으로 볼 수 있다. 전통시대의 왕조국가에서는 왕계(王系)가 정치적으로 매우 중요한 의미를 지니고 있었기 때문이다. 그런데 중고기의 왕계는 지증왕에서 시작되었는데도 유독 그 기점을 법흥왕으로 삼은 이유는 무엇일까. 그만큼 신라인은 신라 역사상 법흥왕과 그의 시대를 아주 특별한 시기로 받아들였음을 뜻한다.

법흥왕(514~539)은 즉위한 지 4년(517) 만에 병부(兵部)를 설치

하여 군사권의 일원화와 효율적인 통제를 도모하였고, 재위 7년 율령을 반포하여 국가의 공민은 누구나 일원화된 성문법에 따라 동일하게 통치받도록 하는 정치체제를 마련하였다. 이어 재위 15년(528) 불교를 공인하여 왕권을 뒷받침해주는 이념적 토대를 구축하는 등 통치체제 전반을 개조하여 왕권을 중심으로 한 중앙집권체제를 수립하려는 사업을 추진하였다.

이런 일련의 국가개조 프로젝트 가운데 가장 주목되는 사업은 단연 율령의 반포이다. 이후에 전개된 진흥왕의 대대적인 영토 확장 사업 또한 바로 법흥왕의 율령 반포에 크게 힘입은 것인데, 이는 마치 광개토왕의 눈부신 업적이 소수림왕의 율령 반포에서 비롯된 것과 같다. 실제 당시 신라인도 법흥왕의 율령 반포를 매우 획기적인 조치로 인식하였다. 예컨대 최치원이 쓴 「봉암사 지증대사적조탑비(鳳巖寺 智證大師寂照塔碑)」에는 아도화상(阿度和尚)이 신라에 들어온 시기를 '법흥왕이 율령을 반포한 지 8년째가 되는 해'라고 적고 있는데, 왕조시대 일반적인 표기 방식인 '법흥왕 14년'이라고 하지 않고 '율령을 반포한 지 8년'이라 표기한 것은, 율령 반포를 매우 중요한 사건으로 받아들인 당시의 인식을 반영한 것이라 할 수 있다.

그렇다면 법흥왕이 국가개조 프로젝트, 곧 왕권을 중심으로 한 중앙집권화 정책을 추진하려 한 이유는 무엇이었을까?

신라왕의 명칭으로는 거서간(居西干), 차차웅(次次雄), 이사금(尼師今), 마립간(麻立干) 등이 있었다. 마립간 시대를 거쳐 지증왕 때부터 '왕'이란 중국식 왕호(王號)가 정식으로 사용되었다. 그런데『삼국사기』에서는 내물왕의 칭호를 이사금이라고 하였는데『삼국유사』의 왕력(王曆)편에서는 내물왕 때부터 마립간이라는 왕호를 사용한 것으로 되어 있다. 사실 내물왕 때부터 김씨의 왕위 독점이 시작되었는데 이를 반영하듯『삼국사기』도 내물왕 때부터 권(卷), 곧 장(章)을 달리하여 신라본기를 편제하고 있다. 이로 보아 마립간 칭호를 쓰기 시작한 시점에 대해서는 차이를 보이고 있지만,『삼국사기』와『삼국유사』는 내물왕 이후 전개되는 신라사의 변화를 똑같이 반영한 셈이다.

결국 마립간 시대는『삼국유사』의 기록대로 내물왕 때부터라고 할 수 있다. 흔히들 왕호 사용의 변화는 신라 사회의 성격 변화와 시기를 같이하는 것으로 여기기도 하는데, 특히 마립간 시대는 이전 신라 사회와는 획기적으로 다른 모습을 보인 것으로 파악해왔다.

마립간의 시대, 신라사의 분기점

이런 사정은 김대문(金大問)의 언급에서도 엿볼 수 있다.

"마립이란 방언으로 말뚝을 말하는 것인데, 말뚝은 자리를 정한다는 것이다. 말뚝을 자리에 따라 정하면 왕의 말뚝이 주(主)가 되고 신하의 말뚝은 아래에 벌여 서게 되니 이 때문에 왕을 뜻하게 된 것이다."

이처럼 마립간은 '연장자'란 의미의 이사금에 비하여 한층 서열이 분명해진 군신체계를 나타낸다.

실제 이사금 시대만 해도 왕위는 세습되기도 했지만 유력한 집단의 우두머리들에 의해 선임되기도 하였다. 『삼국사기』는 이를 '국인(國人)'에 의해 추대되거나 세워졌다고 표현하고 있는데, 이 '국인'이 바로 사로(斯盧) 6부의 대표자들이었다. 이에 비해 마립간 시대의 왕권은 상대적으로 강화되었다. 현재 국사학계에서 마립간을 제일의 한(干), 곧 우두머리란 뜻을 지닌 최고 지배자로 이해하고 있는 것도 이 때문이다.

단지 왕호의 변화만이 아니라, 마립간 시대에는 정치·사회적으로도 큰 변화가 진행되고 있었다. 내물왕은 재위 22년(377)과 27년에 고구려의 안내로 북중국 왕조인 전진(前秦)에 사신을 파견했는데, 이때 전진왕 부견(苻堅)과 신라 사신 위두(衛頭)가 주고받은 대화는 이런 사정을 단적으로 보여준다.

"부견이 위두에게 묻기를 '그대의 말에 해동(신라)의 사정이 옛날
과 다르다고 한 것은 무엇인가.'라고 하니, 위두가 답하기를 '중국에
서 시대가 달라지고 이름이 바뀌는 것과 같으니 지금이 어찌 옛날과
같을 수 있겠습니까.'라고 했다."

사신 위두의 답변은 내물왕 때에 와서 신라가 이전과 다른 새로
운 사회로 성장하고 있음을 과시하고자 하는 의도에서 나왔다고 할
수 있다. 위두의 자신감 넘치는 발언은 실제 신라사가 증명해주고
있다.

진한(辰韓)의 여러 나라에 대한 정복이 어느 정도 완결된 이사금
시대까지도 지방에 대한 지배는 여전히 공납을 토대로 한 간접적
지배방식이었다. 그러다 마립간 시대에 와서 변화가 일어났다.

눌지마립간 때인 438년 우차(牛車) 만드는 법을 백성들에게 널리
알리게 했고, 소지마립간 9년(487)에는 사방에 우역(郵驛, 역참제도)
을 설치했으며, 이어 3년 후에는 수도 경주에 시장을 열었다. 이런
조치는 전국의 인력과 물자 유통이 원활하게 이루어지도록 한 것으
로, 신라의 전 영역이 중앙권력의 의도에 따라 재편되었음을 보여
주는 것이다. 이와 함께 소지마립간 10년에 동양(東陽)이라는 곳에
서 6개의 눈이 달린 거북을 바쳤다는 기록은 바로 기존 사로 6부가
왕권에 귀속되었음을 의미한다고 하겠다.

왕권을 정점으로 한 국가권력의 지방 침투는 다음과 같은 조치들
을 기반으로 하였다. 자비마립간 12년(469) 경주의 방리(坊里) 명칭
을 정하여 왕도(王都) 일대를 국가의 강제력으로 재편하였다. 이어
우역을 설치한 해인 소지마립간 9년(487)에 관도(官道)를 수리했는

데, 이 관도는 중앙에서 파견되는 관리를 비롯한 국가 공권력의 지방 침투를 용이하게 하기 위한 조치였다. 이는 곧 487년 이전에 이미 관도가 있었음을 보여주는 것으로, 국가권력의 지방 침투가 상당히 이루어졌음을 뜻한다.

이처럼 왕권으로 상징되는 국가권력의 지방 통치력 강화는 마침내 지증왕 6년(505) 주군제(州郡制)의 시행으로 귀결되었다. 이는 지방의 전통적인 지배관계 해체와 지방에 대한 중앙의 지배권 확립을 의미하는 것이었다. 이때의 주와 군의 관계는 이후의 주와 군현의 관계와는 전혀 달랐다. 지증왕 때의 주는 군과 비슷한 규모의 영역을 갖고 있었으며, 다만 군사적 목적 등에 따라 인근의 군들을 관할하기도 하였다. 한마디로 당시의 주는 군사적 성격이 강했다.

그런데 '영일신라비문(迎日新羅碑文)'에 따르면 지증왕은 503년

경북 포항에 있는 영일신라비

에도 여전히 갈문왕(葛文王)의 직함을 사용하고 있다. 『삼국사기』에 따르면 503년은 그가 즉위한 지 4년째가 되는 해다. 이처럼 왕위를 계승한 지 4년이 다되도록 공식 직함조차 쓰지 못했다는 것은 왕권이 아직 확실하게 자리를 잡지 못했으며, 그만큼 귀족세력의 영향력이 상당했음을 의미한다. 지증왕 때의 순장 금지, 신라 국호 및 중국식 왕호 확정, 지방제도인 주군의 설치 등 여러 조치들은 결국 이런 상황에서 나올 수밖에 없었던 왕권강화책의 산물이었던 것이다. 지증왕은 재위 4년 사방(四方, 당시 확보한 전 영역)을 망라한다는 의미에서 국호를 신라로 확정하고, 왕이란 중국식 왕호를 쓰기 시작하였다.

왕권강화의 결정판, 율령 반포

이 같은 제도적 조치들을 더욱 영구화하려는 결정판이 바로 법흥왕의 율령 반포였다. 현재 학계에서 일반적으로 율령의 반포를 전통시대 국가체제의 완성을 상징하는 지표로 삼고 있다는 것만으로도 그것이 갖는 의미를 짐작할 수 있을 것이다. 물론 앞의 최치원의 글에서도 알 수 있듯이, 동시대 신라인조차도 한 시대를 획짓는 지표로 삼고 있었다.

신라의 율령도 율과 령을 모두 갖춘 법전으로 생각되지만 그 체제는 중국의 것과는 사뭇 달랐다. 중국의 율령체계는 □□령과 □□율로 되어 있지만, 신라의 것은 □□법으로 이름이 붙여졌다. 예컨대 법흥왕 때에 만들어진 '울진봉평비(蔚珍鳳坪碑)'에 노인법(奴人

경북 울진에 위치한 울진봉평비

法)이란 용어가 보이는데, 봉평비는 율령이 반포된 지 얼마 지나지 않아 건립되었으며, 그 성격도 율령의 시행과 관련이 깊은 것으로 생각된다. 게다가 진흥왕 때의 '단양적성비(丹陽赤城碑)'에 전사법(佃舍法)이란 글귀가 있으며, 진평왕 때의 '남산신성비(南山新城碑)'에도 '작절여법(作節如法)'이란 용어가 보이기에 더욱 그러하다. 율령의 내용 또한 그 체계처럼 중국과는 달랐을 것으로 생각되지만, 현재 구체적인 내용에 대해서는 단편적인 정보만으로 유추해보는 수준에 머물고 있는 실정이다.

율령 반포 이후 법흥왕은 통치제도 정비에도 착수하였는데, 율령에 따른 관리의 서열을 규정한 관등제(官等制) 시행과 함께 재위 18년(531) 진골 귀족회의의 대표로서 상대등(上大等)을 설치하여 나랏일을 총괄하게 한 것이 대표적이다. 법흥왕의 신라는 상대등이 설치되면서 통치조직인 관료제의 기본틀이 마련됨에 따라 왕권의 안정과 국가 발전을 기약할 수 있었다. 그 단적인 성과는 법흥왕 19년(532) 가야연맹의 맹주국인 금관가야의 병합으로 나타났다.

이런 성취를 이룬 법흥왕의 자신감은 재위 23년(536) 건원(建元)이란 연호를 사용한 데서 드러난다. 신라에서 연호는 이때 처음 사용되었는데, 연호의 사용은 흔히 대내적으로 왕권이 강화되었음은 물론 대외적으로도 중국과 대등한 국가 곧 자주국이란 의식을 갖게 되었음을 나타내는 상징적인 표현으로 이해되고 있다.

요컨대 법흥왕은 국가 통치의 기본법인 율령을 반포하고 그것을 기반으로 왕권을 중심으로 한 중앙집권적 통치체제의 기본틀을 마련함으로써 마립간 시대에서 완전히 탈피함과 동시에 연호 사용이 보여주듯 신라의 자주의식을 과시하였다. 그 결과가 신라 역사상 가장 위대한 정복군주인 진흥왕의 눈부신 영토 확장으로 나타났음은 두말할 나위도 없다.

이렇게 신라는 지증왕과 법흥왕 때에 와서 국가체제를 정비하였다. 이어 즉위한 진흥왕(540~576)은 이를 기반으로 영토를 크게 확장하여 신라가 고구려 및 백제와의 경쟁에서 유리한 고지를 차지하는 데 기여하였다. 이는 마치 고구려가 소수림왕의 체제 정비 단계를 거쳐 광개토왕 때에 와서 광범위한 영토를 확보하여 동아시아의 강대국으로 군림한 사정과 같다.

순수비 건립의 의미

진흥왕의 업적은 진흥왕순수비(眞興王巡狩碑)에 잘 나타나 있다. 진흥왕순수비는 진흥왕이 각각 북한산(현재의 서울시 종로구 북한산), 창녕(경남 창녕시 창녕읍), 황초령(함남 함흥군 황초령), 마운령(함남

1. 진흥왕릉
2. 진흥왕 북한산비
3. 진흥왕 창녕비

이원군 마운령)을 순수(巡狩)한 후 세운 4개의 돌비석을 이른다. 옛부터 대개 이 4개의 비석을 통틀어 가리킬 경우에는 진흥왕순수비라 하고, 그 가운데 어느 하나를 지칭할 경우에는 북한산비(北漢山碑), 창녕비(昌寧碑), 황초령비(黃草嶺碑), 마운령비(磨雲嶺碑)라 하여 따로 불러왔다.

진흥왕은 즉위 12년(551)에 백제와 손잡고 고구려를 공격하여 죽령 이북 10개 군을 차지하였다. 이어 그 여세를 몰아 백제를 쳐서 남한산성에 신주(新州)를 설치하였다. 마침내 진흥왕은 고구려 및 백제와의 전쟁에서 승리하여 한강 유역을 장악하였다. 그 뒤 재위 16년에 이 지역을 순수하고 나서 북한산비를 건립하였는데, 신라의 군사적 우위를 내세워 이곳이 신라의 영토임을 공식화하기 위해서였다. 특히 북한산비에는 북진정책의 최종 진격 목표가 오늘날의 함남 안변인 비리성(碑利城)임이 밝혀져 있다. 실제 그 목표는 실현되어 동왕 17년(556)에 비렬홀주(比列忽州)가 설치되었다. 비렬홀주 설치란 비리성을 거점으로 하여 지방통치기관인 주(州)가 설치되었음을 의미한다. 그만큼 고구려 영역을 깊숙이 공격해 들어가 점령함으로써 신라의 영토를 동북방으로 크게 확장하였다.

북한산비에 이어 진흥왕 22년(561)에 창녕비가 건립되었다. 창녕에는 동왕 16년에 하주(下州)가 설치된 것으로 보아, 비를 건립할 때 이 지역에 대한 순수는 단순히 영역 확인을 위한 조치만은 아니었던 것으로 보인다. 이와 관련하여 주목되는 점은 창녕에 두었던 하주의 치소(治所)가 진흥왕 26년에 낙동강 이서 지역인 오늘날의 협천으로 옮겨졌다는 사실이다. 즉 진흥왕 22년에 낙동강 이동 지역의 곡창지대 중 하류의 요충지인 창녕에 순수비를 건립함으로써, 그 이서 지역인 합천으로 하주의 치소를 옮길 수 있는 토대가 마련되었다고 여겨진다. 그만큼 진흥왕의 영토 확장, 특히 가야 지역으로의 진출에 있어 창녕비의 건립이 가지는 의미가 크다고 할 수 있겠다.

끝으로 마운령비와 황초령비는 진흥왕 29년(568)에 건립되었다. 즉 왕은 재위 29년 8월 21일 황초령 지역을 순수하고 이곳에 비를 세웠으며, 10월 2일에는 마운령 지역에 도착하여 순수비를 건립하였다. 이들 비가 세워진 비렬홀주는 신라의 수도 경주로부터 거리가 상당히 먼 지역이었다. 결국 이 두 비가 진흥왕 29년에 각각 건립되었다는 것은 그전부터 줄기차게 추진되어온 진흥왕의 북진정책의 결과로 보아도 좋겠다.

그럼 그 내용이 비슷한 황초령비와 마운령비가 비렬홀주에 각기 건립된 까닭은 무엇일까. 『삼국사기』 진흥왕 29년조에 따르면, 이 해에 비렬홀주가 폐지되고 대신 현재의 강원도 고성에 달홀주(達忽州)가 설치되었다는 점을 주목해야 할 것 같다. 이는 이때 고구려가 이 지역을 재탈환하기 위해 맹렬한 반격을 해왔음을 역으로 보여주는 것이다. 이때 이곳에 흩어져 살고 있던 예인(濊人)들의 동향을 간과할 수 없다. 이들 예인은 때론 신라의 경주 부근까지 남침해올 만큼 비교적 넓은 활동 범위를 보이고 있었기 때문이다.

따라서 진흥왕은 고구려가 예인들과 연합해서 펼치는 반격을 막기 위해서라도 이 지역 순수가 필요했고, 그 결과 황초령과 마운령 두 곳에 유사한 내용의 순수비를 세운 것으로 보인다. 이런 사정은 그 비문에서도 엿볼 수 있다. 북한산비와는 달리, 황초령 및 마운령 비문에서는 이 지역의 점령과 통치에 대한 자신감보다는 유달리 왕도정치(王道政治)를 표방하면서도 화친을 강조하는 구절들이 보이는 것이다. 지리적으로 경주에서 멀리 떨어진 이 지역을 계속 신라의 영토로 장악하기 위해서는 무력의 과시보다는 이런 태도를 취하는 것이 훨씬 유리하다고 판단했기 때문일 것이다.

진흥왕, 천하의 군주임을 표방하다

이처럼 진흥왕은 신라의 영토를 크게 확장시킨, 신라 역사상 가장 위대한 정복군주였다. 진흥왕의 업적은 앞서 살펴본 것처럼 그의 순수비에 잘 나타나 있다. 즉 진흥왕순수비는 신라의 영토를 크게 확장한 진흥왕의 공적을 기록하고 있다.

영토 확장의 자신감으로 진흥왕은 스스로를 '짐(朕)'이라 칭〔自稱〕하기에 이르렀다. 이 역시 진흥왕순수비, 구체적으로 황초령비와 마운령비에 보이는데, 원래 '짐'은 중국 진시황 이래 천자의 자칭이었으며, '제왕'이라 함은 한 나라의 왕보다는 한 단계 높은 칭호로서 천하를 통일하여 통치하게 된 군주를 가리키는 것이었다.

진흥왕이 자신을 '짐'이라 하여 '제왕'임을 표명한 것은 당시 그만큼 대내적으로 왕권이 신장되었음을 의미하는 동시에, 대외적으로도 중국 남북조의 여러 군주들에 버금가는 존재임을 과시한 것으로 여겨진다. 이런 사정은 다음의 마운령비문 기사에서 확인할 수 있다.

"사방(四方, 주변 국가들)이 지경(地境)을 의탁해와서 백성과 토지를 널리 얻게 되고, 이웃나라들은 믿음을 서약하고 사신이 서로 왕래하

여 (신라의) 조정은 스스로 헤아려 새로운 백성과 옛 백성을 어루만
져 기르게 되었다."

즉 진흥왕은 천하의 중심인 신라 지역은 물론 사방, 곧 주변 국가
들까지도 통치하는 제왕을 자처했던 것이다.

순수비와 신라인의 세계관

이 같은 신라 중심의 세계관은 진흥왕 때에 와서 비로소 성립되었
다고 할 수는 없다. 이는 『삼국사기』 지증왕조 기사가 뒷받침한다.

"4년 겨울 10월에 여러 신하들이 왕에게 아뢰기를 '시조가 나라를
창건한 이래 이름을 아직 정하지 못하고 혹은 사라(斯羅)라고 일컫고
혹은 사로(斯盧)라고도 일컫고 혹은 신라(新羅)라고도 일컬었습니다.
저희의 생각으론 신(新)자는 좋은 사업이 날로 새로워진다는 뜻이요
라(羅)자는 사방을 망라한다는 뜻인데, 이로써 나라 이름을 삼는 것
이 옳을 것입니다.' 라고 했다."

신라란 국호에서 '라' 가 '사방' 을 망라함을 의미한다는 사실에 주
목해야 할 것이다. 적어도 신라란 국호가 제정될 무렵인 지증왕
(500~513) 때에는 신라인 스스로 자신들의 나라를 '사방' 곧 주변
국가의 중심국으로 인식하고 있었다고 할 수 있다.
요컨대 신라 역사상 진흥왕은 영토를 가장 크게 확장한 정복군주

였고, 그 면모는 그의 순수비에 잘 나타나 있다. 즉 진흥왕순수비는
바로 정복군주 진흥왕의 공적을 기록한 것이다. 이와 함께 순수비
에는 지증왕 때부터 있었던 신라 중심의 세계관이 더 명백히 나타
나 있다.

『구당서(舊唐書)』, 『남제서(南齊書)』, 『북사(北史)』, 『주서(周書)』, 『삼국사기(三國史記)』, 『삼국유사(三國遺事)』, 『삼국지(三國志)』, 『수서(隋書)』, 『양서(梁書)』, 『위서(魏書)』, 『주서(周書)』, 『후한서(後漢書)』

1) 강선, 「4-5세기 고구려의 영토확장과 평양천도」, 『숙명한국사론』 2, 1996.

2) 김용선, 「신라 법흥왕대의 율령반포를 둘러싼 몇 가지 문제」, 『가야문화』 1, 1982.

3) 김현숙, 『한국사: 삼국의 정치와 사회-고구려』 5, 국사편찬위원회, 1996.

4) 노용필, 『신라진흥왕순수비연구』, 일조각, 1996.

5) 노중국, 「법흥왕의 국가체제강화」, 『통일기의 신라사회 연구』, 1987.

6) 박성봉, 「고구려의 한강유역진출과 의의」, 『향토서울』 42, 1989.

7) 서영대, 「고구려 평양천도의 동기」, 『한국문화』 3, 1981.

8) 양기석, 「백제의 성왕대의 정치개혁과 그 성격」, 『한국고대사연구』 4, 1991.

9) 연민수, 「광개토왕비문에 보이는 대외관계」, 『한국고대사연구』 10, 1995.

10) 이도학, 「광개토왕릉비의 건립 배경」, 『백산학보』 65, 2003.

11) 이종욱, 「백제의 건국과 통치체제의 편성」, 『백제논총』 4, 1994.

12) 조동원, 「신라 중고 금석문연구」, 『국사관논총』 42, 1993.

13) 주보돈, 「울진봉평신라비와 법흥왕대 율령」, 『한국고대사연구』 2, 1987.

4

통일신라시대인가
남북국시대인가

- '신라 삼국통일론'의 허구
- 황제의 나라, 발해
- 경덕왕의 중국화 프로젝트

'신라 삼국통일론'의 허구

고구려·백제·신라 삼국이 흥하느냐 망하느냐의 갈림길에서 쟁패하던 7세기 중엽은 한국역사상 최대 격동기였다. 이 시기에는 삼국 간의 분쟁이 일상화되다시피 했는데, 여기에 수·당제국의 출현과 그 팽창정책에 의해 조성된 국제정세의 변동이 거세지면서 사태는 더욱 격화되었다. 국제정세 변동의 여파는 처음에는 고구려에만 미쳤지만 7세기 중반에 이르러서는 삼국 간의 항쟁과 맞물리면서 동아시아 전체는 그야말로 극도의 혼란과 격동의 시대로 접어들게 되었다.

그 결과는 현재 '신라의 삼국통일'로 귀결된 것으로 받아들여지고 있다. 이런 통념은 현존하는 최고(最古)의 역사서인 『삼국사기』에서부터 비롯되었기 때문에, 학계에서조차도 별다른 의문 없이 널리 받아들이고 있는 실정이다.

현재 학계의 통설은, 신라가 삼국이 하나[一統三韓]라는 의식 하에 한민족을 통합하려는 의지로 삼국통일을 실현했고, 통일을 이룩한 이후에는 민족융합정책을 과감하게 추진했다는 것이다. 물론 통설론자들도 이른바 신라의 삼국통일이 외세의 도움을 받고 고구려가 장악했던 만주대륙을 잃어버린 계기가 되었다는 점에서 그 한계를 인정하고 있지만, 한민족 통합이라는 뚜렷한 목적을 위해 추진되었다고 강조하고 있다.

이 같은 학계의 통설은 『삼국사기』의 평가를 무비판적으로 수용했다는 점에서 근본적인 한계를 갖는다. 『삼국사기』 문무왕 9년조의 기사는 삼국통일과 그 과정에서 김춘추(金春秋)의 역할을 미화한 문무왕의 교서를 그대로 인용하고 있다.

"선왕 김춘추께서는 백성들의 참혹한 죽음을 불쌍히 여겨 임금의 귀중한 몸을 잊으시고 바다 건너 당나라로 가서 황제를 뵙고 친히 군사를 청하였다. 그 본의는 두 나라를 평정하여 영구히 전쟁을 없애고 여러 해 동안 깊이 맺혔던 원수를 갚고 백성들의 죽게 된 목숨을 보전코자 함이다."

『삼국사기』 사론(史論)에서도 "성현의 교화를 받아들여 미개하고 거친 풍속을 개혁했기에 예의의 나라가 되었다. 또한 당나라 군대의 위엄을 빌어 백제와 고구려를 평정하고 그 땅을 취하였으니, 성세(盛世)라 할 수 있다."고 하여, 김춘추와 그의 업적인 삼국통일을 극찬하고 있다.

또한 『삼국사기』 열전 김유신(金庾信)조는 "삼한이 통일되고 백성들이 단결되어 국가가 비록 태평한 데까지 이르지는 못했지만 조금은 편안하게 되었다고 할 수 있다."는 김유신 측의 주장을 그대로 기록하고 있다. 이 기사는 김유신의 현손(玄孫)인 김장청(金長淸)이 지은 김유신의 『행록(行錄)』 10권을 바탕으로 쓴 것이다. 이어 『삼국사기』는 "김유신이…… 중국과 함께 모의해서 삼국을 한 집안으로 만듦으로써 빛나는 업적과 명성을 남기고 자신의 일생을 마치게 되었다."고 하여, 삼국통일에 기여한 김유신의 역할을 높이 평가하고 있다.

『삼국유사』도 마찬가지다. 일연은 "김춘추가 김유신과 함께 신통한 계획으로 힘을 합하여 삼한을 통일하고 국가에 큰 공로를 세웠으므로 묘호를 태종이라 하였다."고 적고 있다. 이 기사로 보아 일연 또한 김춘추와 김유신이 주도한 신라의 삼국통일에 대해 예찬으로 일관했음을 알 수 있다.

이 같은 김부식이나 일연의 평가는 물론 신라인들의 인식을 그대로 반영하고 있다. 신문왕 12년(692)에 벌어진 당나라와의 외교 분쟁은 당시 신라인들의 삼국통일관을 보여주는 대표적인 사례일 것이다. 당 조정에서는 당 태종 문황제가 위대한 공적을 남기어 묘호(廟號)를 태종이라 했음을 상기시키면서, 참람하게도 김춘추에게 같은 묘호를 썼다고 질책하고 속히 이를 고칠 것을 지시하였다. 하지만 신라는 사실상 이를 거부하였다. 그 이유에 대해 『삼국사기』는 이렇게 적고 있다.

"선대 임금 김춘추는 자못 어진 덕이 있었습니다. 더구나 생전에 어진 신하 김유신을 얻어 한마음으로 삼한을 통일하였으니, 그의 공적을 이룩한 것이 많지 않다 할 수 없습니다. 따라서 그가 별세할 때 온 나라 신민들이 슬퍼 추모함을 이기지 못하여 지위를 높이어 올린 묘호가 성조와 서로 부딪치게 되는 것을 깨닫지 못했습니다. 이제 교칙을 들으매 송구스러움을 이길 수 없습니다. 사신은 황제께 복명

경주의 김유신 묘

하되 이대로 보고해주기를 삼가 바랍니다."

이처럼 신라인들은 당나라의 명령을 거부할 만큼 김춘추의 업적인 삼국통일을 높이 평가하였다.

또 다른 주역인 김유신에 대한 평가도 김춘추 못지않았는데, 그것은 그가 흥덕왕 때 흥무대왕(興武大王)으로 추봉(追封)되었다는 사실에서 알 수 있다. 현존하는 김유신 묘에 십이지상(十二支像)의 호석(護石)이 둘러진 것도 흥덕왕의 추봉에 따라 왕릉급으로 장엄하게 수축한 결과이다.

신라인들의 이러한 인식은 그들의 여타 기록들에서도 확인할 수

계유명천불비상

있다. 예컨대 신문왕 6년(686) 청주시 운천동에 세워진 신라사적비를 보면, "삼한을 통합하니 나라의 땅이 넓어졌다."고 하며 신라의 삼국통일을 칭송하고 있다. 그런가 하면 진성여왕 2년(894) 시무10여조(時務十餘條)를 임금에게 상소하면서 골품제 사회의 누적된 모순과 문제점을 제기했던 최치원조차도 경명왕 8년(924)에 세워진 「봉암사지증대사적조탑비(鳳巖寺智證大師寂照塔碑)」에 "삼국이 이제서야 장하게도 한집안이 되었구나." 라며 신라의 삼국통일을 예찬하고 있다.

요컨대 신라인들과 김부식, 일연의 삼국통일관은 현 학계의 통설과 그 맥을 같이하고 있다. 통일의 두 주역 김춘추와 김유신이 한민족 통합이라는 뚜렷한 목표 하에 삼국을 통일했다는 것이다.

그런데 고구려와 백제의 유민은 신라인의 삼국통일론에 동의하지 않았던 것으로 보인다. 백제 유민이 문무왕 13년(673)에 세운 「계유명아미타불삼존사면석상(癸酉銘阿彌陀佛三尊四面石像)」의 명문 기사를 보아 그러하다. 명문에 나오는 인물 가운데 신차원(身次願)은 백제의 관등 달솔(達率)을 여전히 사용하고 있는데, 이는 신라의 삼국통일에 동의하지 않았던 세력의 존재를 가늠하게 해준다. 또한 후삼국의 궁예와 견훤이 나당연합에 의한 고구려와 백제 멸망의 부당성을 지적하면서 각각 고구려와 백제의 부흥을 표방하자, 고구려와 백제의 유민이 열렬히 호응한 데서도 그런 사정을 새삼 확인할 수 있다.

그렇다면 오늘날의 통념대로 김춘추와 김유신은 한민족 통합을 이룩한 민족의 영웅인가? 아니면 삼국통일 비판론자들의 주장처럼 그저 삼국 간의 분쟁에 외세를 끌어들인 사대주의자일 뿐인가?

삼국이 국운을 건 본격적인 전쟁의 시작은 의자왕 2년(642) 백제가 신라의 전략적 요충지인 대야성(大耶城, 합천) 등 신라 서부 40여 성을 확보하면서 비롯되었다. 백제의 공격에 위기감을 느낀 김춘추는 선덕여왕 11년(642)에 직접 고구려에 가 동맹을 제의하였다. 그는 신라가 백제에게 멸망하면 동맹국 백제가 강국으로 등장하게 되므로 고구려로서도 응당 신라의 요청을 받아들일 것이라 생각하였다. 하지만 고구려는 김춘추의 동맹 제의를 거절하였다. 대륙에서 강적 당나라와 맞서고 있는 고구려로서는 신라보다 백제와의 동맹관계를 유지하는 게 더 유리하였다. 더구나 국경을 접하고 있지 않은 백제를 적대시할 이유가 전혀 없었다. 물론 협상 조건으로 제시한 한강 유역의 반환을 신라가 거부한 것도 중요한 이유 중 하나였다.

고구려와의 협상이 결렬되자, 신라는 당나라로 눈을 돌렸다. 김춘추는 당나라로 건너가 백제의 침략이라는 대외적인 난국을 타개할 길을 모색하였다. 그가 당 태종을 만난 것은 648년이었다. 때마침 고구려 정벌을 준비하고 있던 당 태종은 신라의 구원 요청을 기꺼이 받아들였다. 당시 세계제국 건설의 야심을 품고 있던 당 태종

당 태종

은 고구려 정복을 도모하지 않는 한 그 꿈을 이룰 수 없으리라고 여기고 있었다. 고구려가 신흥 세력인 북방의 돌궐(突厥)과 연합하여 중국 대륙을 위협하고 있었기 때문이다. 실제로 당 태종은 644년 직접 군사를 거느리고 고구려 원정에 나섰다가 연개소문이 지휘한 고구려군에게 대패하는 쓰라린 아픔을 맛보기도 하였다. 그리고 신라가 구원을 요청할 즈음에는 소규모 병력을 요동지방에 침입시켰다가 철수시키는 장기전을 벌이고 있었다.

신라 김춘추의 구원 요청을 받은 당 태종은 이 기회에 아예 백제는 물론 고구려까지 정벌하자고 제의하였다. 아울러 전후(戰後) 평양 이남과 백제 지역을 신라에 할애한다는 영토 분할도 약속하였다. 이런 사실은 『삼국사기』 문무왕 11년조 기사에서 확인할 수 있다.

"문무왕이 정관(貞觀) 22년(648)에 입조하여 당 태종의 은칙(恩勅)을 직접 받들었다. 거기에 이르기를 '내가 고구려를 치려는 것은 다른 까닭이 있는 것이 아니다. 너희 신라는 두 나라 틈에 끼어 늘 침략을 받아 편안한 세월이 없음을 애닯게 여겼다. 산천과 토지도 내가 탐하는 것이 아니며 재물과 백성도 내가 다 가지고 있는 것이다. 내가 두 나라를 평정하면 평양 이남 백제의 토지는 모두 너희 신라에게 주어 길이 편안하도록 하려고 한다.'고 하면서, 계획을 지시하고 군사 동원의 기일을 정하여 주었다."

그러나 당 태종의 약속은 곧바로 지켜지지 않았다. 이는 주로 당나라의 내부 사정 때문이었는데, 대고구려 전쟁에서의 계속된 패배와 이에 따른 반전론(反戰論) 등이 주된 요인이었다. 현실적으로도 당은 고구려를 두고 백제를 정벌하기가 쉽지 않았다. 어렵기는 신라도 마찬가지였는데, 백제의 침입을 방어하는 것도 힘겨운 처지에 고구려 정벌은 생각할 여유도 없었다. 실제로 선덕여왕 14년(645) 요동을 공격하는 당나라를 도와 신라가 고구려 남경을 침공하자, 그 틈을 타서 백제가 신라의 서변 7성을 차지하기도 했다. 고구려 역시 당의 침입이 없는 시기를 틈타서 신라를 곧잘 침범하였다.

결국 나당연합군의 백제 공격은 당 태종과 김춘추의 협약 이후 10년 이상이 지난 660년이 되어서야 비로소 가능하였다. 그해 백제는 끝내 중과부적으로 나당연합군의 공격에 멸망하고 달았다. 이듬해 나당연합군은 고구려를 공격했지만 연개소문이 이끄는 고구려군에 패한다. 하지만 고구려도 재차 침략한 나당연합군에 맞서 1년여 동안 항쟁한 끝에 668년 멸망하고 만다.

백제와 고구려의 멸망이 곧 신라의 삼국통일로 귀결된 것은 아니었다. 신라와 연합한 당은 백제와 고구려뿐 아니라 신라까지도 지배하려는 속셈을 가지고 있었다. 나당연합군의 대총관 소정방이 661년 고구려 평양성을 7개월 동안 공격했다가 실패하고 회군하자, 당 고종이 "어찌하여 신라는 정벌하지 않고 돌아왔는가?"라며 질책한 것으로 보아 그러하다.

실제 당나라는 백제와 고구려를 멸망시킨 뒤, 백제의 옛 땅에 웅진(熊津) 등 5도독부(五都督府)를, 고구려의 평양에 안동도호부(安東都護府)를 두고 전 영토를 9도독부, 42주(州), 100현(縣)으로 나누었다. 그리고 664년 의자왕의 아들 부여융(扶餘隆)을 웅진도독으로 삼고, 이어 그와 문무왕에게 웅진 취리산(就利山, 현 공주의 연미산)에서 회맹(會盟)하여 화친을 다짐하도록 하였다. 신라로 하여금 대동강 이남 지역은커녕 백제 옛 땅에 대한 영유권마저도 포기하게 하려는 저의에서였다. 심지어 당나라는 문무왕 3년(663) 경주에도 계림도독부(鷄林都督府)를 설치하고 그 도독에 신라왕을 임명하였는데, 이는 신라를 자신의 한 도독부로 삼아 직접 지배하려는 책략이었다. 더구나 평양에 둔 안동도호부는 그 명칭이 말해주듯, 고구려뿐 아니라 백제, 신라까지 총괄하는 기구였다. 말하자면 신라로서는 9년간의 전쟁에 국력만 낭비하고, 끝내는 당에 예속될 상황에 처해 있었다.

결국 신라는 당과의 전쟁에 나설 수밖에 없었다. 신라군은 문무왕 11년(671) 백제 옛 땅을 석권한 데 이어 동왕 15년에는 현 경기도 양주군에 있는 것으로 추정되는 매초성(買肖城) 전투에서 당의 20만 대군을 대파하였다. 그 이듬해에는 금강 하류 기벌포(伎伐浦)에서 당의 수군을 격파함으로써 한반도에서 당의 세력을 완전히 축출하는 데 성공하였다.

그렇다면 신라는 고구려의 옛 땅인 만주는 그만두고라도 '삼국통일'이란 용어를 쓸 만큼의 한반도 대부분을 차지했을까? 삼국통합 직후인 신문왕(681~692) 대에 개편된 지방제도를 살펴보자.

당시 전국의 행정구역을 9주(九州)로 나누고, 특별히 경주에서 멀

매초성 전투도

리 떨어진 지역을 관할하기 위해 소백산맥 외곽 지역과 김해 지역
에 5소경(五小京)을 설치하였다. 그리고 그 행정구획에 따라 군관구
(軍管區)적 성격의 10정(十停)을 설치했는데, 상주와 웅주·전주·양
주·강주·무주·명주·삭주 등 8개 주에 하나씩 두고 한주(漢州)
에는 남천정(南川停), 골내근정(骨乃斤停)의 2개 정을 설치하였다. 한
주는 지역도 넓지만 국방상 가장 중요한 지역이었기 때문이다.

　한주 치소(治所)는 현재의 경기도 광주(廣州) 지역에 있었다. 그리
고 남천정은 지금의 이천 지역에, 골내근정은 여주 지역에 각각 위
치하고 있었다. 말하자면 서북 일선의 중심이 대략 한강 이남 지역
에 치중해 있었다. 이로 보아 신라는 한강 이북 지역을 거의 방치하
고 있었던 것으로 보인다.

　물론 신라는 성덕왕 34년(735) 당나라로부터 대동강 이남의 땅에

대한 영유권을 공인받아 그 영토를 넓혀갈 기회를 맞았다. 『삼국사기』 성덕왕 34년조를 보면, "김의충(金義忠)을 당나라에 보내 신년을 축하했다.…… 의충이 돌아올 때 황제는 조칙으로 패강(浿江) 이남의 땅을 주었다."고 적혀 있다. 결국 신라는 고구려가 멸망하고 반세기가 훨씬 지나서야 당나라로부터 대동강에서 원산만에 이르는 지역에 대한 영유권을 인정받았던 것이다.

신라가 대동강 이남에 진출한 진짜이유

당나라가 패강 이남의 땅을 준 이유는 만주 지역에서 새롭게 흥기한 발해를 견제하기 위해서였다. 발해 무왕은 이보다 3년 전인 732년에 군사를 보내 바다 건너 산동성 등주(登州)를 침공하였다. 이에 위협을 느낀 당은 신라에 군사 동원을 요청하였고, 실제로 신라는 성덕왕 32년(732)에 발해의 남쪽 국경지대인 함남 지방에 출병하였지만 기후 조건이 나빠 실패하였다. 이듬해에도 신라는 실패를 만회하기 위해 발해 공격을 계획했지만 실행하지는 못했다. 성덕왕 34년(735) 패강 이남에 대한 영유권 양도는 그에 대한 대가였던 것이다. 또한 당나라가 패강 이남의 땅을 준 것은 패강이 발해를 견제하기 위한 요충지에 해당하기 때문이었다.

그러나 신라가 당으로부터 받은 새로운 땅을 행정구역에 편입시킨 것은 그로부터 한참 뒤였다. 당나라에게서 영유권을 인정받은 지 13년 만인 경덕왕 7년(748), 예성강 연안지역에 영풍군(永豊郡, 평산) 등 4군현을 설치하였다. 이어 14년 뒤인 경덕왕 21년(762)에는 예성강 북쪽에 오관군(五關郡, 서흥) 등 6군현을 두었다. 그리고 헌덕왕(809~825)대에 이르러 취성군(取城郡, 황주) 등 4군현을 새로 설치함으로써 백제와 고구려가 멸망한 지 무려 150여 년 만에 마침내 대동강 남쪽 연안을 영토로 확정하였다.

통념대로 신라 스스로 삼국을 통합하여 민족통일을 이루어야겠다는 확고한 의지와 능력이 있었다면 결코 한강 이북 지역을 방치하지는 않았을 것이다. 하지만 신라는 당나라 군대를 한반도에서 몰아낸 뒤에도 북진을 염두에 두지 않았다. 고구려 유민들의 활발한 고구려 부흥운동으로 당의 한반도 지배가 난관에 봉착하는 등 기회가 있었는데도 한강 이북 지역에 대해 관심을 나타내지 않았다. 또한 고구려가 멸망한 지 150여 년이 지난 후 대동강 이남의 땅을 확보한 목적이 고구려의 옛 땅을 통합하기보다는 발해의 팽창을 막기 위한 조치였다는 점에서, 신라에는 본래 삼국을 통일하려는 계획이나 그럴 만한 능력이 없었다고 볼 수 있다. 무엇보다도 백제, 고구려의 멸망을 가져온 당과의 연합전선 자체가 백제의 잦은 침입으로 위기의식을 느낀 생존 전략 차원에서 비롯되었다는 점이 이를 단적으로 증명한다.

요컨대 김춘추와 김유신이 주도했다는, 이른바 신라 삼국통일론의 실상은 오늘날의 통념과는 엄청난 괴리가 있다. 그리고 신라 삼국통일론의 주역인 김춘추와 김유신도 삼국을 통일하여 한민족 통합의 초석을 다진 민족의 영웅이 아니라, 멸망 위기에 처한 조국 신라를 지켜낸 구국의 영웅으로 평가받아야 마땅할 것이다.

실제 신라는 신라 삼국통일론의 주창자들이 그토록 극찬한 백제와 고구려 유민을 통합하려는 정책, 이른바 민족융합정책에도 지극히 소극적이었다. 그 대표적인 사례로는 차별적인 인사정책을 들 수 있다. 문무왕 13년(673)에 백제 유민의 관직 규정을 제도적으로 마련하였는데, 이에 따라 백제 유민은 신라 17관등 중 10위인 대나마(大奈麻)의 직 이하에만 임명될 수 있었다. 그리고 신문왕 6년(686)에는 고구려 유민에 대한 관직 규정도 마련하여, 최고 7위 일길찬(一吉飡)까지 임명할 수 있게 하였다. 이처럼 신라는 고구려와 백제 유민에 대한 극단적인 인사 차별정책을 자행하였다. 그 결과 후삼국의 분열이 표출되었던 것이다.

백제와 고구려의 멸망 이후 전개된 역사적 사실도 신라 삼국통일론이 허구임을 말해준다. 고구려가 멸망한 지 30년 만인 698년에 대조영 집단이 발해를 건국하였는데, 발해는 스스로 고구려를 계승했음을 분명히 하였던 것이다. 이는 『속일본기』에 전하는, 발해 무왕이 727년 일본에 보낸 외교문서에서 고구려의 옛땅을 수복했다고 한 것이나 스스로 고구려국이라 칭한 것 등에서 확인할 수 있다.

이처럼 발해와 신라는 똑같이 7세기 후반부터 10세기 전반에 걸쳐 삼국의 옛땅인 만주와 한반도에 남북국의 형세를 이루며 존재하였다. 이른바 신라 삼국통일론은 그야말로 허구에 불과하였던 것이다.

13

황제의 나라, 발해

한국 고대사에서 황제로 불린 인물은 기록상 발해의 3대왕 문왕(文王) 대흠무(大欽茂)가 유일할 것이다. 문왕은 737년 무왕(武王)의 뒤를 이어 무려 57년간이나 발해를 통치하였는데, 그의 재위 연간(737~793)은 발해 존속 기간의 거의 4분의 1을 차지한다. 또한 문왕이란 시호(諡號)가 말해주듯 발해의 제도와 문물을 크게 정비하여 국가체제, 그것도 황제국체제를 마련하려 했던 인물이었다. 문왕이 황제라 불릴 정도로 큰 업적을 남길 수 있었던 것은 그의 아버지 무왕 대무예(大武藝)가 남겨준 유산이 상당한 자산이 되었다. 무왕은 그 칭호만큼이나 자신의 조국 발해의 기틀을 마련하는 데 획기적인 기여를 하였다. 따라서 무왕의 치적 역시 결코 간과되어서는 안 될 것이다.

부왕 무왕의 유산, 영토확장

대조영의 뒤를 이어 즉위한 대무예(719~737)는 그의 시호인 무왕

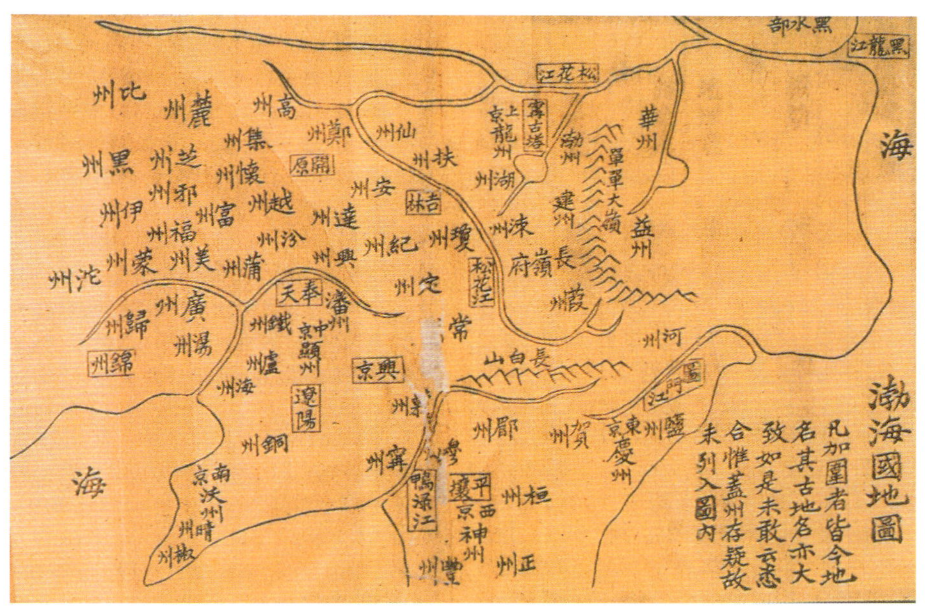

조선 말기에 그려진 발해 지도

(武王)이 나타내듯 정복사업을 대대적으로 벌였다. 그는 우선 중동부 만주 지역의 말갈족 복속에 주력하였다. 『구당서』 말갈전에 따르면, 이때 복속된 집단은 고구려 때의 말갈족 7부 가운데 백돌부(伯咄部), 안거골부(安車骨部), 호실부(號室部) 등 3부이다. 여기에 속말부(粟末部) 출신의 걸사비우 집단이 발해 건국에 참여하였고, 백산부(白山部)의 거주지가 발해의 건국지가 된 만큼 속말부와 백산부의 잔여 세력도 복속된 것으로 보인다. 그밖에 흑수부(黑水部)와 불열부(拂涅部) 그리고 고구려 멸망 이후 새로이 세력을 떨치던 철리부(鐵利部)·월희부(越喜部) 등 동류 쑹화강 중하류와 헤이룽강 하류 지역의 말갈족은 여전히 발해의 세력권 밖에 있었다.

무왕은 남쪽으로도 진출하여 신라와 동해안 지역에서 맞닥뜨리게 되었다. 이는 신라가 발해의 진출에 대비하기 위해 721년 7월에 오늘날의 강릉인 하슬라도(何瑟羅道)의 장정 2천 명을 동원하여 북쪽 경계에 장성(長城)을 쌓은 것으로 보아 그러하다. 장성이 위치한 곳은 신라의 북쪽 경계인 천정군(泉井郡, 현재 덕원) 관내로 보인다.

무왕의 성공적인 정복사업도 726년경 흑수말갈이 발해의 말갈 정복에 대항하려 당과 연합전선을 형성하자 주춤해질 수밖에 없었다. 물론 발해로서는 이 상황을 용인할 수 없었다. 당과 흑수말갈이 앞뒤에서 발해를 압박하는 형세가 되어 존립에 치명적인 요소가 되었기 때문이다. 『구당서』기사에 따르면 당시 흑수말갈은 16부로 나누어질 정도로 그 세력이 강성해져 있었다.

따라서 무왕은 흑수말갈의 정복에 나설 수밖에 없었다. 그러나 이번 원정은 당과의 전쟁도 불사해야 하는, 위험부담이 큰 전쟁이었다. 자연 발해 조정 내에 반대론이 대두되었는데, 반대론을 이끈 대표적인 인물이 바로 무왕의 동생 대문예(大文藝)였다. 그럼에도 무왕이 흑수말갈 공격을 단행하자 대문예가 당에 망명하면서 그의 송환을 둘러싸고 발해와 당이 대립하게 된다.

당이 대문예의 송환을 거부하자 무왕은 732년 해군을 보내어 산동성 등주(登州)를 공격하였다. 당은 이를 막는 한편, 대문예로 하여금 발해를 공격하게 하였다. 이와 함께 신라에게도 발해의 남쪽을 치도록 하였지만 기후 상태가 나빠 실패하였다.

당과 신라의 침략을 물리친 발해는 당과의 관계 개선에 노력을 기울였다. 지금껏 당을 측면에서 견제해온 돌궐이 733년 내분에 휩싸이면서 세력이 약화되었기 때문이었다. 결국 양국은 다시 국교를 맺을 수 있었고, 737년 문왕이 즉위한 뒤에는 그 관계가 더욱 긴밀해질 수 있었다.

발해는 무왕의 대대적인 정복사업에 힘입어 고구려 전성기 영토의 3분의 1 정도를 회복할 수 있었다. 이런 사정은 『신당서』 발해전에, 대문예가 무왕 말년 발해의 군사는 고구려 때의 3분의 1이 되었다고 언급한 기사에서 확인된다. 고구려 멸망 당시의 가구 수는 69만 7천 호로 총 인구는 대략 350만 명 정도였는데, 당시 발해 군사가 고구려 때의 3분의 1이었다고 한 대문예의 증언으로 보아 무왕 때의 발해 인구는 약 120만 명 정도로 추산된다. 결국 무왕의 정복활동으로 발해의 국력은 고구려 전성기의 3분의 1 정도로 강성하였던 것이다. 대조영 때의 발해 인구가 대략 40만 명 정도였음을 고려한다면, 이런 성과는 괄목할 만한 업적임이 분명하다. 그것도 무왕의 재위 기간이 채 20년도 안 되었다는 점과, 당시 세계의 최강국인 당이 인접해 있었던 상황까지 고려하면 더욱 그러하다.

문왕은 그의 시호처럼 문치(文治)에 치중했지만, 그의 통치 전반기는 사실상 무왕에 이어 정복사업을 수행한 시기였다. 이때는 주변 정세도 정복활동에 매우 유리하게 전개되었다. 당은 733년의 발해 원정 경험으로 발해 정복이 현실적으로 어렵다는 것을 절감하였다. 그 결과 당의 동북아 정책은 현상유지책으로 전환되었다. 즉 당은 735년 신라의 대동강 이남 지역에 대한 영유권을 인정하여 신라로 하여금 발해를 견제케 하는 이이제이(以夷制夷) 정책을 통한 현상 유지에 힘썼다. 신라 또한 발해와의 대립을 촉발할 수 있는 대동강 이북으로의 진출을 꾀하지 않았다.

당과의 관계가 개선되고 신라의 위협마저 사라지자 문왕은 당시 발해 세력권 밖에 있던 말갈족 정복에 주력하였다. 그 대상은 철리부, 불열부, 월희부, 흑수부 등이었다. 이들 집단은 8세기 초 당에 조공하면서 독자적인 활동을 하였을 뿐 아니라, 무왕 당시 당과의 전쟁에 직접적인 계기가 되기도 하였다. 따라서 이들의 정복은 발해의 안보를 위해서도 반드시 필요하였다.

발해가 이들 집단을 공격했다는 구체적인 정보는 전해지고 있지 않다. 다만 철리부는 740년, 불열부와 월희부는 741년을 끝으로 당조공 기록이 두절되었다. 그 뒤 월희부가 802년, 불열부와 철리부가 841년에 각각 한 차례씩 당에 조공한 기록이 전해지고 있다. 이런

발해의 유물

발해석등

사정은 이들 집단이 740년 초반 발해의 세력권에 귀속되었음을 보여준다. 흑수부는 740년 이후에도 여러 차례에 걸쳐 당에 조공한 기록으로 보아 이때에도 여전히 발해에 복속되지 않았다고 볼 수 있다. 말갈족 복속과 함께 문왕은 한반도 서북부으로의 진출도 꾀하기 시작하였다.

이처럼 문왕은 그의 통치 전반기에는 사실상 무왕의 유업을 이어받아 대대적인 정복사업에 크게 힘썼고 그 결과 발해의 영토는 북쪽으로 쑹화강 하류, 남으로는 대동강과 원산만 이북의 한반도 북부에까지 이르게 되었다.

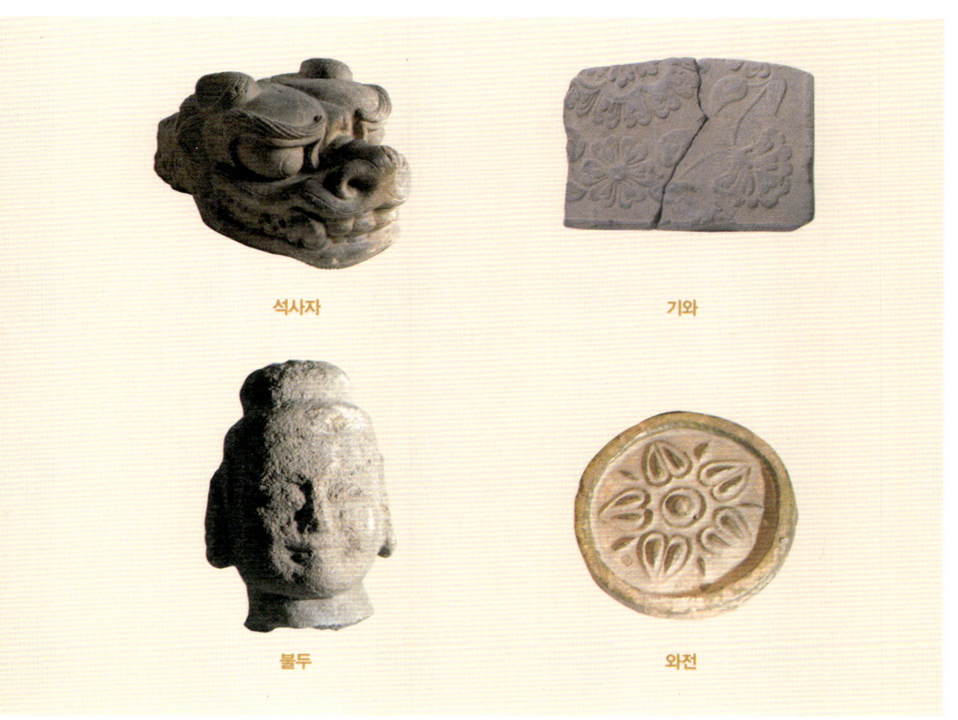

석사자

기와

불두

와전

국가체제의 황제국화

이로써 발해는 문왕의 전반기에 이르러 건국 이래 추구해온 대외 정복활동을 일단락지을 수 있었다. 문왕은 정복활동의 성과를 토대로 국가체제 정비에 주력하였다. 그의 시호처럼 문왕은 즉위 초부터 문치에 주안점을 두었는데, 즉위한 다음 해에 당나라에 사신을 보내 732년 반포된 『대당개원례(大唐開元禮)』를 수입한 것이 단적인 예일 것이다. 이 문헌에는 황제를 정점으로 한 중앙집권적 국가체제를 마련한 각종 의례와 법령과 규범이 담겨 있다. 반포된 지 6년 밖에 안 된 당의 개원례를 받아들이고자 한 것은 문왕이 그만큼 당제(唐制), 즉 당의 황제체제에 큰 관심을 갖고 있었음을 방증한다. 이후에도 문왕은 당의 문물 수용에 매우 적극적이었다. 그의 통치 기간 동안 당으로 사신을 파견한 횟수만 보아도 알 수 있다. 문왕은 57년간 무려 61회 이상 사신을 파견하였고, 많은 경우에는 한 해에 다섯 차례나 보냈다.

이렇게 수용된 당의 문물과 제도는 문왕이 발해의 통치제도를 마련하는 데 주요한 모델이 되었다. 발해는 무왕대까지 제대로 된 통치 기구가 없어 군사와 정치가 분화되지 않고 일치하는 경향이 있었다. 그러다 문왕 때 『신당서』 발해전에 보이는 중앙정치기구와 지방통치제도가 완성되었다. 문왕 중기 이후 중앙관청인 정당성〔政堂省, 당의 상서성(尚書省)〕 등이 나타나기 시작하여 후기에 와서는 당나라 황제의 지배체제인 3성 6부(三省六部)의 제도를 거의 그대로 받아들였다.

3성에는 선조성〔宣詔省, 당의 문하성(門下省)〕과 중대성〔中臺省, 당의 중서성(中書省)〕이 있고 중대성 아래에는 조고사인(詔誥舍人)이란 관직이 있었는데, 이 관직에 특별히 주목할 필요가 있다. 원래 조(詔)는 황제의 명령을 뜻하고 교(敎)는 왕의 명령을 가리킨다. 따라서 '조고사인'이라는 관직명이 있었다는 것은 발해왕의 명령을 황제의 명령으로 여겼음을 의미한다. 당시 신라는 선교성(宣敎省)을 설치했던 사실을 고려하면 발해는 제도를 모방하는 데 그치지 않고 실질적인 운영에서도 당의 황제체제를 지향했음을 알 수 있다.

실제로 발해는 황제국의 면모를 어느 정도 갖추고 있었다. 황제국 체제를 갖추기 위해서는 황제의 교화가 직접 미치는 속국인 번국(藩國)이 존재해야 하는데, 그 대상은 주변의 말갈족이었다. 그 단적인 사례로는 789년 당에 사신으로 갔던 여부구(茹富仇)의 관직이 우후루번장도독(虞侯婁蕃長都督), 곧 우루부(虞婁部) 후(侯) 번장(蕃長) 겸 도독(都督)이었다는 사실을 들 수 있다. 이처럼 발해는 동북쪽에 위치한 우루부를 번국으로 여기고 있었다. 발해는 이미 정복사업이 본격적으로 이루어지던 무왕 때부터 주변 나라들을 번국으로 상정하고 있었다. 727년 일본에 보낸 외교문서에서 자신이 주변의 "열국(列國)을 주관하고 여러 번국을 아울렀다."는 무왕의 언급〔『속일본기』 성무천황 신구(神龜) 5년 정월 갑인조〕이 이를 입증한다.

물론 발해는 당제를 모방하여 황제체제를 지향하는 통치체제를 구축하였으나 명칭에 있어 당의 것과 차이가 있었을 뿐 아니라, 최고 권력도 당과 같은 중서성(중대성)이 아닌 정당성에서 나왔다. 장관이 대내상(大內相)인 정당성은 행정의 실질적인 총괄기구로서 그 소속의 충〔忠, 당의 이부(吏部)〕·인〔仁, 호부(戶部)〕·의〔義, 예부(禮部)〕·지〔智, 병부(兵部)〕·예〔禮, 형부(刑部)〕·신〔信, 공부(工部)〕 6부는 구체적으로 정무를 분담하는 관청이었다. 즉 발해는 당의 황제체제를 수용하되 자체의 필요에 따라 그것을 변형하여 운영하였다.

더불어 문왕 때에는 지방통치제도도 마련되었는데, 부주현제(府州縣制)와 5경제(京制)가 그것이다. 부는 주의 상위기관인데, 이중 중요한 곳이 5경이 되었던 것으로 보인다. 5경은 상경 용천부(上京龍泉府), 중경 현덕부(中京顯德府), 동경 용원부(東京龍原府), 남경 남해부(南京南海府), 서경 압록부(西京鴨淥府)를 말한다. 국도(國都)는 몇 차례 이동했지만 이중 상경이 오랫동안 수도로 기능하였다. 5경을 포함한 부의 장관인 도독(都督)은 왕에게 직접 보고할 수 있었지만, 주의 책임자인 자사(刺史)는 그렇지 못했다. 또 주 아래에는 현이 있어 부→주→현 3단계의 지방통치체계를 갖추고 있었다. 이처럼 문왕 때 정비된 지방통치제도는 9세기 초 선왕(宣王) 때에 와서 또 한 차례의 영토 확장을 거친 뒤 5경 15부 62주 형태로 마무리되었다.

상경용천부

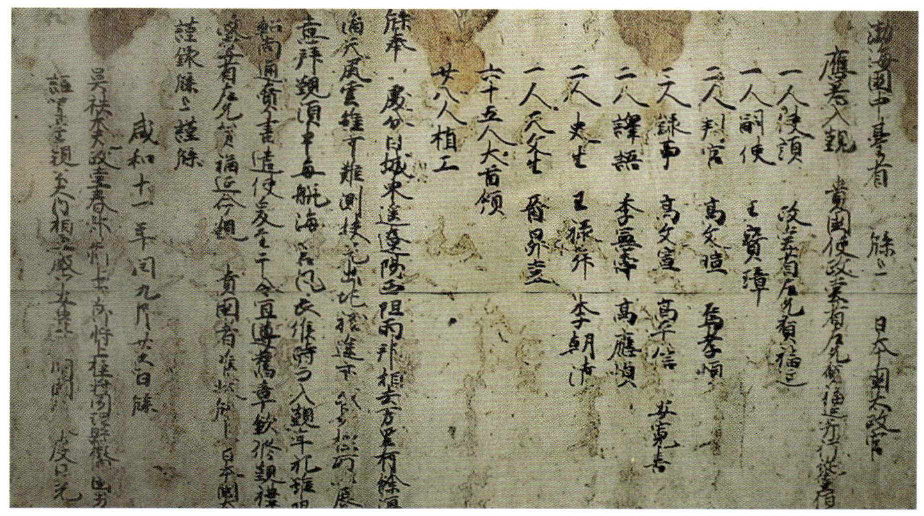

발해의 문서 일본의 정창원에 소장되어 있다.

황제로 불린 문왕

요컨대 문왕은 중앙과 지방의 통치제도를 마련하여 국가체계 정비를 일단락하였다. 국가를 통치하는 데 필요한 체계가 완성되었다는 것은 그만큼 왕권과 중앙집권력이 강화되었다는 뜻이다. 이런 사정은 문왕의 존호(尊號)에서 단적으로 나타난다. 그의 존호는 '대흥보력효감금륜성법대왕(大興寶曆孝感金輪聖法大王)'인데, '대흥'과 '보력'은 연호이고 '효감'은 유교적 용어이며 '금륜'과 '성법'은 불교적인 용어다. 이중 '금륜성법대왕'은 불교의 전륜성왕(轉輪聖王) 설화에서 비롯된 것이다. 전륜성왕은 천하인 수미 4주(須彌四州)를 통일하고 불법(佛法)인 정법(正法)으로 세상을 다스리는 제왕(帝王)

을 의미한다. 결국 문왕은 천하를 통일한 정복군주로서 정법으로 세상을 통치하는 이상적인 제왕을 자처하였던 것이다.

문왕의 자부심은 대외적으로 나타났다. 771년 문왕은 일본에 보낸 외교문서에서 일본을 사위의 나라로 규정하면서, 자신을 하늘의 자손을 뜻하는 천손(天孫)이라 칭하였다. 실제 당나라도 문왕과 발해의 위상을 인정해주었다. 당은 762년에 종래의 발해군에서 발해국으로, 발해군왕을 발해국왕으로 승격시켰다. 이는 비록 명목에 지나지 않지만, 이때에 와서야 비로소 당은 발해를 독립국으로 인정한 셈이었다. 그만큼 문왕의 발해는 국제적 위상이 한층 높아졌던 것이다.

그 결과 발해인들은 문왕을 '황상(皇上)'으로 칭하였다. 원래 황상은 신하가 황제를 부를 때 쓰는 용어로, 정혜공주와 정효공주의 비문(碑文)에 나타난다. 이로 보아 당시 발해인은 문왕을 황제로 인식하였음이 분명하다. 독자적인 천하관과 천손의식이 있었던 고구려인도 자신들의 왕을 높여 대왕(大王), 태왕(太王) 등으로 불렀던 것에 그쳤을 뿐 '황제'라는 칭호를 사용하지 않았음을 고려하면, 문왕의 위상이 대단히 높았음을 알 수 있다.

14

경덕왕의 중국화 프로젝트

"경덕왕은 현종(玄宗)이 촉(蜀)에 있다는 말을 듣고 사신을 당나라에 보내어 양자강을 거슬러 올라가 성도(成都)에 이르러 조공하였다. 현종이 친히 5언10운시(五言十韻詩)를 지어 써서 왕에게 보내면서 이르기를 '신라왕이 해마다 조공을 잘 치르고 예절과 아울러, 대의와 명분을 잘 실천하므로 시 한 편을 지어 주노라.'고 했다.…… 현종이 촉에 갔을 때 신라가 천 리 길을 멀다 않고 황제의 행재소까지 찾아 갔으므로 그 지성을 가상히 여겨 시를 지어 준 것이다.'

『삼국사기』 경덕왕 15년조

이 기록은 신라 경덕왕이 중국에 대한 사대(事大)를 어느 정도 철저히 하였는지를 잘 보여주고 있다. 다만 이 같은 경덕왕의 처세는 그의 철저한 사대주의를 반영하는 것에 그치지 않는다. 이는 경덕왕의 중국 문화에 대한, 구체적으로 당 문화에 대한 동경, 나아가 당의 문화를 적극적으로 도입하려는 의지를 함축하고 있는 것이었다. 경덕왕의 이른바 한화정책(漢化政策), 즉 중국화정책을 고려하면 이러한 사정을 금세 이해할 수 있을 것이다.

경덕왕릉

한화정책은 왕권 강화 정책의 완결판

경덕왕(742~765)은 재위 16년(757)에 9주(州)를 비롯한 군현(郡縣)의 명칭을 한식(漢式), 즉 중국식으로 바꾸었다. 이어 재위 18년에는 관직 및 관청의 명칭마저 중국화했다. 이렇게 해서 경덕왕의 한화정책은 일단락되었다. 사실상 한화정책은 무열왕 이후 전개된 일련의 왕권 강화 정책의 연장선상에 있었다. 즉 기존 진골귀족의 기득권을 부정하고 왕권을 중심으로 한 강력한 중앙집권체제를 확립하려는 정책의 상징적인 조치였던 것이다.

이는 삼국 통합기에 들어서면서 왕의 시호를 무열왕(武烈王)·문무왕(文武王)·신문왕(神文王) 등의 중국식으로 사용한 것과 그 의도를 같이한다. 결국 지명과 관직 및 관청의 명칭 개정 등 경덕왕의 중국화 프로젝트는 무열왕 이후 추진된 왕권 강화 정책의 완결판이라 할 수 있다. 따라서 『삼국사기』가 무열왕부터 혜공왕까지 126년간(654~780)의 시기를 무열왕 이전의 상대(上代), 및 혜공왕 이후의 하대(下代)와 구별하여 중대(中代)라고 규정한 것은 시사하는 바가 크다고 하겠다.

중대의 왕권 강화 정책은 백제와 고구려를 멸망시킴으로써 왕실 권위가 고양된 반면에 이와 반비례하여 진골귀족 세력은 도태되어 간 데서 비롯되었다. 무열왕(654~660)은 김유신의 후원을 받아 진골귀족의 추대를 받는 형식으로 왕위에 올랐지만, 진골귀족들의 불만이 상당하였다. 그가 진골세력의 진정한 합의가 아닌 무력에 의

태종무열왕의 작전회의 전쟁기념관에 있는 기록화.

지해 집권했기 때문이다. 이에 무열왕은 즉위 직후 맏아들 김법민(金法敏)을 병부령(兵部令)에 임명하고, 재위 5년과 7년에는 각각 왕자 문왕(文王)을 중시(中侍), 그의 후원자인 김유신을 상대등(上大等)에 임명하였다. 그 결과 무열왕은 짧은 재임 기간에도 어느 정도 정치적 안정을 이룰 수 있었다.

이후 무열왕의 직계자손이 계속해서 왕위에 올라 왕권 강화 정책을 추진해나갔다. 무열왕의 뒤를 이은 문무왕(661~680)은 대백제·고구려전쟁과 대당전쟁을 치르는 과정에서 많은 진골귀족을 제거하였다. 이런 사정은 당나라 장군 설인귀(薛仁貴)가 문무왕에 보낸 편지 중에 "(문무왕이) 안으로는 의심하는 신하들을 없앴다."는 글귀에서 확인할 수 있다.

특히 신문왕(681~692)은 자신의 장인인 김흠돌(金欽突)의 반란을 진압한 것을 계기로 많은 귀족을 숙청하는 데 성공하였다. "(나무만이 아니라) 나뭇가지와 잎까지 샅샅이 찾아서 모두 이미 죽였다."는 신문왕의 교서(教書) 기사는 주동자뿐 아니라 말단의 가담자까지도 철저히 색출하여 살해했음을 의미한다. 신문왕은 김흠돌의 반란을 빌미로 삼아 왕권 강화에 걸림돌이 되는 진골귀족 세력을 철저히 제거하려는 의도로 과감한 피의 숙청을 단행했던 것이다. 그 결과 신문왕은 왕권을 강화하는 데 대성공을 거두었다. 이때 중앙의 정치기구와 군사제도가 완성되고 9주(州)·5소경(小京)의 지방통치제도가 마련된 것 또한 같은 맥락에서 이루어진 것이었다.

신문왕이 정비한 중앙집권적 통치체제

삼국 통합 이후 중앙관료제는 기존의 주요 행정기구인 집사부(執事部)를 중심으로 운영되었지만 새로이 우이방부·예작부 등의 관부가 설치되고, 종래의 각 관청에도 많은 관리가 충원되었다. 나아가 이들 행정기구는 인사를 담당하는 이부(吏部)에 해당하는 위화부(位和府, 진평왕 3년), 재정을 맡는 호부(戶部)에 해당하는 창부(倉部, 진덕왕 5년)와 예부(禮部, 진평왕 8년), 병부(兵部, 법흥왕 3년) 및 형부(刑部)에 해당하는 좌이방부(左理方府, 진덕왕 5년)·우이방부(右理方府, 문무왕 7년), 공부(工部)에 해당하는 공장부(工匠府, 진덕왕 5년)·예작부(例作府, 신문왕 6년) 등이 설치됨으로써 당의 육전조직(六典組

織)과 같은 체제를 갖추었다.

신문왕은 이처럼 중앙관료제 정비에 있어 의식적으로 당의 6전 체제 확립을 목표로 하였다. 당 제도의 의식적인 도입은 일급 중앙 행정관청의 관리조직에도 반영되었다. 행정부서의 관리조직을 종래의 4단계 조직에서 5단계 조직으로 확충하였던 것이다. 종래의 관리조직은 령(令)-경(卿)-대사(大舍)-사(史)였는데, 여기에 4등관인 사지(舍知)를 신설하여 령-경-대사-사지-사 5단계 조직으로 정비하였다. 이 5단계 조직은 분명 당 6전조직의 상서(尙書)-시랑(侍郞)-낭중(郞中)-원외랑(員外郞)-주사(主事)에 상응하는 것이다.

지방통치제도인 9주5소경은 신문왕 5년(685)에 마련되었는데, 이는 고구려와 백제의 멸망으로 확대된 영역을 통치하기 위해서였다. 9주는 기존의 5주인 삽양주(揷良州, 지금의 양산)·청주(菁州, 진주)·한산주(漢山州, 광주)·수약주(首若州, 춘천)·하서주(河西州, 강릉) 외에, 백제와 가야 지역에 웅천주(熊川州, 공주)·완산주(完山州, 전주)·무진주(武診州, 광주)·사벌주(沙伐州, 상주) 등의 4주를 설치하여 9주로 만들고, 새로 편입된 고구려의 옛 땅은 북방(北方)의 주에 포함시켜 완성하였다. 주 밑에는 군과 현을 설치했는데, 이는 종래의 군과 촌(村) 및 성(城)을 개편한 것으로 전국에 120군, 306현이 있었다고 한다.

주의 장관은 문무왕 원년(661)에 군주(軍主)에서 총관(摠管)으로 고치고 원성왕 원년(785)에 다시 도독(都督)으로 고쳤는데, 이것은 주의 성격이 기존의 군사적 성격에서 행정적 성격으로 바뀌었음을 의미한다. 군에는 장관으로 군태수(郡太守)가 있었고 현에는 현령(縣令)이 있었다. 이들은 모두 중앙에서 파견된 관리로서 이때의 지방제도 역시 당과 같이 중앙집권적이었다.

소경제도는 기존의 국원소경(國原小京, 지금의 충주)을 비롯하여 문무왕 때 북원소경(北原小京, 원주) · 금관소경(金官小京, 김해), 신문왕 때 서원소경(西原小京, 청주) · 남원소경(南原小京, 남원)이 설치되었으며, 경덕왕 때 국원소경이 중원소경(中原小京)으로 개칭됨에 따라 5소경으로 완성되었다. 5소경은 그 명칭이나 위치로 보아 중 · 동 · 서 · 남 · 북의 방향에 맞추어 설치되었음을 알 수 있는데, 서울인 경주가 동쪽에 치우쳐 있는 결함을 보완하는 동시에 지방세력을 감시 견제하는 역할을 담당하였다.

새로이 마련된 중앙의 군사조직은 9서당(誓幢)이었다. 서당은 모병(募兵)에 의해 조직된 군대로서 대백제 · 고구려 전쟁 이전부터 있었는데, 이 또한 신문왕 때에 9서당으로 완성되었다. 이들은 경주에 주둔하면서 국왕에 직속된 특수부대의 성격을 띠고 있었다. 9서당은 고구려와 백제 멸망 후 고구려 · 백제 · 말갈 등 피정복민까지도 포함하여 편성되었는데, 옷깃의 색깔에 따라 부대 명칭을 구별하였다. 이때에는 기존 6정(停)의 하나로 왕경군(王京軍)인 대당(大幢)을 대신하여 9서당이 대표적인 군사조직이 되었는데, 그만큼 왕권의 강화가 이루어졌음을 의미한다. 지방군의 중심을 이룬 조직은 10정(停)이었다. 10정은 9주에 각각 하나씩 두고 국방상 요지인 한산주에만 2정을 설치하였는데, 이는 행정조직인 주가 군사적인 조직과 결합되었음을 말해준다.

한편 신문왕은 강력한 왕권을 정점으로 한 중앙집권적인 통치체제를 마련하는 동시에 진골귀족의 경제적 기반마저 해체시키려 하였다. 이는 동왕 9년(689) 녹읍(祿邑)의 혁파로 나타났다. 이에 앞서

신문왕은 재위 7년에 문무관료전(文武官僚田)을 시행하였는데, 문무
관료전은 문무관에게 토지를 차등 있게 지급하는 제도이다. 즉 신분
이 아닌 관직을 기준으로 토지를 지급하겠다는 뜻이었다. 그 결과
녹읍 혁파가 단행되었다. 귀족적이고 세습적인 성격을 지닌 토지제
도인 녹읍이, 관직만을 기준으로 하여 토지를 지급하되 관직에서 물
러나면 일단 회수하는 제도인 문무관료전으로 바뀌었다는 것은 국
가, 곧 국왕의 토지에 대한 지배권이 더 강화되었음을 의미한다.

무열왕의 뜻을 이어

이처럼 정치개혁의 마무리 조치로서 단행된 토지제도 개혁은 무
열왕계, 특히 문무왕 이후의 권력구조 변화를 단적으로 보여주는
사례라 하겠다. 무열왕계의 왕권 강화에 대한 자신감은 신문왕 9년
에 수도를 대구로 옮기려는 시도로까지 표출되었다. 하지만 신문왕
의 대구천도는 세력 기반을 잃지 않으려는 진골세력의 반발로 실패
하였다.

이러한 정치적 상황은 신문왕의 뒤를 이은 효소왕 때에 더 큰 정
치적 혼란을 낳는 계기가 되었다. 효소왕은 아무 이유 없이 갑자기
죽었는데, 귀족세력에 의해 살해당했을 가능성이 농후하다. 이후
경덕왕 때에 와서는 왕권이 다시 안정됨에 따라 신라는 극성기를
구가하게 되었다. 신라를 상징하는 대표적인 건축물인 불국사와 석
굴암도 이때 창건되었다.

이후 경덕왕의 중국화정책은 재위 6년(747) 집사부의 장관인 중

시가 시중(侍中)으로 바뀌면서 시작되었다. 이어 전개된 중국식 개칭 조치는 『삼국사기』 직관지(職官志) 서(序)의 "신라의 관호(官號)는 때에 따라 바뀌어 그 명칭과 표현이 같지 않고, 당이(唐夷, 중국과 신라) 것이 서로 섞여 있다. 시중·낭중이라 하는 것은 모두 당의 관명(官名)이어서 그 뜻을 상고할 수 있을 것 같다."는 기사에서 짐작할 수 있듯이, 중국의 관호를 채용한다는 원칙에서 나온 것이었다.

이렇게 개칭된 관청과 관직의 수는 『삼국사기』 직관지에 기록된 것만 해도 각각 무려 51개, 77개나 될 정도로 매우 광범위하였다. 그만큼 경덕왕의 중국화정책은 단순한 명칭의 변경만을 의미하지 않았다. 이는 질서 정연한 중국, 곧 당의 제도를 모범으로 삼아 왕권을 중심으로 하는 강력한 중앙집권체제를 이룩하려는 의도에서 나온 것이라고 하겠다.

중국화정책은 기존 진골귀족의 기득권을 부정하고 왕권을 중심으로 한 강력한 중앙집권체제를 확립하려는 상징적인 조치였다. 이러한 한화정책이 무열왕 이후 추진된 일련의 왕권 강화 정책의 연장선상에 있었음은 두말할 필요도 없다. 그것은 적어도 백제와 고구려 멸망 이후 경덕왕에 이르기까지 이른바 신라 중대왕권의 일관된 정책의 산물이었던 것이다. 이른바 경덕왕의 명칭 개정 프로젝트는 무열왕 이후의 왕권 강화 정책을 일단락하는 조치였다고 할 수 있다.

참고문헌

『삼국사기(三國史記)』, 『삼국유사(三國遺事)』, 『구당서(舊唐書)』, 『신당서(新唐書)』, 『고려사(高麗史)』, 『자치통감(資治通鑑)』

1) 김상현, 「신라 삼국통일의 역사적 의의」, 『통일기의 신라사회연구』, 동국대 신라문화연구소, 1987.

2) 김영하, 「신라의 삼국통일을 보는 시각」, 『한국고대사론』, 한길사, 1988.

3) 문안식, 「한국사상의 발해사 위상과 '남북조시대' 론의 설정」, 『전북사학』 12, 1998.

4) 변태섭, 「삼국통일의 민족사적 의미」, 『신라문화』 2, 1985.

5) 송기호, 「발·일 국서를 중심으로 본 9세기의 발해사회」, 『산운사학』 7, 1993.

6) 송기호, 『발해정치사연구』, 일조각, 1995.

7) 신정훈, 「신라 경덕왕대 왕권강화책의 성격」, 『동서사학』 6·7, 2000.

8) 신형식, 「삼국통일의 역사적 성격」, 『한국사연구』 61·62, 1988.

9) 이기백, 「신라 전제정치의 붕괴과정」, 『학술원논문집 인문사회과학편』 34, 1995.

10) 이호영, 「신라삼국통일에 관한 재검토」, 『사학지』 15, 1981.

11) 이호영, 『신라의 삼국통합연구』, 서경문화사, 1997.

12) 한준수, 「신라 경덕왕대 군현제의 개편」, 『북악사론』 5, 1998.

5

세계 속의 한국 고대

15

우리가 천하의 주인이다

| 고구려의 천하관(天下觀) |

고구려인들은 스스로를 천하의 주인으로 여겼다. 이 같은 고구려인의 인식은 광개토왕비뿐 아니라 모두루묘지(牟頭婁墓誌) 및 중원고구려비(中原高句麗碑)의 '수천(受天)'이란 용어에 잘 나타나 있다.

현재 광개토왕비는 중국 찌린썽(吉林省) 찌안쎈〔集安縣〕타이왕샹〔太王鄕〕쥬화리〔九華里〕에 있다. 이곳은 과거 고구려의 수도였던 압록강 북안(北岸)의 국내성(國內城) 근처다. 높이 6.39미터, 무게 37톤에 달하는 커다란 응회암(凝灰巖)으로 만든 비석은 인공적으로 꾸미기보다는 야성 그대로를 좋아하는 고구려인들의 취향답게 일부러 가공하지 않아 겉면이 울퉁불퉁하다. 화강암으로 된 거대한 받침돌이 능비를 받치고 있는데 중국에서는 1982년 주황색 기와로 비정(碑亭)을 세워 능비를 보호하고 있다.

당시 유행하던 능비의 예서체 글씨는 고풍스러우면서도 힘이 넘쳐나 강인한 고구려인의 기상을 잘 보여준다. 현재 능비의 글씨체는 로고로 이용될 정도로 단아한 멋이 있다. 비의 4면에 새겨진 글자의 총수는 원래 1,775자이지만, 탈락되었거나 마모되어 판독할 수 없는 글자가 141자 있어서, 이 글자들의 해석을 둘러싸고 한국 ·

일본 · 중국 · 북한 사이에 논쟁이 벌어지기도 했다.

광개토왕비를 세운 이는 그의 아들 장수왕으로, 아버지가 세상을 떠나고 2년 후인 414년에 위대한 정복군주의 업적을 기리기 위해 비를 세웠다. 현재 광개토왕비는 문헌자료가 절대적으로 부족한 한국 고대사의 많은 부분을 보완해주는 일차자료로서의 가치를 지닌다.

비문은 능비의 주인공인 광개토왕이 시조 추모왕으로부터 면면히 이어지는 신성한 왕통의 계승자임을 상기시키면서, 광개토왕의 탁월한 업적에 의해 이룩된 고구려의 영광과 평화를 과시하고 있다. 또한 왕릉의 묘지기에 대한 규정을 선포함으로써 앞으로 다가올 미래를 탄탄하게 보장받으려는 강한 의지를 나타내고 있다.

광개토왕비문의 제1면 5행에는 "영락대왕(광개토왕)의 은혜와 혜

충주에 있는 중원고구려비

찌안[集安]에 있는 광개토비

택이 하늘에까지 이르고, 그 위력(威力)은 사해(四海)에 떨쳤다."고 기록되어 있는데, 이는 광개토왕이 사해, 즉 천하의 지배자임을 과시한 것으로, 고구려를 천하의 중심국으로 여긴 고구려인의 인식을 나타내고 있다.

이러한 표현은 광개토왕비가 있는 찌린썽 찌안썐 타이왕샹 근처의 하해방촌(下解放村)에 있는 모두루묘지에 더 직접적으로 나타난다. 이 묘지명의 첫머리에는 "하백(河伯)의 손자이며 일월(日月)의 아들인 추모성왕이 북부여에서 태어나셨으니, 천하 사방(四方)이 이 나라 이 고을이 가장 성스러움을 알 것이다."라고 씌어 있다. 이로 보아 당시 고구려인들이 자국 중심의 천하관을 당연한 것으로 여기고 있었음을 알 수 있다. 그리하여 고구려인들은 천하의 모든 국가들을 고구려에 복속되거나 복속되어야 할 대상으로 간주하였던 것이다.

천하관이란

천하(天下)라는 말은 하늘(天) 아래의 모든 세상을 뜻하는데, 천자(天子)의 통치 아래 있는 온 세상을 뜻하기도 한다. 온 세상이 어떻게 구성되어 있고, 그 가운데 내 나라의 위치가 어떠하며, 나아가 인접 나라와 비교해 내 나라가 지니는 특성이 어떠한가에 대한 인식이 곧 천하관(天下觀)이다.

천하관은 중국의 춘추시대에 나타나 전국시대와 진한(秦漢) 대를 거치면서 일정한 내용을 갖춘 정치적 개념으로 정립되었고, 동아시아 한자문화권 내의 여러 나라에 전파되었다. 중국인의 천하관은 중국사의 구체적인 경험을 토대로 생성된 것인 만큼, 내용도 지극히 중국적이다. 중국적 천하관은 주변 나라의 정치상황에 따라 다양한 형태로 수용되었는데, 특히 한자문화권 내의 각국인이 국제질서 속에서 자국의 위상과 인접국과의 관계를 규정하는 데 일정한 영향을 끼쳤다.

그러면 고구려인의 천하관은 어떻게 형성되었을까? 광개토왕비가 세워진 5세기 초, 고구려는 동북아시아의 새로운 패자로 등장하고 있었다. 당시 중국 대륙은 여러 나라로 분열되어 있었는데, 북중국에서는 북방 민족이 세운 나라들이 연이어 들어섰다가 멸망을 거듭했고, 요동·요서지역에서 세력을 떨치던 선비족의 후연(後燕)도 쇠퇴하고 있었다. 또 남쪽의 신라는 아직 힘이 미약하였고, 가야는 작은 나라로 나뉘어 있었다. 상무(尙武)정신을 지닌 고구려인들이 세력을 확장하기에 더 없이 좋은 상황이었던 것이다.

당시 고구려의 적수는 한반도 서남부의 백제와 백제의 배후에 있던 왜였다. 백제의 근초고왕은 371년에 고구려 고국원왕을 전사시킬 정도로 고구려의 남쪽 국경을 계속 위협하며 고구려의 남하를 저지하고 있었다. 광개토왕비에 따르면, 고국원왕의 손자 광개토왕은 백제를 공격하여 아신왕의 항복을 받아내는 대승리를 거두고 60여 성을 빼앗았다. 나아가 신라에 침범한 왜를 물리치고 신라를 복속시켰으며, 북으로 거란·숙신·동부여를 복속시켰다. 그리하여 광개토왕은 동북아시아의 패자로 등장하였다. 광개토왕비는 고구려인들의 천하관을 현실로 만든 위대한 정복군주에 대한 기록인 것이다.

고구려인의 천하관

그래서 고구려인들은 고구려를 천하의 중심으로 인식하고 주변 나라를 고구려에 신속(臣屬)한 존재로 여기게 되었다. 능비에도 "백제와 신라는 예부터 속민(屬民)으로 고구려에 조공해왔다." "동부여는 추모왕의 신민(臣民)이었다."고 기록되어 있듯이, 고구려는 인접 나라들을 신하의 나라로 간주하고 있었다. 이는 중원고구려비에 신라를 '동이(東夷)'라 표현한 사실에서도 확인할 수 있다.

조공국인 신라와 북부여는 고구려에 각각 가(珂, 옥)나 금과 같은 특산물을 보냈고, 신라의 예에서 볼 수 있듯이 조공국 왕은 고구려에 방문하여 신하의 예(禮)를 치렀다. 고구려는 조공물에 상응하는 물자를 답례품으로 주었고, 조공국이 외침을 받았을 때는 원병을 보내 구원하였다. 400년경 왜가 신라를 침공했을 때와 모용선비(慕容鮮卑)가 4세기 후반에 북부여를 침략했을 때 등을 그 예로 들 수 있다. 고구려는 군사적 안전을 보장하는 대신 조공국에 정치적 영향력을 미쳐, 고구려를 중심으로 한 국제질서를 유지하려고 하였다. 또한 중원비에 보이듯이, 고구려와 인접국을 화(華)와 이(夷)로 구분하였다.

당시 고구려의 대외정책도 이러한 천하관에 기초하고 있었다. 5~6세기 동아시아 국제정세는 중국의 남·북조(南北朝), 북아시아의 유연(柔然)[*], 동북아시아의 고구려 그리고 티베트고원 서북 사면(斜面)의 토욕혼(吐谷渾)[**] 등의 주요 국가들이 중심이 되어 세력균형을 유지하고 있었다. 그 가운데 가장 강대한 북위를 사이에 둔 남조와 유연, 고구려 중에 어느 나라도 일국의 힘으로 일방적으로 국제정세를 주도하지는 못했다.

---

[*] 5~6세기에 몽골평원에서 번성한 몽골계 유목국가. 유연의 중심 부족은 욱두려족(郁久閭族)으로, 3세기에 선비족(鮮卑族) 탁발부(拓拔部)에 예속되어 있었으나 4세기 그 지배에서 벗어나 여러 부족을 통합하고 유연이란 이름을 내세웠다. 탁발부가 화북지방에 위(魏)나라를 세우자 그 연고지를 점령하여 내몽고의 대세력이 되었다. 552년 터키계 돌궐의 침입으로 유연의 세력은 분열되었고 몇 년 후 돌궐에 병합, 멸망하고 말았다.

[**] 티베트 지역에 존재했던 나라. 이 나라의 왕족은 선비족(鮮卑族) 출신이나 구성원 대부분은 티베트계로 보인다. 토욕혼은 6세기 후반에 번성하다가, 양제(煬帝)에게 격파되었으나 수 말기의 혼란에 편승, 부흥하여 중국 인근 지역을 침범하였다. 당나라는 635년 이 나라를 토벌하여 복속시켰으나, 이윽고 토번(吐蕃)이 발흥하여 당나라에 큰 위협이 되었다.

이러한 상황 속에서 고구려는 서로 적대관계에 있던 중국의 남·북조와 각각 외교관계를 맺었는데 이는 중국의 이이제이(夷以制夷) 정책과 비슷한 외교정책이었다. 동아시아에서 가장 강대하고 팽창적인 북위와 국경을 맞대고 있던 고구려는 북위와 외교관계를 맺어 평화를 유지하는 한편 남조 및 유연과 연결하여 북위를 견제하는, 세련된 외교기술을 구사했던 것이다.

요컨대 고구려는 중국의 남북조와 몽골지역의 국가와는 병존책을 추구하고, 자신의 세계라고 여겼던 동북아시아에서는 패권을 유지하려 하였다. 광개토왕비의 '호태왕(好太王)'이란 표현은 고구려의 왕이 백제나 신라 등 인접국의 왕보다 우월하다는 의도적인 표현이었다. 이처럼 고구려인들은 천하관에 따라 동북아시아지역 인접 국가들과의 관계를 조공관계로 규정하고, 하늘의 후예인 고구려왕은 국제질서를 담당하는 주체로 자임하였다.

16

해상제국 백제는
중국 대륙을 지배했는가

일찍부터 역사학계 일각에서는 백제가 중국의 요서지역에 군현을 설치하여 그 지역을 직접 경영했다는 주장이 제기되어왔다. 물론 역사학자들 사이에서는 백제의 대륙진출설을 불신하는 견해도 만만치 않다. 이는 지극히 상식적인 이유에서다. 백제가 위치한 한반도 중남부와 요서지역은 해로를 통하건 육로를 통하건 대단히 먼 거리인데, 굳이 군대를 보내 군현을 설치할 필요가 있었겠는가 하는 것이다.

대륙진출설을 부정하는 논의들

백제가 요서지방에 군현을 설치한 시기에 대해서는 여러 가지 설이 있지만, 대략 3세기 후반에서 5세기 초 사이 어느 시기에 한정된 것으로 본다. 백제의 대륙진출설을 부정하는 근거는 이러하다. 이 기간의 전반기에는 아직 백제가 해외에 군현을 설치할 정도로 성장하지 못했고, 후반기에 해당하는 4세기 중반부터는 황해도지방을

요서 지역 북경 북동쪽의 고북구이다.

놓고 줄곧 고구려와 전쟁을 치르느라 요서지역에까지 진출하여 군
현을 설치할 겨를이 없었다는 것이다. 또한 요서지역에까지 군대를
파견하려면 많은 전함과 뛰어난 항해술이 있어야 하는데, 당시 백
제의 사정상 그럴 만한 능력이 있었다고 보기는 어렵다는 것이다.
따라서 당시 국제정세로 보아 백제의 대륙진출설을 쉽게 받아들일
수 없다고 주장한다.

백제의 내적 상황뿐 아니라 요서지역의 상황도 백제의 대륙진출
설을 부정하는 근거로 사용된다. 요서지역은 3세기 말 이후 선비족
의 전연(前燕) 등이 자리 잡고 있었다. 전연이 망한 370년 이후에는
잠시 전진(前秦)이 소유하다가 383년 이후에는 다시 후연(後燕)의 영
역이 되었다. 그 뒤에는 북연(北燕)의 소유였다가 5세기 전반 이후

부터는 북위(北魏)의 관할에 들어갔다. 전연과 후연의 경우 요서지역이 중심부였고, 특히 전연은 요서지역에서 힘을 길러 중원에 진출하여 한때 북중국의 패자로 군림하기도 하였다. 결국 백제가 이런 강력한 북방 이민족들의 영역에 침범하여 군현을 설치했다는 것은 도저히 믿기 어렵다는 것이다.

문헌기록 자체에 대해서도 의문이 제기되고 있다. 백제의 대륙진출설을 뒷받침해주는 기록은 남중국 왕조들의 역사서인 『송서(宋書)』, 『양서(梁書)』 등에만 나오고, 북중국 왕조들의 사서에는 보이지 않는다. 백제가 대륙에 진출했다는 시기에 요서지역을 포함한 북중국에 있었던 나라들의 역사를 기록한 『진서(晉書)』 등 북조의 역사서에 이에 대한 기록이 없기 때문에 더욱 의심스럽다는 것이다.

또한 이에 대한 기록이 우리측 자료인 『삼국사기』나 『삼국유사』에 보이지 않는다는 것도 그 이유로 든다. 그리고 백제가 설치했다는 '진평군(晉平郡), 진평현(晉平縣)' 등의 지명이 『송서』와 『양서』를 제외하고는 다른 어떤 역사책에도 나타나지 않는다는 것도 근거로 사용된다. 요컨대 일부 중국측 사서에만 단편적으로 나오는 기록을 근거로 백제의 대륙진출설을 받아들일 수 없다는 것이다.

백제의 대륙진출설을 뒷받침하는 기록들

이런 견해들을 접하다 보면 백제의 대륙진출설이 마치 근거가 빈약한 허구의 논리처럼 여겨진다. 하지만 대륙진출설을 부정하는 견해는 문헌자료를 근거로 하지 않았다는 점에서 결정적인 한계를 갖

는다. 또한 백제는 뛰어난 해양능력을 지닌 나라였기에 백제의 대
륙진출설은 그렇게 간단히 부정될 수 없다.

가령 『북사(北史)』 백제전의 "처음 백가(百家)로서 바다를 건넜다
〔濟〕 하여 나라 이름을 백제라고 불렀다."는 기사는 백제의 건국주체
가 해양능력에 탁월했음을 입증하는 단적인 사례다. 또한 같은 책의
"〔도성의〕 주민은 신라·고려(고구려)·왜 등이 섞여 있고, 또 중국
사람도 있다."는 기사도 백제가 외국과의 교류를 활발히 전개할 정
도로 매우 뛰어난 해양술을 지닌 나라였다는 사실을 입증한다.

백제의 대륙진출설을 간단히 부정할 수 없는 결정적인 근거는 이
에 관한 기록이 우리측 자료가 아닌 중국측 자료에 나타나고 있다
는 점이다. 만약 이에 대한 기록이 우리측 자료에만 나온다면, 일본
학계의 '임나일본부설' 처럼 사료 가치를 둘러싸고 더 많은 의혹이
제기되었을 것이다. 하지만 이를 뒷받침해주는 기록이 한국 고대사
관련 자료인 『삼국사기』나 『삼국유사』가 아닌 중국측 자료에 나온
다는 점은 백제의 대륙진출설을 사실로 받아들이게 하는 중요한 근
거로 사용된다. 따라서 해당 중국기록들을 살펴보아야 진위 여부를
판단할 수 있을 것이다.

백제의 요서 지배에 대한 최초의 기록은 『송서』에 나타난다. 이
때의 송(宋)은 명실상부한 중원왕조인 송나라가 아니라 남북조 시
대에 존재했던 남조 왕조의 송나라(420~478)이다. 삼국을 통일한
서진(西晉, 266~316)이 흉노(匈奴)에 의해 멸망한 후 서진세력이 남
쪽으로 이주해 동진시대(317~419)가 시작되었는데, 이를 이은 왕
조가 송나라이다. 중국 남북조 시대는 무수히 많은 왕조들이 명멸
했던 혼란기였다. 이 시기 중국 북부에서는 흉노·갈(羯)·선비·

저(氐)·강(羌) 등의 북방 이민족들이 세운 16개국 왕조가 교체를
거듭하면서 혼란이 계속되다가, 선비족의 북위(北魏, 424~534)가 중
국 북부지역을 일시 통일하였다. 남부에서는 한족의 송·제(齊)·
양(梁)·진(陳) 등 네 왕조가 차례로 교체된다.

　『송서』는 남조의 네 왕조 가운데 하나인 송나라의 정사(正史)로서
심약(沈約, 441~513)이 편찬한 책이다. 바로 이『송서』에 백제의 대
륙진출설을 뒷받침해주는 최초의 기록이 나온다.

　　"백제국은 본래 고려[고구려]와 더불어 요동(遼東)의 동쪽 1천여
　리 떨어진 곳에 있었다. 그 후 고려가 요동을 침략하여 차지하게 되
　었고 백제는 요서(遼西)를 공략하여 소유하게 되었다. 백제가 다스리
　는 곳을 진평군(晉平郡), 진평현(晉平縣)이라 하였다."

　이처럼『송서』는 백제가 요서지역에 진출해 진평군, 진평현을 설
치했음을 분명하게 밝히고 있다. 하지만 이 기록은 그 시기를 밝히
지 않아 진위 여부에 대한 논란이 끊이지 않고 있다.

　송나라의 뒤를 이은 제나라의 역사서인『남제서(南齊書)』에는 백
제의 요서 진출에 대한 직접적인 기록은 보이지 않는다. 하지만『남
제서』의 백제전 부분에는 백제가 중국에서 활동했음을 간접적으로
전해주는 다음의 기록이 있다.

　　"이 해[490]에 [북]위의 오랑캐가 또다시 기병 수십만을 동원하여
　백제를 공격하여 그 경계에 들어갔다. [이에 백제의] 모대(牟大, 동성
　왕)가 장군 사법명(沙法名)·찬수류(贊首流)·해례곤(解禮昆)·목간나

(木干那)를 보내어 오랑캐군을 기습 공격하여 크게 격파하였다.”

백제와 북위의 전쟁에 관한 기록은 『삼국사기』 백제본기 동성왕 10년조에서도 확인할 수 있다. “위나라가 군사를 보내 우리〔백제〕를 공격하다가 우리 군사에게 패배하였다.”는 기록이 그것이다. 이 기록은 북위가 바다를 건너와 백제를 공격한 상황으로 해석할 수도 있다. 그러나 당시 북위를 둘러싼 여러 정황들로 보아 북위의 수군들이 바다를 건너 백제 본토인 한반도에 왔다고 해석하기는 어렵다.

위의 『남제서』는 북위의 군사가 바다를 건너온 수군이 아니라 무려 수십만에 달하는 기병임을 분명히 하고 있다. 또한 북위는 유목민인 선비족이 세운 국가로 자연 바다에 대한 지식이 부족했으며 해군력도 미약하였다. 실제로 북위가 북중국만을 통일하고 전 중국을 통일하지 못한 이유는 수전(水戰)에 익숙하지 못해 양쯔강(揚子江)을 건너지 못했기 때문이었다. 양자강도 건너지 못한 북위의 기병이 바다를 건너 백제를 쳤다는 것은 있을 수 없는 일이었다. 그렇다고 북위가 육로로 고구려를 경유하여 백제를 침략했다는 추측도 불가능하다. 당시 고구려는 국력이 매우 강했던 장수왕 때로서 북위에게 길을 빌려주었을 리가 없기 때문이다.

이런 사정은 『남제서』와 『삼국사기』에 기록된 백제와 북위의 전쟁이 한반도 중남부가 아닌 중국 북부지역에서 일어난 사건임을 입증한다. 따라서 『남제서』 백제전과 『삼국사기』 동성왕조의 기록도 백제가 중국 대륙에 영토를 가지고 있었음을 뒷받침하는 기록으로 파악해야 할 것이다. 실제 제나라의 역사를 전하는 『자치통감(資治通鑑)』 제기(齊紀)에는 백제의 요서 진출에 대한 기록이 실려 있고,

제나라를 이은 양(梁)나라의 정사인 『양서』 백제전은 백제의 중국 진출에 대해 『송서』보다 더 자세한 내용을 전하고 있다.

"그 나라는 본래 구려〔고구려〕와 더불어 요동의 동쪽에 있었다. 진 (晉)나라 때에 구려가 이미 요동을 침략하여 차지하였고, 백제 또한 요서 · 진평 두 군(郡)의 땅에 웅거하면서 차지하고 백제의 군(郡)을 설치하였다."

이처럼 『양서』는 백제가 다스리던 지역을 요서군과 진평군이라 고 말하여 지리적 범위를 밝혔으며, 그 지역을 백제의 군이라 불렀 다고 적어 자세한 정보를 제공한다. 그리고 그것이 진나라(265~316) 때에 이미 설치되어 있었다고 밝히고 있다. 이 기록과 동일한 내용 이 『남사(南史)』 백제전에도 보인다.

그런데 정작 백제가 군현을 설치했다는 시기인 진 시대의 역사서 『진서(晉書)』에는 이에 대한 직접적인 기록이 없어 백제의 대륙진출 설을 부정하는 한 근거로 사용되기도 한다. 『진서』 동이전(東夷傳)에 는 마한조와 진한조가 있을 뿐 백제조는 없다. 백제조가 없기 때문 에 백제의 대륙 진출에 대한 직접적인 기록을 남기지 않았을지도 모른다. 하지만 다행히 이 책에서도 백제의 중국 진출을 알 수 있는 기록이 보인다. 『진서』 재기(載記) 9 기록이 대표적이다.

"모용황(慕容皝)의 기실참군(記室參軍)인 봉유(封裕)가 간언하였다. ‘……고구려와 백제 및 우문〔선비〕 우문부(宇文部)와 단부(段部)의 사 람들은 모두 전쟁으로 인해 강제로 끌려온 자이지 중국인들처럼 의

리를 사모하여 온 자가 아닙니다. 그래서 모두들 고향으로 돌아가고
자 하는 마음을 가지고 있습니다. 지금 10만여 호에 이르러 도성을
비좁게 할 정도로 많으니 장차 우리나라에 큰 해가 되지 않을까 걱
정됩니다.’”

이 기사는 4세기 전반 요동과 요서에 걸쳐 자리 잡고 있던 선비
족 모용씨의 전연과 관계된 기록이다. 당시 고구려·우문부·단부
등은 모용씨와 접경하여 있던 모용씨의 강력한 적대세력이었다. 위
의 기록은 그러한 세력 가운데 백제도 포함되어 있음을 보여주고
있다. 만약 백제가 바다 건너 한반도 중남부에 있었다면 모용씨가 그
리 걱정할 만한 세력이 아니었을 것이다. 즉 이 기사는 백제가 중국
북부 전연과 가까운 지역에 영토를 가지고 있었다는 사실을 방증하
는 기록이라 하겠다.
　이렇게 『진서』에는 백제조가 없을 뿐만 아니라 백제의 중국 진출
에 대한 직접적인 기사도 보이지 않지만 백제의 대륙진출설을 입증
해주는 간접적인 여러 기록들이 있다.
　백제의 대륙진출설을 뒷받침하는 기록은 당나라 이후에 편찬된
역사서들인 『통전(通典)』, 『자치통감』, 『문헌통고(文獻通考)』, 『계동
록(啓東錄)』 등의 백제전에도 한결같이 보인다. 요컨대 중국의 역대
사서들은 일관되게 백제가 중국 대륙에 진출했던 사실을 입증하고
있는 것이다. 우리측 역사서가 아닌 중국측 역사서에 거듭 나타나
는 이런 기록들은 백제의 대륙진출설에 신빙성을 더해주고 있다.

백제가 중국에 진출할 수 있었던 국제정세

그러면 한반도 서남부에 있었던 백제가 중국 대륙에 진출하여 그 지역을 지배할 수 있었던 역사적 배경은 무엇이었을까? 이는 북중국을 비롯한 당시의 국제정세를 살펴보아야 알 수 있는 문제다.

후한 말 중국에서는 황건적의 난을 토벌한다는 명분으로 각지의 군웅이 할거하고 있었다. 그 세력 가운데 3세기 초엽 『삼국지연의』로 유명한 세 나라가 각기 황제국을 자칭하였다. 이른바 위(魏)·촉(蜀)·오(吳) 삼국정립 시대가 열린 것이다. 같은 시기에 동북지방에서는 공손도(公孫度)·공손강(康)·공손연(淵) 등 3대가 독자세력으로 할거하고 있었다.

또한 226년에 건국된 진나라가 280년에 중국을 통일했지만 오래가지 못하고 316년에 멸망하였다. 이때 건국된 진나라를 남북조시대의 동진(東晉)과 구별하기 위해 서진(西晉)이라 부른다. 서진이 멸망한 후 120여 년 동안 중국의 북부에서는 흉노 등 북방 이민족이 세운 나라가 무려 16개가 되어 5호16국이라 부른다.

439년에는 선비족의 탁발씨(拓跋氏)가 세운 북위가 한때 중국 북부를 통일하였다. 그 후 북위가 분열되어 543년에 동위(東魏), 535년에 서위(西魏)가 건국되었는데 이들은 국호를 북제(北齊)와 북주(北周)로 고쳤다. 577년에 북주가 북제를 멸하였고 581년에는 북주의 외척인 양견(楊堅)이 선양(禪讓)을 받는 형식으로 황제 자리에 올라 수나라를 건국하였다.

남부에서는 진나라 귀족들이 남쪽으로 이주하여 317년에 진나라를 부흥시켰는데 이 나라가 동진이다. 동진은 420년에 송나라에 의해 멸망하고, 이후 170년 동안 송 · 제 · 양 · 진 등의 나라가 교체되어 약체의 왕조를 면치 못하였다. 수나라가 중국을 통일한 589년까지 중국은 그야말로 분열과 혼란의 시대였던 것이다.

백제가 중국에 진출하여 활동했던 시기가 바로 이 때였다. 당시 한족은 세력이 극히 약화되어 중국대륙을 지배할 능력도 없었고, 북방 이민족들도 이후 동아시아 역사에서 자취를 감춘 종족들로서 강력한 세력을 형성하지 못하였다. 이렇게 혼란스러운 동아시아 국제정세 때문에 뛰어난 해양능력을 지닌 백제가 바다 건너 대륙에 진출할 수 있었던 것이다.

17

상상력의 산물에 불과한 에가미의 기마민족설

현재까지 한국학계의 일각에서는 일제하에서 강요되었던 황국사관(皇國史觀)을 부정하는 경향에 편승하여 천황가의 기원이 백제 혹은 가야 등에서 비롯되었다는 주장이 지속적으로 제기되어왔다. 이런 견해는 에가미 나미오〔江上波夫〕의 기마민족설(騎馬民族說)에 뿌리를 두고 있다.

1948년에 열렸던 '일본 민족과 국가의 기원에 관한 심포지엄'에서 「북방 기마민족에 의한 일본열도 정복설」이란 논문을 발표, 2차 세계대전 직후 일본 사회를 충격과 혼란에 빠뜨렸던 에가미는 1991년 김해 대성동고분군의 발굴현장을 답사한 뒤 이곳에서 출토된 고고학적 자료가 자신의 학설을 뒷받침하는 유력한 증거라고 선언하였다.

그의 학설은 3~4세기 한반도 남부, 특히 김해지방에 기마민족이 있었음을 뒷받침하는 고고학적 근거가 없다는 데에 치명적인 약점이 있었다. 그런데 1990년부터 경성대학교 박물관이 네 차례에 걸쳐 대성동고분군을 발굴하여 그 성과를 발표하자, 기마민족설을 둘러싼 그간의 한일 역사학계의 논쟁은 새로운 국면에 접어들었다.

김해 대성동고분군 전경 고고학계 일부에선 이 고분군을 부여족이 남하하여 조성한 것으로 보고 있다.

일본인들을 충격에 빠뜨린 기마민족설

대성동고분군에서는 1~5세기경에 걸쳐 조성된 고분 1백여 기가
발굴되었는데, 그중에는 3세기 후반에서 5세기 초에 조성된 가락국
의 왕릉들도 포함된 것으로 알려졌다. 환두대도(環頭大刀)* 같은 무
기류 및 갑주류(甲冑類, 갑옷·투구류) 등 기마관계 유물과 함께 파형
동기(巴形銅器)**, 벽옥류(碧玉類, 푸른 옥으로 만든 장신구) 등 왜(倭)

* 원형 손잡이올에 칼 주인의 권력 수준을 상징하는 봉황이나 용, 독수리의 추상무늬가 새
겨져 있는 큰 칼.

** 볼록한 원판에 바람개비모양의 판이 붙어 있는 형태로
안쪽 면에는 기물에 부착하기 위한 고리가 정중앙에 있는 유
물로, 일본 야요이시대[彌生時代]부터 등장하여 고분시대 전
기에 이르기까지 일본 전역에서 출토되고 있는 일본계 유물.

계통의 유물도 출토되었다.

대성동고분군의 발굴 성과 공개로 기마민족설을 둘러싼 논쟁이 자연스럽게 다시 촉발되었다. 에가미는 이번 발표로 자신의 학설이 완벽하게 입증되었다고 주장하였다. 그의 표현을 빌리면 '최후의 잃어버린 고리(missing link)'가 완전히 메워졌다는 것이다. 요컨대 에가미는 몽고지방으로부터 만주·한반도를 거쳐 일본열도에까지 뻗친 기마문화의 연결고리가 마침내 충족되었다고 주장하였다.

천황가의 기원이 하늘에서 구름을 타고 내려온 천손(天孫)이 아니라 배를 타고 바다를 건너온 기마민족이라는 에가미의 주장은 당시 일본인들에게 커다란 충격을 주었다. 오늘날까지도 일본인들은 천황(天皇)의 혈통이 만세일계(萬世一系)로 전해져 오늘의 천황에게까지 이르렀다는 황국사관을 무비판적으로 신봉하는 경향이 강하기 때문이다. 하물며 2차 세계대전 직후 이런 주장을 했으니 일본인들이 받았을 충격을 가늠할 만하다.

에가미가 의도했는지는 모르지만 이는 기존의 황국사관에 정면으로 반기를 드는 것이었다. 천황가의 뿌리가 하늘이 아닌 일본 밖, 즉 한반도를 거친 대륙에 있었다는 기마민족설은 일본 사회에 커다란 파문을 일으켰다. 에가미는 1958년에 출간한 『일본민족의 기원(日本民族の起源)』에서 자신의 주장을 한층 심화시켰으며, 1967년에 기마민족설의 결정판인 『기마민족국가(騎馬民族國家)』를 세상에 내놓아 하나의 학설로 만들었다.

에가미의 기마민족설의 요지는 명쾌하다. 북방의 기마민족이 한반도를 거쳐 일본열도로 건너가 일본 야마토(大和)정권을 성립시킨 주역이라는 것이다. 이 신비로운 기마민족은 내륙 유라시아에서 동북아시아까지 존재했던 흉노 · 돌궐 · 선비 · 오환(烏桓) 등 말 타는 유목민족을 가리킨다. 한국 고대의 부여족과 고구려족도 여기에 포함된다. 이들 기마민족이 중국 남북조 시대인 3~5세기 무렵에 스키타이계 기마민족 문화와는 매우 다른 또 하나의 기마민족 문화를 만들었는데 그것이 바로 호족(胡族)문화와 한족(漢族)문화의 혼합인 '호한문화(胡漢文化)' 혹은 '중국화된 호족문화'라고 하였다. 그리고 그 특색은 기사(騎射)의 전법(戰法)과 이에 적합한 마구 · 무기 · 복장 · 갑주 등에서 특히 두드러진다고 하였다.

에가미가 '한반도'라고 써야 할 부분의 상당수를 '대륙'이란 애매모호한 말로 바꾸었음에도, 일본인들은 천황이 하늘이 아니라 북방 대륙, 그것도 한반도를 거쳐온 세력이었다는 주장에 충격을 받았다.

에가미는 부여와 고구려 계통에 가장 가까운 반(半)수렵 · 반(半)농업의 북방 기마민족의 한 세력이 새로운 무기와 함께 말을 타고 한반도로 내려와 마한지역에 백제를 건국하였다고 설명한다. 그는 이들의 남하 시기를 대략 3세기 중엽 이전으로 비정하고, 이 세력의 수장(首長)을 진수가 지은 『삼국지』 위서동이전 한조(韓條)에 나오는 진왕(辰王)으로 추정한다. 그리고 이들이 다시 남하를 계속하여 김해 지방에 진출해 변한(弁韓, 임나)세력을 정복 · 지배하였다고 주장한다. 그런데 당시 김해 지방에는 '임나일본부설(任那日本府說)'에 따라 이미 왜인이 진출해 있어야 하므로 진왕의 기마민족은 이들 왜인들도 정복한다.

3세기 말~4세기 초의 동아시아는 민족이동에 의한 격동기로 만리장성 북쪽에 살던 흉노 등 5호족이 장성을 넘어 화북지방을 침입하고, 고구려가 남쪽으로 진출하여 낙랑·대방을 점령한다. 이에 자극을 받은 백제와 신라도 체제를 정비하면서 성장하게 된다.

한반도의 정세가 변화함에 따라 위기감을 느낀 진왕의 기마민족은 4세기 초에 바다를 건너 왜의 본거지인 북큐슈〔北九州〕 츠쿠시〔筑紫〕 지방으로 이동하여 왜인세력을 정복한다. 이런 경로를 거쳐 이들 기마민족은 변한과 북큐슈 지방을 망라하는 한·왜연합왕국을 수립하게 된다. 이것이 일본 최초의 건국인데, 에가미는 이때의 주역을 『일본서기』에 나오는 10대 천황 슈진〔崇神〕으로 추정한다.

이때까지도 그 중심지는 경남 김해의 임나(任那)였는데, 북큐슈에 진출한 세력이 다시 동쪽으로 진출하여 4세기 말경 기나이〔畿內〕 지방에 강대한 대화정권을 수립한다. 이것이 일본의 두 번째 건국인데, 이를 주도한 이가 16대 오우진〔應神〕 천황이라고 에가미는 설명한다. 오우진 천황은 한·왜연합왕국의 주도자로서 남한지역에 군대를 보내 신라를 제외한 남한 여러 나라와 연합하여 고구려의 남하에 대항하는 데 주도적인 역할을 하였다는 것이다.

에가미는 5세기에 들어와 왜 왕국들이 중국의 남조국가였던 송 왕조에게 한반도 남부 지역에 대한 관작(官爵) 승인을 끈질기게 요청한 것도, 이처럼 과거에 자신의 조상이 남한지역을 지배한 역사적 사실이 있기 때문이라고 설명한다.

또 그는 기마민족설을 내세우는 근거로 고고학적 자료 해석을 중시하였다. 그는 4세기 말부터 5세기 초에 걸쳐 조성된 일본의 고분문화가 이전에 비해 급격한 변화를 겪었다는 데 주목한다. 가령 4세기 말 이전의 고분문화는 주술적·상징적·평민적·동남아시아적으로 농경민족의 특징을 갖고 있는 데 비해, 후기의 것은 현실적·

일본 나라의 다이센 고분

전투적 · 귀족적 · 북방아시아적으로 기마민족적인 특징을 갖고 있다고 하였다. 매장된 유물을 보면 전기에서 후기로 갈수록 문화의 일관성이나 연속성이 없으며, 변화의 속도도 급격한 것으로 보아, 이 같은 문화 양상은 문화전파에 의한 것이 아니라 기마민족의 정복에 의한 결과로 보아야 한다는 것이다.

그는 또 다른 근거로『일본서기』에 보이는 야마토정권의 국가지배체제〔氏姓制度〕상의 이원성, 곧 단일한 계통이 아닌 여러 집단(대호족)의 연합으로 이루어진 야마토정권의 성격이나 천황의 상속제도, 여성의 높은 사회적 지위, 그밖에 정치 · 군사 · 혼인제도가 대륙 기마민족의 그것과 비슷하다고 지적하고 있다. 또한 신화적인 면에서도『고사기(古事記)』와『일본서기』에 보이는 일본의 건국신화가 부여·고구려 계통의 신화와 비슷한 천손강림형(天孫降臨型)이며, 신무(神武)천황이 동정(東征)했다는 신화전설이 오우진 천황에 의한 두 번째의 건국 사실을 반영하는 것으로 생각된다고 덧붙이고 있다.

기마민족설에 대한 반론

에가미의 기마민족설은 일본뿐만 아니라 한국에도 큰 충격을 주었다. 한국에서는 일본 천황의 뿌리가 한반도에 있었다는 사실에, 식민지 시대의 쓰라린 경험에 대한 보상감을 느꼈을지도 모른다.

그러나 기마민족설이 일본의 한반도 침략의 역사적 전거가 되었던 임나일본부설에 대한 부정이 아니라, 오히려 그 연장선상에 있다는 사실을 알아야 한다. '임나일본부설'은 3세기 중엽의 임나가라(任那加羅)에서 기원하여 4세기 후반부터 6세기 후반까지 200여 년간 일본의 야마토정권이 한반도 남부를 지배했다는 것이 그 요지인데, 일제는 제국주의 시절 이를 한반도 지배의 타당성을 입증하는 역사적 전거로 사용했으며, 지금도 일본의 일부 교과서들은 이를 사실로 적어놓기도 한다. 심지어 현 중국학계에서도 대체로 임나일본부설을 받아들이고 있어 교과서에까지 수록되어 있는 실정이다.

아무튼 기마민족설은 한반도 남부를 일본의 야마토정권이 정복했음을 인정하는 것이기 때문에, 상황에 따라 한반도 지배를 합리화하는 제국주의적 이론으로 전용될 소지가 있는 이론이다.

그래서 한국학계에서는 기마민족설이 지닌 문제점들을 반박해왔다. 무엇보다 북방의 기마민족이 3~4세기에 대규모로 한반도 남부로 이동하였다는 사실을 입증하는 어떠한 문헌 기록도 찾을 수 없다. 또한 한반도 남부의 진왕정권이 부여계의 기마민족이었다는 증거도 없다. 진왕의 실체에 대해서도 근거가 빈약하다고 부정하는 견해가 많다. 이런 비판이 기마민족설을 극복하지 못했다고 인식했는지는 모르지만, 에가미는 자기 학설의 기본골격을 고수하면서 1972년 이래 몇 차례 한국을 방문하여 공개강연을 통해 기마민족설의 정당성을 설파해왔다.

그러면 에가미의 기마민족설은 그의 주장처럼 과연 역사적 사실을 반영한 것인가?

상상력이 만들어낸 기마민족설

먼저 에가미가 진왕정권의 근거로 들고 있는 『삼국지』 위서동이전의 기사를 살펴보자.

"(변진) 12국(國)은 진왕(辰王)에게 신속(臣屬)되어 있다. 진왕은 항상 마한 사람으로 왕을 삼아 대대로 세습하였으며, 진왕이 자립하여 왕이 되지는 못하였다."

이 기록의 어디에서도 에가미의 주장처럼 기마민족이 세운 강력한 정복왕조를 시사하는 부분을 찾을 수가 없다. 오히려 진왕은 마한 출신으로서 단독왕조를 유지할 만한 힘조차 없는, 마한에 예속된 존재였다고 해석해야 마땅하다.

진수는 이 사실을 기록하며 『삼국지』에, "그들은 (외지에서) 옮겨 온 사람들이 분명하기 때문에 마한의 제재를 받는 것이다."는 배송지(裴松之)의 『위략』 주석을 인용하고 있다. 이 주석을 보아도 이들은 에가미의 주장처럼 강력한 진왕정권이 아니라 마한의 통제 아래 있는 미약한 존재였음을 알 수 있다.

또 『삼국지』에는 진한의 노인들이 "진(秦)나라의 고역(苦役)을 피하여 한국(韓國)으로 왔는데, 마한이 동쪽 땅을 분할해주었다."고 말했다는 기사가 있다. 이는 진왕정권이 중국 북방의 유목민족이 아니라 중국 진나라나 그 주변 출신들이 세운 것임을 말해준다.

이렇게 에가미의 기마민족설은 역사적 상상력이 만들어낸 허구에 불과하지만, 한반도 남부와 일본열도에서 4~5세기경의 기마와 관련된 유물이 출토되는 근래의 현상에 대해서는 설명이 필요하다. 마구(馬具)와 같은 기마 관련 유물에 대한 해석 여부가 기마민족설의 진위를 가르는 기준이 될 것이기 때문이다. 즉 이들 기마 관련 유물을 민족의 이동과 정복의 결과로 파악해야 하는가, 아니면 기마민족과 접촉한 결과물로 해석해야 하는가의 문제다.

에가미는 일본 고고학계의 고분문화의 편년(編年)이나 고분의 출토 유물을 기마민족설을 입증하는 결정적인 근거로 삼았지만, 최근 일본 고고학계는 일반적으로 일본의 기마 풍습이 5세기 이전까지는 올라가지 않은 것으로 보고 있다. 즉 일본 고고학계의 연구성과는 3~4세기경에 기마민족이 일본을 정복하였다는 에가미의 기마민족설을 상상 속에서 구축된 허구로 만들고 있다.

　기마민족설의 또 다른 핵심내용인 오우진 천황의 한반도 출병설 또한 현재 일본 역사학계의 연구 결과에 따라 그 근거를 상실하고 있다. 현재 일본학계는 통일된 국가권력, 즉 야마토정권의 수립 시기를 6세기 말로 보는 것이 통설인데, 일부 학자들이 제기한 7세기 말이라는 주장이 점차 설득력을 얻어가고 있다. 이는 다시 말해 6세기 말에서 7세기 말 이전에는 한반도에 대규모 병력을 파견할 정치 세력이 일본열도 내에 존재하지 못했음을 의미한다. 따라서 오우진 천황의 한반도 출병설은 신빙성이 거의 없다고 할 수 있다.

　실제 6세기 때의 것으로 추정되는 일본의 토용(土俑)과 고분 그림에 나오는 배는 노 젓는 작은 배일 따름이다. 이는 4세기의 일본열도에서는 많은 기마와 병력을 싣고 대한해협을 건널 만한 배를 축조할 수 없었음을 보여준다. 따라서 4세기의 일본에는 가야를 점령하여 지배할 만한 어떠한 세력도 없었고, 백제와 신라를 압도하여 이들 국가에 강력한 영향력을 행사할 만한 세력은 더더욱 존재할 수 없었던 것이다. 결국 야마토정권의 오우진 천황이 한·왜 연합왕국의 주도자였다는 것도 허구에 불과한 것이다.

　에가미의 기마민족설은 그 표현에도 문제가 있다. '기마민족'이라는 말의 사전적 의미는 '말을 타는 민족'을 뜻하지만 말을 교통수단으로 사용하는 것은 상당히 오래 전부터 있어온 여러 민족의 공통된 습속이기 때문에 단순히 말을 타는 민족을 기마민족이라고 할 수는 없다. 그가 말하는 기마민족은 유라시아 초원지대에 살았던 유목민족을 연상케 하는데, 이를 3세기 중엽 한반도 남부의 기마습속과 동일시할 수는 없다. 한국이나 중국측 문헌에 따르면, 삼국시대 초기부터 나타나는 기마관계 기사는 국가의 군사조직을 의미하는 것이지, 유목민족 그 자체를 지칭하는 말은 아니었기 때문이다. 천관우 교수의 지적처럼, 3세기 중엽 한반도 남부에 '기마민족' 적인 것이 있었다고 해도 그것은 구체적으로 '기병단(騎兵團)을 보유한 농경민족단' 또는 '농경민사회를 토대로 하여 조직된 기병단'을 가리키는 것이 된다. 그 연장선상에서 에가미가 말하는 일본열도를 정복한 민족 또한 결코 유라시아 유목민 계통의 기마민족이 될 수는 없는 것이다.

요컨대 에가미의 기마민족설은 어떠한 문헌적·고고학적 근거도 갖추지 못한 역사적 상상력을 발휘해 만들어낸 허구적 산물에 지나지 않는다.

한국판 기마민족설의 허구
|『삼국사기』불신론의 극단적 산물|

앞서 언급했듯이 에가미의 기마민족설은 일본뿐 아니라 한국에도 커다란 충격을 주었다. 식민지 시대에 대한 보상 심리 때문이었는지는 몰라도 에가미의 기마민족설에 영향을 받은 한국학계의 일각에서도 천황가의 뿌리가 백제 혹은 가야 등에서 기원했다는 변형된 기마민족설, 즉 한국판 기마민족설을 간헐적으로 주창해왔다.

한국판 기마민족설의 대두

1990년대에 들어와 에가미설의 아류인 한국판 기마민족설이 본격적으로 제기되었는데, 이른바 '부여족 남하설'도 그중 하나이다. 부여족 남하설이란 3세기 말경 북방의 부여족이 김해 지역을 점령하여 금관가야를 건국하였다는 주장이다. 이를 주장하는 학자들은 대성동고분군과 동래 복천동고분군 가운데 3세기 말에서 5세기 초에 걸쳐 조성된 것으로 추정되는 구릉 정상부의 목곽묘(木槨墓, 덧널무덤)에 주목한다. 주장의 요지는 이렇다.

대성동고분군과 복천동고분군이 성립되기 이전에 이곳은 각각 『삼국지』 위서동이전의 변진조에 보이는 구야국(狗邪國)과 독로국(瀆盧國)의 중심부였는데, 이곳에서는 3세기 말 도질토기의 출현을 계기로 이전 시기와 커다란 획을 그을 수 있는 일대변화가 일어났다. 도질토기는 한반도 남부의 독특한 토기문화로 낙동강 하구 김해와 동래에서 가장 먼저 출토되고 있는데, 이와 더불어 철제 갑주류·마구류 및 오르도스(Ordos)형 동복(銅鍑)과, 사람과 말을 희생시키는 행위, 칼과 창 등 무기를 구부려서 무덤 속에 부장하는 것 등의 북방 유목민족 특유의 습속이 동시에 나타나고 있는 것이다.

부여족 남하설 논자들은 철제 갑주류 중 몽고발형주〔蒙古鉢形胄〕[*]와 찰갑(札甲)[**]에 대해 북방 유목민족이 말을 탈 때 쓰는 투구와 갑옷으로서 전형적인 북방문화를 대표한다고 설명한다. 또한 마구류 중 재갈과 고삐는 중국 동북지역의 동호계(선비계)에서 사용되던 것으로서 대표적인 북방문물로 본다. 이들은 도질토기의 출현을 계기로 나타나는 이런 철제 갑주류와 마구류가, 이때부터 낙동강 하류 중심의 사회가 역동적·무장적 분위기로 돌변하였음을 웅변한다고 설명한다.

또한 이들 북방계 문물은 주로 부여의 주된 묘제인 목곽묘에 묻혀 있는데, 이 묘제가 3세기 말 김해에 돌연히 나타나던서 의도적으

---

[*] 가늘고 긴 철판을 이어 만든 투구로 주체(冑體)와 반원형의 복발(覆鉢), 볼가리개와 수미부(首尾部)로 구성되었다. 종장판투구〔縱長板胄〕.
[**] 비늘갑옷. 비늘갑옷이란 일정한 크기의 작은 철판을 횡으로 이어 고정시키고 이들을 다시 종으로 연결하여 상하 유동성을 가지도록 한 갑옷으로 괘갑(掛甲)이라고도 부른다.

오르도스형 동복 중국의 오르도스 지역에서 출토된 초원민족의 구리솥. 지리상 오르도스 지역은 중국북부의 황하가 U자형으로 굽은 지역의 황토지역을 말한다.

로 먼저 조성된 분묘를 파괴하고 있다는 것이다. 이런 선행분묘의 파괴는 김해를 중심으로 한 낙동강 하류 지역에 한정된 특이한 현상으로 외부문화의 유입이나 충격에 의한 것으로 설명될 수 없고 특정 민족, 즉 부여족의 이동에 의해서만 가능한 일이라고 주장한다.

특히 이들은 북방민족이 도래한 결정적인 자료로 대성동 유적과 양동리 유적에서 출토된 3점의 오르도스형 동복을 들고 있는데, 세부 형태나 기법상에서 부여의 중심지였던 찌린썽 북부 지역의 출토품과 유사하다고 주장한다. 이 동복은 북방민족들이 사용하던 취사도구의 일종인데, 북방민족은 목축을 하면서 물과 풀을 따라 옮겨 다녔기 때문에 양 귀에 끈을 꿰어 말안장에 매달 수 있는 이동식 솥인 이 동복을 사용하였다는 것이다.

따라서 북방 유목민족적 문물·습속·묘제를 특징으로 하는 고분들이 김해 대성동고분군에 나타나는 현상으로 보아, 김해 지역에서 금관가야를 건국한 세력은 부여계 기마민족이라는 것이다. 또 이들은 부여계 기마민족의 가야 진출이 『통전(通典)』 부여전의 태강 6년(285) 기사와 밀접한 관련이 있다고 한다. 285년에 모용선비의 공격을 받아 부여는 파국에 이르고 그 일파가 장백산맥을 넘어 북옥저가 있던 지금의 두만강 하류 지역까지 이동해왔는데, 그들이 다시금 동해안 해로를 이용하여 김해 지역에 정착하였다는 것이다. 이들 논자는 이 해로를 『삼국지』 위서동이전 변진조의 철관계 기사

를 근거로 예와 구야국 간의 교역로일 것이라고 추정한다.

한편 경주분지에는 4세기 전반기부터 기존의 토광목곽묘(土壙木槨墓)와는 완전히 다른 적석목곽묘(積石木槨墓, 돌무지덧널무덤)라는 새로운 묘제가 출현하는데, 이를 근거로 기마민족 신라정복설도 제기되고 있다. 이 적석목곽묘는 한반도 안에서는 경주분지에만 존재하고 있고 4세기 전반기에 갑자기 나타나 6세기 초엽까지 축조되었는데, 그 대표 고분들은 우리에게 친숙한 금관총, 천마총, 황남대총 등이다. 무덤의 주인은 물론 당시 신라 왕족과 귀족들이다.

이와 기본구조가 같은 고분들이 중앙아시아 지방에 널리 분포되어 있는데, 중앙아시아의 적석목곽묘는 기마민족의 문화유산이다. 그리고 신라 적석목곽묘에서 출토된 대표적 부장품인 금관을 비롯한 귀금속공예품, 풍부한 각종 기마구(騎馬具)와 찰갑은 북방아시아에서 유래된 유물이고 이전의 토광목곽묘에서는 전혀 출토되지 않았던 것들이다.

이를 근거로, 기마민족 신라정복설을 주장하는 논자들은 신라의 적석목곽묘가 그 구조나 부장유물로 보아 이전 시기의 토광목곽묘와는 판이한 단절적 성격을 가지고 있다고 규정한다. 즉 토광목곽묘가 농경문화적·보병적인 데 비하여 적석목곽묘는 기본적으로 북방아시아적·기마문화적인 성격을 띤다는 것이다. 그리고 이것이 바로 문화교류나 접촉에 의해서가 아닌 기마민족이 신라에 직접 도래했다는 결정적인 근거가 된다고 주장한다. 즉 신라에 적석목곽분이 출현한 것은 3세기 말~4세기 초부터 일어난 동아시아 기마민족의 대이동 중에 한 분파가 밀려온 증거라는 것이다. 요컨대 이들은 경주분지의 적석목곽묘를 신라가 기마민족에 의해 정복되었다는 결정적인 근거로 내세운다.

또한 신라에서 적석목곽묘가 축조된 시기는 최고지배자가 마립간(麻立干)으로 불리던 마립간시대였는데, 이 시기는 석씨왕계가 끝나고 김씨 세습왕조의 등장과 더불어 신라가 낙랑강 동쪽지방으로 급속히 팽창하였던 때이기도 하다. 논자들은 이 역시도 기마민족이 신라를 정복한 결과라고 주장한다.

한국판 기마민족설의 문제점

부여족 남하설이든, 기마민족 신라정복설이든 이른바 한국판 기마민족설의 근복적인 한계는 무덤형태의 변화나 유물을 근거로 지배세력이 교체되었다고 주장하는 데에 있다. 에가미가 고분문화의 급격한 변화를 기마민족의 정복에 의한 결과로 이해한 것처럼, 부여족 남하설 논자들도 북방의 유목민족적 문물·습속·묘제를 특징으로 하는 무덤이 김해에 나타나 선행분묘를 파괴하고 있는 것을 특정 민족의 이동에 의해서만 가능한 일이라고 본다. 그러나 선행묘를 파괴하고 그곳에 새로운 묘를 조성하는 행위를 고고학적으로 특정 민족의 도래와 정복으로 해석해야 할지는 다시 한 번 생각해봐야 한다. 경주분지 적석목곽묘의 출현을 근거로 기마민족 신라정복설을 제기한 논리도 마찬가지다.

가령 지난 1970년대 초반에 발굴된 백제 무령왕릉이나 무령왕릉 옆에 있는 송산리 6호분은 이전 시기와 다른 전축분(塼築墳, 벽돌무덤)이다. 전축분은 서울 석촌동에 남아 있는 적석총(積石塚, 돌무지무덤)과는 그 형식이 완전히 다르며, 중국 남조의 형식에 따른다. 이런 현상을 부여족 남하설 논자들식대로 해석하면, 이 시기에 중국 남조의 어느 한 세력이 기존 백제세력을 정복하고 새로운 왕조를 세웠다고 보아야 한다. 그러나 백제의 최고지배층이 5세기 후반에 공주로 천도한 후 중국 남조의 영향을 받아 한동안 전축분을 사용했다는 것은 고고학계에서 반론이 전혀 없는 정설로 통한다. 또한 그들의 논리대로라면 신라에도 문무왕의 죽음과 함께 새로운 왕조가 등장해야 한다. 신라왕실은 문무왕의 유언대로 그 유해를 화장하고 왕릉조차 만들지 않았기 때문이다. 이처럼 목곽묘나 적석목곽묘의 출현이 한국판 기마민족설의 정당성을 뒷받침해주는 근거가 될 수 없음은 분명하다.

대성동고분군에 대한 1, 2차 발굴조사에서만 토기류·무기류·장신구 등 각종 유물이 1천수백 점이나 출토되었다. 그중 일부가 부여계통과 유사하다고 해서 부여족 남하설을 주장하는 것은 지나친 논리의 비약이다.

그런데 이들 논자는 대성동고분군에서 출토된 왜계유물인 파형동기(巴形銅器), 통형동기(筒形銅器), 벽옥제품류(碧玉製品類) 등에 대해 일본 고분시대 전기 수장들의 특수물품으로 왜의 수장이 가야의 철을 수입하기 위해 교역품의 하나로 가져왔다고 설명한다. 그러나 그들의 주장대로라면 가야 지역에서 왜계 유물이 출토되는 것은 왜가 가야를 정복한 결과로 보아야 한다. 이처럼 한국판 기마민족설을 주장하는 학자들은 문화양상의 변화를, 어떤 경우에는 정복에 따른 결과로, 어떤 경우에는 교류 현상으로 자의적으로 해석하는 근본적인 한계점을 지니고 있다.

한편 경주의 적석목곽묘에서도 다른 종류의 묘제보다 상대적으로 많은 유물이 출토되었다. 종류도 다양하여 금·금동·은 등의 귀금속공예품을 비롯한 각종 장신구, 환도대두를 위시한 도검류, 무구류, 토기류, 농구류, 식기류 등 당시 일상생활에 필요한 거의 모든 도구와 용품을 망라하고 있다. 하지만 이들 유물은 양식이나 재료면에서 고구려·백제·가야 등 당시의 주변 나라와 거의 비슷하다. 이로 보아 적석목곽묘에서 출토된 유물들은 기마민족의 도래설을 입증하는 것이 아니라 오히려 부정하는 증거가 된다.

이처럼 우리 학계 일각에서 새롭게 제기되는 한국판 기마민족설의 문제는 지나칠 정도로 고고학적 유물과 유적의 유사성에서 그 근거를 찾으려고 한다는 것이다. 물론 고고학적 자료를 토대로 고

황남대총에서 출토된 금잔

식리총에서 출토된 금동신발

대사를 이해하려는 방법론은 문헌자료의 결핍에서 오는 역사의 공백을 메워주는 순기능적인 면도 있다. 하지만 그 이상으로 집착하게 되면 오히려 역사적 사실과 동떨어진 왜곡된 역사상을 창출하게 된다.

결국 이들 기마 관련 유물을 민족의 이동과 정복의 결과로 파악해야 하는가, 아니면 기마민족과 접촉한 결과물로 해석해야 하는가 하는 것이 문제다.

20세기 초를 풍미한 '문화전파론'은 서로 다른 두 문화 사이에 나타나는 유사성을 곧 주민의 대규모 이동이나 정복의 결과로 보았다. 이 이론은 유럽 자본주의 세력이 아시아·아프리카 지역에 발전된 문명을 세례한다는 제국주의 시대의 분위기를 반영한 것일 뿐, 사실에 있어서는 주민의 이동이나 정복보다는 상호 교류를 통해 문화의 유사성이 나타나는 경우가 훨씬 더 많았다.

한 사회가 발전하는 데 있어서 주변 지역과의 다양한 문화 교류
는 필연적이며 더구나 선진적 위치에 있는 문화가 후진 지역으로
전파되는 것 역시 일반적인 현상이다. 그러나 문화의 전파는 대개
토착문화의 기반 위에서 점진적으로 형성된다. 가령 고대 한반도
삼국의 문화도 삼한사회란 기층 문화 위에서 형성되었다는 점에 주
목해야 할 것이다.

요컨대 부여족 남하설이든 기마민족 신라정복설이든 한국판 기
마민족설은 에가미의 기마민족설처럼 어떠한 문헌적 · 고고학적 근
거도 갖추지 못한, 단지 상상력을 발휘하여 만들어낸 허구적 산물
그 자체에 불과하다.

19

천 년 전 경주의 인구가 지금의 네 배?
|인구 백만 명의 국제도시 경주와 해상왕 장보고|

산업화가 진전되기 전인 1962년 경주시의 인구는 7만 6천여 명 정도였다. 그런데 그보다 1천 년도 훨씬 전인 통일신라 때의 경주 인구가 1백만여 명이었다고 주장한다면 쉽게 수긍하기 어려울 것이다. 하지만 이런 사실을 입증해주는 기록이 한국고대사 연구의 기본 텍스트인 『삼국유사』에 나온다.

"신라의 전성시대에 수도 안 호수(戶數)가 17만 8천9백36호이다."

『삼국유사』 진한(辰韓)조

이 기록에 따르면 경주 인구수는 한 가구당 대여섯 명만 쳐도 1백만여 명이나 된다. 현재 학계에서는 고대국가의 수도 인구 치고 너무 많다고 하여 이 기록을 도저히 믿을 수 없다고 의심하고 있다. 가령 조선시대의 수도인 한양 인구와 비교해보면 증감을 계속하던 한양 인구가 20만 명을 넘은 시기는 숙종 43년(1717)이었다.

그래서 위의 『삼국유사』의 기사 중 '호(戶)'를 '구(口)'의 오자(誤字)로 파악하여 통일신라 때에 경주 인구를 18만 명 정도로 해석하

왕경유적 천년 고도(古都) 경주의 역사와 문화를 고스란히 담고 있는 유적

는 것이 학계의 통설이다.

그러나 같은 책인 『삼국유사』 염불사(念佛師)조에 "〔경주는〕 360방 (坊)에 17만 호이다."라는 기사가 다시 나오는데 이는 구(口)를 호 (戶)로 잘못 썼다는 그간의 해석이, 고대국가 수도의 인구가 그렇게 많을 수 없다는 선입견에 입각한 오해임을 시사한다. 또한 전통시 대 국가에서 인구를 파악할 때는 세금을 걷는 수취(收取) 단위인 호 를 기본단위로 삼기 때문에 '호'가 '구'의 오자라는 견해는 설득력 이 거의 없다.

『삼국유사』는 이 기사에서뿐 아니라 고구려와 백제 인구와 관련 된 기사에서도 모두 '호'로 표기하고 있다. 『삼국사기』도 마찬가지다. 예컨대 『삼국사기』 고구려본기 보장왕 27년조에는 "〔고구려는〕 5부 176성에 69만여 호이다."라고 기록되어 있고, 백제본기 의자왕 20년조에는 "백제는 원래 5부 37군 2백 성에 76만 호였다."라고 적고 있다.

그러면 통일신라 때 경주의 인구가 1백만여 명이 될 수 있었던 까닭은 무엇일까? 가장 큰 이유는 통일신라의 활발한 국제교역 때문이었다. 통일 후의 신라는 영토가 넓어진 것보다 활발한 국제교역의 길이 열렸다는 것이 더 큰 변화였다. 한반도 동남부 변두리에 위치해 있던 신라는 통일기 이전에는 중국과의 조공관계도 고구려나 백제의 도움을 받아야 맺을 수 있었다. 당시 신라는 국제무역의 교역권 밖에 머물러 있었던 것이다. 하지만 삼국을 통합한 후 신라의 국제무역은 비약적으로 발전하였다. 그 단적인 사례가 신라방(新羅坊)의 존재였다.

국제무역의 주역 신라방과 장보고

8세기 무렵부터 신라인들은 동아시아 3국 간의 교역뿐 아니라 동서해상무역에도 포섭되었다. 당시 아라비아 · 페르시아 상인들은 남해항로(南海航路), 이른바 '향약(香藥)의 길'이라고 불리는 바닷길을 통하여 중국 남부의 광주(廣州), 양주(揚州) 그리고 신라에까지 내항하고 있었다. 통일 후에는 신라 무역업자들도 자연스레 이 교역에 참여하게 되었다.

이들의 해상활동을 가능하게 한 것이 바로 중국의 동 · 남쪽 연안

중국 임해의 신라방

과 대운하 변에 산재하고 있던 신라방이었다. 신라인들은 산동반도의 등주(登州), 양자강구와 장안(長安), 낙양(洛陽)을 연결하는 대운하에 인접해 있는 초주(楚州)·사주(泗州)와 같은 상업경제의 요지에 자국민 거류지인 신라방을 형성하였다. 신라방에서는 일종의 자치가 이루어지고 있었으며, 이들은 중국 내의 교역뿐 아니라 신라·중국·일본의 동아시아 3국을 잇는 삼각무역에도 참여하여 세계무역의 일익을 담당하고 있었다.

이런 사정은 일본의 구법승 엔닌〔圓仁〕의 『입당구법순례행기(入唐求法巡禮行記)』에서 확인할 수 있다. 엔닌은 838년 7월부터 847년 초겨울까지 9년 반 동안이나 중국의 동해안 일대 및 내륙 등지를 여행하면서 상세한 일기를 남겼는데, 그 일기에 등장하는 인물의 반 이상이 신라인들이다. 현재 엔닌의 일기를 통해 당시 중국에 있던 신라인 거주지의 분포나 조직, 신라인의 활동 등을 생생하게 밝힐 수 있게 되었다.

한편 당시 신라가 동아시아 무역의 중심국가로 부상하는 데 주요한 역할을 담당한 인물이 바로 해상왕 장보고(張保皐)이다. 그가 청해진(淸海鎭)을 설치하여 동아시아 교역을 독점한 것은 잘 알려진 사실이다. 장보고는 중국 내 경제적 요충지에 자리 잡고 있던 신라

적산법화원의 장보고 초상

적산에 세워진 장보고 동상

인들을 체계적으로 편제하고자 하였는데 그의 이 계획은 중국 내 각 지역에 신라방을 설치하는 것으로 본격화되었다가 흥덕왕 3년 (828) 완도에 청해진을 설치함으로써 완결되었다. 장보고의 활동을 기반으로 하여 신라는 신라·중국·일본 3국 간의 무역뿐 아니라 서방세계와의 중개무역도 독점하여 동아시아 국제무역의 패권을 장악하였다.

이에 따라 국내 수공업과 상업도 발전하여 국가 주도로 경주에 시전(市典)이 증설되었다. 시전은 소지왕 12년(490) 사방의 재화를 유통시키기 위해 시사(市肆)를 둔 것에서 비롯되었다. 지증왕 10년 (509)에 동시전을 개설하고 삼국통합 후 효소왕 4년(695)에 서시전 과 남시전을 새로 설치하였다. 이들 시전에는 관리를 파견하여 재화의 교역과 도량형의 진위 판별 등을 담당하게 하였는데, 동·서·남 시전에는 각각 감(監, 2명)·대사(大舍, 2명)·서생(書生, 2명)·사(史, 4명)를 배치하여 경주의 시전 업무를 담당하게 하였다. 이는 신라의 여타 관부나 당나라에서 시장을 관리하던 양경제시서(兩京諸市署)의 인원과 비교해도 결코 적은 수가 아니었다.

이러한 상업 발달의 토대는 당시의 사회 발전 정도로 유추해볼 때 수공업이 주축이겠지만 현존하는 기록이 부족하여 구체적인 실 상은 알 수 없다. 다만 중국에 보낸 조공품목을 보면 8세기 이전에 는 금·은·동·인삼·해표피 등 1차 가공품이 주류를 이루고 있었 는데 9세기 이후에는 직물류와 금속가공품의 경우도 품목이 점차 다양해지고 심지어는 불경과 불상도 당나라에 보낼 정도였다. 이처 럼 국제무역과 국내 수공업 및 상업이 발달함에 따라 수도 경주 인 구가 폭발적으로 증가한 것은 당연한 현상이었다.

로만글래스 동서교류의 증거가 되고 있는 것으로 신라왕들의 무덤에서 출토되었다.

혹자는 아무리 그렇다고 해도 조선시대 한양의 인구보다 통일신라 경주의 인구가 더 많을 수 있느냐고 문제를 제기한다. 하지만 이는 행정도시와 국제무역도시의 성격을 구별하지 못한 데서 비롯된 선입견일 뿐이다. 조선시대 한양이 온전한 행정도시였던 것과 달리 경주는 행정의 중심이면서 오늘날의 대도시처럼 인구와 부가 집중된 소비향락적인 국제무역도시였기 때문에 인구가 훨씬 많을 수밖에 없었던 것이다.

광역도시 경주

실제로 통일기 경주는 마치 오늘날의 대도시처럼 광역화되어 있었기 때문에, 당시 경주의 인구가 1백만 명이 넘었다는 사실은 결코 추측에 불과한 것이 아니다. 『삼국유사』 처용랑 망해사(處容郞望海寺)조를 통해 경주의 대도시적 풍경을 짐작해볼 수 있다.

"제49대 헌강대왕 시대에 경사(京師, 경주)로부터 〔동해〕 바닷가에 이르기까지 집들이 총총 들어섰지만 초가집은 한 채도 볼 수 없었고 길거리에서는 음악소리가 그치지 않았으며 사철의 비바람도 순조로웠다."

이 기사는 마치 서울에서 경인선 전철을 타고 인천을 향해 가면서 철로변을 따라 빈 공간도 없이 연이어 자리 잡고 있는 크고 작은 건축물을 바라보는 느낌을 줄 정도로 광역화된 경주의 모습을 보여주고 있다.

『삼국유사』 사절유택(四節遊宅)조의 "제49대 헌강대왕 때에는 (경주) 성 중에는 초가집이 한 채도 없었고 추녀가 맞붙고 담장이 연이어져 있으며 노래와 풍류소리가 길에 가득 차서 밤낮 그치지 않았다."는 기사도 마찬가지다.

『삼국사기』 헌강왕 6년조의 기사도 이러한 경주의 발전상을 기록하고 있다.

"왕이 측근 신하들을 데리고 월상루(月上樓)에 올라가 사방을 바라보니 서울 주민들의 집이 연이어 있고 노래와 풍악소리가 그치지 않았다. 왕이 시중 민공(敏恭)을 돌아보며 '짐이 들으니 지금 민간에서는 집을 기와로 잇고 짚으로 잇지 않으며 밥을 숯으로 짓고 나무로

짓지 않는다고 하는데 과연 그러한가.' 라고 물었다. 민공이 대답하기
를 '저도 일찍이 그러하다는 사실을 들었습니다.' 라고 하였다.”

이처럼 이들 기록은 당시 국제무역도시로서 흥성했던 경주의 모
습을 생생하게 증언해주고 있다.

경주의 아랍인들

국제도시인 경주에는 중국인과 일본인은 물론, 당시 동서무역의
주역인 아랍인들도 활동하고 있었다. 한국측 문헌에는 아랍인들이
신라에 정착해 활동했다는 기록이 없지만 아랍권에는 남아 있다.
이슬람제국의 전성기에 활약한 역사학자이자 지리학자인 알 마스
오디(Al-Masaudi, ?~965)가 신라에 대한
기록을 남긴 인물이다. 그는 실제로 바그
다드를 떠나 페르시아만을 경유해 인도
각지를 둘러본 다음 중국 남해안까지 여
행하는 등 이슬람 주변세계 각지를 다녀
본 경험이 있었다. 알 마스오디는 자신의
여행견문록이자 역사서인 『황금초원과 보
석광(寶石鑛)』에 이렇게 기술하였다.

토용(서역인)

“바다를 따라가면 중국 다음에는 신라
국과 그에 속한 도서(島嶼)를 제외하고는

알려졌거나 기술된 왕국이 없다. 신라국에 간 이라크 사람이나 다른 나라 사람은 공기가 맑고 물이 좋고 토지가 비옥하며, 또 자원이 풍부하고 보석이 일품이기 때문에 극히 소수의 사람을 제외하고는 그곳을 떠나지 않았다."

이로 보아 분명 신라를 떠나지 않고 정착한 아랍인이 있었음을 알 수 있다.

또한 알 마스오디보다 앞선 시기에 활동한 아랍 지리학자 이븐 쿠르다지바(Ibn Khurdadhibah, 820~912)도 자신의 저서 『도로 및 왕국 총람』에 "중국의 맨 끝에 있는, 금이 많은 신라라고 하는 나라에 들어간 무슬림은 이 나라의 훌륭함 때문에 정착하였으며 절대로 떠나지 않았다."고 하여, 많은 아랍인이 신라에 정착한 사실을 기록하였다. 이들 아랍측 기록은 신라에 아랍인들이 정착해 살았음을 말해주는 명백한 증거다.

한국측에는 아랍인의 정착 사실을 알려주는 문헌자료가 없다. 다만 경주 괘릉의 무인석(武人石)은 신라인과 전혀 다른 모습의 사람들이 신라에 있었음을 보여준다. 우람한 체격에 높은 코, 파마를 한 듯한 턱수염, 곱슬머리 등은 아랍인의 형상과 아주 비슷한데, 이러한 무인석이 무덤의 호석(護石)으로까지 등장하는 것은 그 주인공이 신라에 정착해 살았음을 말해주는 것이다.

또한 『삼국사기』에는 신분에 따라 사용할 수 없는 고급 물품들의 목록이 나오는데 여기에는 에메랄드, 알로에, 페르시아산 카펫 같은 많은 서역제품이 들어 있다. 이 물품들은 장보고 같은 국제무역상에 의해 간접 수입된 것일 수도 있으나, 앞의 아랍측 문헌들에서

경주 괘릉의 서역인의 형상을 한 무인석과 문인석

알 수 있듯이 아랍 상인들에 의해 직접 수입된 것도 있을 것이다. 이런 물품들의 존재는 아랍인과 같은 외국인들이 국제도시인 경주에 정착해 활동했다는 사실을 간접적으로나마 확인해주고 있다.

요컨대 국제도시로 성장한 경주의 모습은 온전한 행정도시인 조선시대 한양과는 전혀 달랐다. 즉 통일신라기 경주는 행정의 중심이면서 오늘날의 대도시처럼 인구와 부가 집중된 소비향락적인 국제무역도시였다. 때문에 당시 경주에는 무려 1백만여 명의 인구가 살 수 있었던 것이다.

참고문헌

『계동록(啓東錄)』, 『고사기(古事記)』, 『남사(南史)』, 『남제서(南齊書)』, 『도로 및 왕국 총람』, 『문헌통고(文獻通考)』, 『북사(北史)』, 『삼국사기(三國史記)』, 『삼국유사(三國遺事)』, 『삼국지(三國志)』, 『송서(宋書)』, 『양서(梁書)』, 『위략(魏略)』, 『일본서기(日本書紀)』, 『입당구법순례행기(入唐求法巡禮行記)』, 『자치통감(資治通鑑)』, 『진서(晉書)』, 『통전(通典)』, 『황금초원과 보석광(寶石鑛)』

1) 江上波夫, 『기마민족국가』, 1967.

2) 강종훈, 「백제 대륙진출설의 제문제」, 『한국고대사논총』 4, 1992.

3) 김기웅, 「고고학상으로 본 기마민족동래설과 가야문제」, 『가야문화』 11, 1988.

4) 김정배, 「한국에 있어서의 기마민족 문제」, 『역사학보』 75 · 76, 1977.

5) 노태돈, 「5세기 금석문에 보이는 고구려인의 천하관」, 『한국사론』 9, 1988.

6) 노태돈, 「기마민족일본열도정복설에 대하여」, 『한국학보』 5, 1976.

7) 신경철, 「낙동강 하류에 꽃핀 가야문화-김해 대성동고분군에 보이는 북방문화 요소-」, 『역사산책』 1991년 7월호.

8) 양기석, 「4-5세기 고구려 왕자의 천하관에 대하여」, 『호서사학』 11, 1983.

9) 여호규, 「백제의 요서진출설 재검토」, 『진단학보』 91, 2001.

10) 정수일, 『신라 · 서역 교류사』, 단국대출판부, 1995.

11) 천관우, 「한국사에서 본 기마민족설」, 『독서생활』 1976년 11-12월호.

12) 최광식 등, 『해상왕 장보고, 그는 누구인가』, 해상왕장보고기념사업회, 2002.

13) 최병현, 『신라고분연구』, 일지사, 1992.

각국의 표상

20

고분벽화의 최고봉, 고구려

　무덤 내부의 묘실(墓室) 벽을 장식한 고분벽화가 가장 성행한 나라는 고구려였다. 현재까지 알려진 고구려의 고분벽화가 90여 종에 이르는 것으로 보아, 고구려인은 고분에 벽화를 남기는 일을 중요하게 여겼음을 알 수 있다. 물론 백제인이나 신라인, 가야인도 고분 내부에 벽화를 남기기는 했지만 그 수가 적고, 그림의 종류도 다양하지 않다. 고분벽화를 그리는 전통은 통일신라·발해·고려·조선시대까지도 미미하게나마 남아 있었다.

　그러나 양적으로나 질적으로 가장 괄목할 만한 고분벽화를 남긴 것은 역시 고구려인이었다. 물론 고구려인들이 벽화만 그린 것은 아니다. 벽화 이외에도 많은 그림들을 그렸을 테지만, 지상에 존재하였던 그림들은 모두 없어지고 오직 무덤 내부에 그려진 벽화만이 전해지고 있다.

고분벽화를 그린 까닭은

고구려인이 무덤 내부에 벽화를 남겨놓은 것은 죽어서도 살았을 때와 같은 호화로운 생활이 계속되기를 바랐기 때문이다. 고분에 벽화를 남기면 죽은 다음에 펼쳐질 사후의 세계에서도 생전과 같은 생활을 누릴 수 있다는 신앙이 있었던 것이다.

고구려의 고분벽화는 주제가 풍부하고 다양하여 현실 세계의 갖가지 생활상과 사후 세계까지 자유자재로 표현하고 있으며, 기술적 수준이 대단히 높아 고구려인의 창조력과 예술적 감각을 한눈에 볼 수 있는 걸작품이다. 또한 벽화는 고구려의 문화를 이해할 수 있는 생생한 자료일 뿐 아니라 당시 동아시아의 판도를 읽을 수 있는 자료로서 관련국 학자들에게 관심의 초점이 되고 있다.

찌안 고구려떼무덤

덕흥리 고분벽화

예컨대 덕흥리 고분의 주인공 진(鎭)은 유주자사(幽州刺史)인데, 그를 중심으로 윗단에는 연군태수 등 6군의 태수를, 아랫단에는 북평태수 등 7군의 태수를 그린 13군 태수의 모습이 벽화로 남아 있다. 그리고 '그들이 유주자사인 주인공에게 인사를 하려고 왔을 때, 혹은 주(州)의 사업을 토의하러 왔을 때'라는 명문이 씌어 있다. 이 벽화에 나타난 태수들의 관할 지역을 근거로 4세기 말~5세기 초 고구려의 영역이 지금의 중국 허베이[河北]성과 산시[山西]성 일대에까지 이르렀다고 주장하는 견해가 제기되어 논란이 되고 있다. 물론 이런 주장은 주인공인 진이란 사람이 고구려인이라는 전제 하에 성립될 수 있다. 진은 영락 18년(408) 77세로 생을 마감한 인물이다. 하지만 진이 선비족이 세운 전연(前燕)에서 유주자사를 역임한 인물로서 고구려에 귀화한 망명객일 경우 이 벽화는 고구려의 판도와 관련하여 별다른 의미를 가지지 못한다.

현재까지 조사 보고된 고구려의 벽화고분은 약 90여 기(基)인데, 이들 고분들은 규모나 장식의 화려함으로 보아 왕족이나 귀족의 분묘로 추정된다. 고분들이 고구려의 수도였던 만주 찌안〔集安〕지역이나 대동강 유역에 자리하고 있는 것은 이러한 추정에 신빙성을 더한다.

압록강 중류 오른쪽에 위치한 찌안은 고구려 전기와 중기에 정치·경제·문화의 중심지였는데, 지금도 고구려의 도성유적이 남아 있다. 당시 고구려인이 남겨놓은 무덤의 수는 1만 3천여 기에 달하고, 이들 고분이 가장 밀집된 곳은 찌안 퉁꺼우〔通溝〕 일대로서 흔히 퉁꺼우고분군이라 부른다. 이 고분군 가운데 벽화가 발견된 무덤은 20여 기다. 고구려가 평양으로 천도한 후인, 후기 고구려의 중심지 대동강 유역에서는 70여 기의 고분벽화가 발견되었다.

이들 고분벽화의 정확한 연대는 알 수 없지만, 고분의 구조나 형식, 그리고 일부 명문(銘文)이 있는 고분을 통해 대략 3세기 말에서 7세기 중엽으로 추정하고 있다. 이 시기는 고구려가 통치체제를 완비하고 한국사에서 가장 광대한 영토를 지배하며 전성기를 구가했던 때이기도 하다. 당시 고구려는 대등한 입장에서 남북조부터 수당(隨唐)시대에 이르는 혼란기의 중국왕조와 교류하였고, 중국에서 각종 제도 및 유교·불교·도교를 받아들였다. 또한 중국과 국경을 맞대고 있는 지리적 이점을 이용해 중국의 선진문화를 수입하여 문화를 꽃피웠다. 그 실례가 바로 고분벽화에 나타난 회화의 수준이다.

고구려 벽화의 바탕은 크게 두 가지로 나눌 수 있다. 주로 초기에 그려진 춤무덤〔舞踊塚〕·씨름무덤〔角觝塚〕·세칸무덤〔三室塚〕과 같이 벽에 회를 발라 그 위에 그림을 그린 경우와, 다섯무덤·사신무덤〔四神塚〕처럼 잘 다듬은 돌 표면에 직접 그림을 그린 경우가 있었다. 후자는 모두 후기 벽화에 속한다.

벽화의 주제

벽화는 대개 묘 주인의 초상 및 부부상이나 가내생활·수렵·가무·씨름·행렬·불교행사 등 묘 주인의 생전에 기념할 만한 것들을 그린 생활풍속도였다. 또 동쪽의 청룡(靑龍), 서쪽의 백호(白虎),

각저도

무용도

남쪽의 주작(朱雀), 북쪽의 현무(玄武) 등 방위를 상징하는 수호신의 사신도(四神圖)가 그려져 있다. 천장에는 주로 일월(日月)·별자리·용·봉황·괴수(怪獸)·신선(神仙)·비천(飛天)·인동(忍冬)·연화(蓮花)·당초(唐草)·구름문 등 기타 장식 무늬가 매우 다양하게 그려져 있다.

벽화고분의 유형을 주제별로 분류하면 생활풍속도묘, 생활풍속과 사신도가 함께 그려진 생활풍속·사신도묘, 사신도묘로 구분할 수 있다. 현재 세 유형은 고분 구조와 더불어 고구려 벽화고분의 편년을 추정하는 데 기본 자료로 이용되고 있다.

주인공이 생전에 생활했던 모습이나 업적을 그린 생활풍속도는 주로 3세기 말에서 5세기 초에 그려졌는데, 생활풍속도 위주로 그려진 고분벽화는 45기 정도된다. 이들 벽화무덤은 내부 구조가 생전의 저택처럼 두 칸 또는 여러 칸으로 이루어져 있으며, 붉은색 안

사신_현무도

료를 이용해 각 방의 모서리와 벽에 기둥과 들보·두공 등 목조가
옥의 골조를 그려 넣어 주택처럼 꾸몄다.

벽화의 주제도 죽은 사람의 생전에 가장 인상적인 내용과 풍요로
운 생활 모습을 그려, 내세에서도 생전처럼 잘살기를 염원하는 마
음을 담았다. 그밖에 무덤 주인이 혼자 또는 부인과 함께 시종들의
시중을 받는 장면, 긴 행렬을 이끌고 야외에 나가는 모습, 연회를 즐
기며 노래하고 춤을 추는 장면 등이 주류를 이루고 있다.

그러다 5세기에 접어들면서 사신도가 생활풍속도와 함께 그려지
거나, 죽은 사람의 극락왕생을 바라는 마음이 담겨 있는 연꽃무늬
같은 장식 무늬가 많이 그려지게 된다. 이중 연꽃무늬는 주로 찌안
지역의 고분벽화에 많이 그려져 있다. 이로 보아 5세기에는 고구려
에 불교가 유행했으며, 찌안지역의 귀족 사이에서는 극락정토(極樂
淨土)에서 새로운 삶을 꿈꾸는 불교적 내세관이 성행했음을 알 수
있다.

사신도는 초기 고분벽화에서는 천장 부분에 조그맣게 그려지다
가 점차 벽의 위쪽과 아래쪽에 생활풍속도와 나뉘어 묘사된다. 그
후 6세기 중엽부터 7세기 중엽에는 고분벽화의 주된 주제가 되면서
널방〔현실(玄室)〕의 네 벽에 큰 그림으로 그려진다. 반면에 생활풍속
도는 점점 줄어들다가 끝내 사라지게 된다.

동서남북 4곳의 수호신인 사신은 모두 상상의 동물로서 그중 주
작은 때론 수탉으로 묘사되기도 하며, 현무는 거북과 뱀이 조화로
운 형상을 띠고 있는 모습으로 그려지기도 한다. 특히 후기 고분벽
화의 사신도는 매우 역동적이고 색채가 화려하여 예술적 가치가 매
우 높다.

사신도는 음양오행설에 바탕을 둔 풍수지리설이 고구려에 들어오면서 대개 방위와 방향에 맞춰 그려졌다. 따라서 두덤의 위치가 사신 모양의 지세가 아니거나 좋은 자리가 아닐 경우, 묘실 안에 사신을 그려넣게 되었다. 고구려인은 무덤을 영혼이 머무는 장소이자 저승으로 가기 위해 잠시 머무는 장소로 여겼는데, 사신이 무덤의 주인을 보호하고 저승 세계로 가는 길을 호위한다고 믿어 벽화 전면에 그렸던 것이다.

최고의 걸작, 장천1호분 벽화

고구려의 고분벽화 가운데 최고 걸작은 장천(長川)1호 무덤벽화이다. 이 벽화는 국립중앙박물관에 실물 크기 그대로 재현해놓았으므로 아쉬운 대로 그곳에서 감상할 수 있다. 현재 중국당국은 보호 차원에서 모든 고분벽화들을 봉쇄하였기 때문에 직접 무덤 안으로 들어가 벽화를 볼 수는 없다.

장천1호 무덤은 석실을 흙으로 덮은 봉토석실묘(封土石室墓)이다. 1970년에 공식적으로 발굴할 당시 이미 모두 도굴당해 유물은 남은 것이 없었으나 다행히 벽에 그려진 여러 가지 벽화는 비교적 잘 보전되어 있었다. 무덤은 널길[墓道], 앞방[前室], 이음길[甬道], 뒷방[後室] 넷으로 구성되어 있는데, 건조 시기는 5세기 말에서 6세기 초로 보고 있다.

이 고분에서 가장 빼어난 그림들은 모두 앞방에 있다. 앞방 서쪽 벽 양쪽에는 손에 무기를 든 실물 크기의 호위병이 한 명씩 그려져 있는데, 호위병까지 두고 살았던 사람이라면 무덤의 주인이 상당한 신분의 귀족이라는 것을 알 수 있다. 동쪽 벽 한가운데에는 뒷방으로 가는 복도인 이음길이 나 있다. 문 양쪽에는 두 손을 앞으로 모으고 서 있는 문지기가 각각 한 사람씩 있고, 입구 상단에서 천장이 닿는 곳까지는 연꽃이 그려져 있다. 남쪽에는 노래를 부르는 사람과 시종(侍從), 춤추는 장면을 그린 그림만 확인할 수 있고 대부분 훼손되었다. 춤추는 장면은 다른 벽화들의 그것보다 그림이 크고 사람 수도 가장 많은 것이 특색이다.

앞방 북쪽 벽의 그림은 고구려 벽화의 대표작으로 꼽힐 만큼 그 내용이 다양하다. 이 그림은 위아래로 구성되어 있는데 윗부분은 무덤의 주인이 손님들과 함께 나무 아래서 원숭이가 재주 부리는 것을 감상하는 모습 중심으로 그려져 있다. 원숭이놀이 장면의 왼쪽에 춤과 관계되는 장면이 두 군데 보이는 것은 생전에 무덤의 주인이 춤을 좋아했다는 증거다. 왼쪽 위 구석에는 두 사람이 씨름을 하고 있는 장면이 그려져 있다. 북쪽 벽의 아랫부분은 숲 속에서 사냥을 하는 내용이다. 20여 명이나 참가한 대규모의 사냥 그림은 적갈색 줄무늬로 산봉우리를 표현하고 중간에는 숲을 그렸는데, 숲 속에서 사냥하는 사냥꾼들의 솜씨를 충분히 나타내고 있다.

북쪽 벽의 벽화는 산만할 정도로 많은 주제를 담고 있지만 한 귀족의 생활상을 아낌없이 표현한 걸작품이다. 위쪽은 취미생활, 아래쪽은 상무정신을 나타내 문무를 겸비한 고구려 귀족의 평생을 한 폭의 그림에 빠짐없이 펼쳐 보인 고구려 화공의 예술적 수준을 확인할 수 있다.

앞방 천장 밑부분 1층에는 좌청룡 · 우백호 · 전주작 · 후현무를 나타내는 사신이 그려져 있고, 2층에는 대부분 보살과 예불 장면을 묘사해놓았다. 천장 각 면에 등장하는 각종 인물들 사이사이에는 수많은 연꽃과 연꽃 봉오리가 그려져 있는데, 이는 불교적 색채를 강하게 표현한 것이다. 또한 주인이 누워 있는 널방의 네 벽과 천장도 모두 연꽃으로 가득 차 있다.

요컨대 고구려의 왕족이나 귀족이 무덤에 벽화를 그린 것은 죽어서도 생전처럼 지배자로서의 호화로운 생활이 지속되기를 바랐기 때문이었다. 고분벽화는 고구려인의 생활을 이해할 수 있는 생생한 자료일 뿐 아니라, 당시 광활한 만주 벌판을 호령하던 고구려인들의 기상을 담고 있다. 예술적 수준도 매우 높아 하나같이 고구려인의 창조력과 예술적 감각을 한눈에 알아볼 수 있는 걸작품들이다.

21

샤머니즘의 표상 신라금관

금관총 · 금령총 · 서봉총 · 천마총 · 황남대총 등에서 출토된 금관을 본 사람이라면 금관이 신라의 문화유산을 대변할 정도로 걸작품임을 인정할 것이다. 그중 1973년 쌍무덤인 황남대총 북쪽 무덤에서 발견된 금관은 신라금관 가운데 가장 화려하고 섬세하여 전국민을 흥분케 하였다. 국보 제191호로 지정된 이 금관은 그로부터 몇 년 뒤에는 해외에 전시되어 세계인의 감탄마저 자아냈다.

황남대총의 금관은 규모 면에서도 높이 27.5센티미터, 직경 17센티미터로 지금껏 발견된 금관 중 가장 크고 양옆에는 아주 긴 수식이 달려 있다. 게다가 천마총이나 금령총에서 출토된 금관에서만 볼 수 있는 3단의 곁가지가 달린 우주수목 장식이 있고, 그 뒷면에는 사슴뿔 장식이 2개 있다. 그리고 수많은 나무 잎사귀 모양의 금환(金環)과 함께 모두 58개의 곡옥(曲玉)이 달려 있다. 이 금관은 은제 허리띠 3개 등과 함께 발굴되었는데, 은제 허리띠에는 부인대(夫人帶)라는 명문(銘文)이 있어 금관의 주인이 여자였음을 알려준다. 반면 남자 무덤으로 추정되는 남쪽 무덤에서는 금동관 6개와 은관 1개가 발견되었는데, 금동관은 구리에 금을 씌운 관으로 금관보다

한 단계 낮은 관이다. 이는 신라에서 왕비가 막강한 권한을 행사했음을 보여주는 것으로서 주목된다.

신라인의 본고장

황남대총 금관으로 대변되는 신라금관의 사슴뿔과 우주수목 장식은, 알타이 신화의 본고장인 유라시아 대륙 초원지대의 유목인과 신라인의 친근성을 상징적으로 보여준다. 우주수목 형상의 모델이 된 나무는 유라시아 초원지대에서 많이 나는 흰 자작나무이다. 이 자작나무는 알타이 무속에서 평범한 나무가 아닌 성스런 우주수목으로 취급된다. 즉 지표에서 제일 높이 우주의 한 중심에 버티고 선 구조물로서, 고대인들이 상상했던 무속세계의 하늘, 즉 천계를 향해 상징적으로 뻗어 오른 나무를 뜻한다. 그래서 시베리아인들은 지금도 이 나무를 타고 하늘로 올라갈 수 있다고 믿어 우주수 혹은 신수라고 부르고 있다.

주인이 여자인 황남대총 북분의 금관

사슴뿔 장식 역시 고대의 우주 개념을 이해하는 데 결정적 존재가 된다. 알타이

신화에 따르면 순록의 황금뿔 때문에 해가 빛난다고 하였다. 순록은 새벽 동쪽에서 출발해 정오에는 천정(天頂)에 다다랐다가 황혼 무렵 서해에 잠기는 것으로 되어 있다. 이 때문에 순록은 그 존재와 함께 태양의 운행과정을 나타내기도 한다.

신라인은 먼 선조 때부터 내려온 이런 사상을 기리고자 금관에 사슴뿔과 우주수목 형상을 정교하게 옮겨놓았을 것이다. 서쪽으로 수천 마일 떨어진 유라시아 대륙의 초원지대는 알타이 신화의 본고장으로서 이런 신라금관의 비밀을 간직하고 있을지도 모른다.

고대 한반도의 주도세력은 크게 둘로 나뉜다. 하나는 만주 북부에 존재했던 부여에서 갈라져 나온 세력으로 이들이 고구려와 백제를 건국하게 된다. 다른 하나는 고조선에서 갈라져 나온 세력으로 이들이 바로 신라를 건국한 것으로 여겨진다. 잘 알려진 대로 고구려의 시조인 주몽은 북부여에서 망명한 인물이며, 김부식이 편찬한 『삼국사기』는 백제의 시조 온조왕을 주몽의 아들이라 적고 있다. 이는 고구려와 백제가 모두 부여에서 갈라져 나온 세력임을 뜻한다.

그런데 신라의 시조 혁거세는 여섯 부족 족장의 추대를 받아 왕이 된다. 이는 박혁거세가 진한(辰韓) 12개국 가운데 경주평야에 자리 잡은 사로국(斯盧國)의 군장이 되었음을 의미한다. 『삼국사기』는 박혁거세를 왕으로 추대한 여섯 부족이 고조선계 유민임을 밝히고 있어, 신라의 건국세력이 백제나 고구려와는 달리 고조선계임을 알려준다.

이처럼 건국 초의 신라 임금의 성은 김씨가 아니라 박씨였다. 이후 박씨계와 석씨계를 거쳐 알지를 시조로 하는 김씨계가 가장 늦게 등장하였다. 김씨의 김은 곧 금(金)을 뜻한다. 금을 성으로 삼은 것으로 보아 이들 집단이 금을 숭배했음을 알 수 있다. 금관이나 금동관이 꼭 옛 신라지역에서만 출토되는 것은 아니지만 금을 성씨로 삼은 집단은 특이하게 신라의 지배층밖에 없다. 그리고 바로 이들이 그 유명한 신라금관의 주인인 것이다.

또한 김씨계를 비롯, 신라의 건국을 주도한 고조선계 유민은 유라시아 초원지대의 북방 유목민과 밀접한 관계를 지니고 있었다. 진수의 『삼국지』에 인용된 『위략』 기사에는 연나라 장수 진개(秦開)가 기원전 3세기 전반에 동호(東胡)를 공략하여 천여 리를 빼앗은 후 이어 조선을 쳤다고 되어 있는데, 이는 고조선이 북방 유목민 흉노의 전신인 동호와 지리적으로 인접했을 뿐 아니라 정치적으로도 밀접한 관계를 유지하고 있었음을 반증한다. 이런 사정은 『염철론(鹽鐵論)』* 벌공편(伐功篇)의 "연이 북으로 동호를 공격하여 몰아내고 천리의 땅을 넓혔고, 요동을 넘어 조선을 공격하였다."는 기사도 입증해준다.

북방 유목민과의 접촉이 빈번했던 고조선계 유민들은 그들의 문화에 익숙해져 있었을 것이다. 실제 고조선이 위치한 요동지방은 별다른 지형적 장애물 없이 오늘날의 내몽골 자치구를 가로질러 유라시아 초원지대와 곧바로 연결되어 있다. 따라서 신라의 장인들도 자연스럽게 그들 선조의 집단기억과 전통에 대한 외경에서 금관에 사

---

* 전한(前漢) 때 환관(桓寬)이 지은 책. 한 무제(武帝)는 주변 나라에 대한 정복활동의 여파로 재정이 곤궁해지자, 대책의 하나로 소금과 철의 전매를 실시했다. 이후 폐지와 존속을 둘러싼 논란이 일어났는데 선제(宣帝) 때에 그 논쟁을 모아 정리한 책이 바로 『염철론』이다. 내용은 염철 전매의 시비가 주된 것이나 당시의 정치, 사회, 외교 등의 여러 문제까지 포괄하고 있어 전한 시대의 상황을 이해하는 데 주요한 문헌이다.

습뿔과 우주수목 장식을 새겼을 것이다. 모든 종교는 본질적으로 보수적이며, 전통을 이어가는 장인들은 새로운 것을 추구하기보다는 선조들의 방식을 지속하려는 경향이 있기 때문이다. 이는 오늘날 경주지역에서 출토된 신라금관이 입증해주고 있다고 할 수 있다.

신라금관의 주인은 누구

우주수목 장식은 신라금관의 주인공을 알아내는 데 있어서도 가장 중요한 부분이며, 이 장식에는 신라금관의 또 다른 비밀이 담겨 있다.

경주지역에서 출토된 모든 금관에는 나무 모양 장식이 주요 부분을 구성하고 있다. 과연 이 나무들은 무엇을 뜻하는 것일까? 앞에서 얘기했듯이 이 나무 장식의 모델이 된 나무는 흰 자작나무로, 시베리아인들은 지금도 자작나무를 영험한 힘을 가진 신비로운 나무라고 믿고 있다. 고대의 유라시아인 또한 이 나무에 올라갈 수 있는 사람은 오직 샤먼(무당)뿐이라고 믿었다. 샤먼만이 죽은 조상이 살고 있는 천계로 갈 수 있다고 믿었기 때문이다. 지금도 시베리아 무당은 굿을 할 때 자작나무에 올라간다고 한다.

이로 보아 신라금관의 주인공인 김씨 왕들은 제사장인 샤먼의 기능을 가진 통치자였으리라는 추정이 가능하다. 가령 천마총에서 출토된 천마도도 자작나무 껍질로 만들어졌는데, 이는 천마총의 주인인 신라왕이 천마를 타고 우주수를 이용해 자신이 태어난 천상 세계로 돌아간다는 것을 의미한다. 천마도 역시 신라왕이 샤먼왕이었음을 방증하고 있는 것이다.

신라금관의 곡옥 또한 금관의 주인이 샤먼왕임을 밝혀주는 핵심 요소이다. 곡옥은 짐승의 발톱이나 이빨을 상징하는데, 샤머니즘에서 짐승의 발톱이나 이빨은 적으로부터 자신을 보호하는 기능을 하기 때문이다. 즉 황남대총의 금관에 달린 58개의 곡옥은 악이나 불길한 기운을 물리쳐 인간을 보호하는 신을 의미한다.

신라금관의 주인이 샤먼왕이었다는 사실은 '고대사상＝불교'라는 고정관념에 갇혀 있는 한국인으로서는 쉽게 이해되지 않는 부분일 것이다. 하지만 불교가 신라에서 공인된 것이 법흥왕 14년(527)이었고 공인되기 위해서는 이차돈의 죽음이 필요했다는 사실을 고려하면, 금관의 주인이 샤먼왕이었다는 점도 그다지 어렵지 않게 간파할 수 있을 것이다. 불교 공인 이전에 신라를 지배한 사상은 샤머니즘이었기 때문이다. 신라금관은 4~6세기경에 주로 쓴 것으로 여겨지는데, 이때는 신라에 불교가 들어오기 전이거나 전래되었어도 영향력이 미약하여 샤머니즘이 강력한 영향력을 행사하던 시기였다.

이처럼 신라금관은 불교가 신라의 지배적인 신앙이 되기 전 그들의 전통신앙이 무속신앙, 즉 샤머니즘이었다는 것을 상징적으로 보여주는 표상이다. 신라금관은 전통신앙인 샤머니즘을 주재하는 샤먼이 쓰던 제사용 기구였다. 요컨대 신라금관의 주인인 신라의 왕은 신의 뜻을 전달하고 악귀를 쫓고 풍요를 가져다주는 샤먼의 기능까지 겸한 통치자였던 것이다.

불교와 무속세계가 공존하는 무령왕릉

고대국가 가운데 가장 뛰어난 예술품을 남긴 나라를 들라고 하면 대개 백제를 떠올린다. 이처럼 뛰어난 백제 예술품은 대체로 온화하고 세련되었다는 특징을 지니고 있다. 백제 예술의 특징을 가장 잘 대변하는 유물이 바로 무령왕릉과 그 출토품이다. 공주지역의 백제왕릉은 거의 도굴되고 말았지만 무령왕릉만은 다행히 1971년 발굴되기까지 내부가 온전히 보존되어 있어, 백제 예술품의 진수를 보여주는 3천여 점의 출토품들이 고스란히 쏟아져 나왔다.

시호가 무령왕(501~523)인 이 무덤의 주인은 고구려의 공격으로 쇠퇴 기로에 선 백제를 안정시키는 데 크게 기여한 인물이다. 백제는 고구려 장수왕 63년(475)의 공격으로 한성(漢城)을 빼앗기고 개로왕마저 전사하자 문주왕(475~477)이 즉위하면서 지금의 공주인 웅진(熊津)으로 천도하였다. 이후 백제는 문주왕과 동성왕(479~501)이 살해당하는 등 여러 차례의 정치적 위기를 맞았고, 무령왕 때에 와서야 비로소 안정을 되찾을 수 있었다.

무령왕은 반란을 일으킨 백가(苩加) 세력을 진압하는 한편, 제방을 확충하여 농업을 진작시키는 등 국내 혼란을 일단 수습하는 데 성공하였다. 이어 적극적으로 가야 지역에 진출하여 백제의 영향력을 확대해나갔다. 또한 한강 남안에 성을 쌓아 북방의 고구려 침략을 대비하는 동시에 백제의 안전을 확고히 하기 위해 중국 남조 양(梁)나라와 동맹을 맺었으며 신라와도 제휴하였다.

불교와 중국 남조문화의 진수

이로써 백제는 국가의 재정 기반을 확대하는 등 왕권 안정을 도모할 수 있었다. 이런 사정은 양나라의 정사(正史)인 『양서(梁書)』 백제조에 실려 있는 백제 외교문서 가운데 "다시 강국이 되었다."는 기사가 뒷받침해주고 있다. 그 결과 무령왕은 양나라로부터 '사지절도독백제제군사요동대장군(使持節都督百濟諸軍事寧東大將軍)'으로 책봉 받았는데, 이는 국제적인 지위였을 뿐 아니라 대내적으로도 왕권의 권위와 정통성을 유지하기 위한 효과적인 수단으로 작용하였다.

또한 무령왕 시기인 6세기에는 백제와 중국 남조 사이에 문화교류가 매우 활발하였다. 이는 『양서』 백제조 기록에서 엿볼 수 있다.

"중대통(中大通) 6년(534)과 대동(大同) 7년(541)에 여러 차례 사신을 보내 방물(方物)을 바치고, 아울러 열반(涅槃) 등의 경의(經義)와 모시박사(毛詩博士) 및 공장(工匠)과 화사(畵師) 등을 청하므로 칙서를 내려 모두 주게 했다."

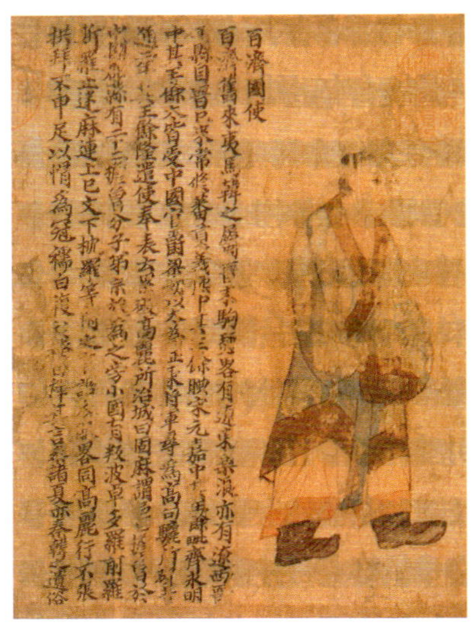
중국 양나라 양직공도에 있는 백제 사신의 모습

이 같은 내용은 우리측 자료인 『삼국사기』 백제본기 성왕 19년(541)조에도 "왕이 사신을 양나라에 보내어 글로써 모시박사(毛詩博士), 열반(涅槃), 경의(經義) 및 공장(工匠), 화사(畵師) 등을 청하니 이를 허락하였다."고 기록한 데서 확인된다.

남조의 문화에 영향을 받은 이 시기의 백제왕들은 다른 이웃 나라들처럼 화강암을 쓰는 묘제 대신에 중국식 전돌로 만든 묘제를 채택하였다. 예컨대 공주지역 백제왕릉은 한 장씩 틀에 넣어 구워낸 전돌로 건축하였다. 무령왕릉은 왕이 잠들어 있는 현실(널방)과 그 길목에 줄을 맞춰 전돌을 쌓아올린 독특한 능이다. 이 무덤을 축조하는 데 중국문화의 유입이 얼마나 큰 비중을 차지했는지는, 왕이 돌아간 날짜가 적혀 있는 무덤 안 왕의 지석(誌石) 위에 중국 동전이 놓여 있는 것만 보아도 알 수 있다. 이 동전은 지신(地神)에게 묏자리 값을 지불하기 위해 놓아둔 것이다. 중국에서는 공산혁명 이후 저승 가는 노잣돈을 내는 관습이 폐지되었다.

무령왕릉은 동시대 경주의 신라왕릉보다 규모 면에서 훨씬 작을 뿐 아니라 부장품도 신라왕릉에서 출토된 수만 점과 비교하면 대폭 간소해졌다. 사실 무령왕릉의 부장품이라고는 관 옆에 놓인 술병과

술잔이 다여서 진정한 의미에서의 부장품은 없다고 보아야 할 것이다. 이는 불교의 영향이 크다. 불교가 확고히 자리를 잡은 후 왕들은 거대한 무덤 축조에 드는 엄청난 재화와 시간을 절 건축에 쏟아 부었다. 기록에 따르면 고구려의 불교 공인은 372년, 백제는 384년, 신라는 삼국 중 가장 늦은 527년이다. 몽골의 침략으로 절과 유물들은 거의 다 타버리고 백제 유물을 간직하고 있는 곳은 능밖에 없는데, 그것도 무령왕릉이 거의 유일하다.

이곳에서 출토된 3천여 점의 유물은 모두 금 아니면 당시에 금과 같은 가치가 있었던 유리 제품이다. 그중 백제 세공기술의 진수를 보여주는 것은 금장신구이다. 관머리에서 발견된 금저 장식은 왕과 왕비의 관모를 장식한 것으로 보인다. 『삼국사기』가, 백제 고이왕이 검은 비단에 금꽃 장식을 한 검은 비단관을 썼다고 기록하고 있는 것으로 보아 그러하다. 왕비의 금제 관식은 한 쌍이 발견되었는데, 꽃 모양과 덩굴무늬가 얽혀 화염문(火焰紋) 같은 형상을 이루고 있다. 꼭대기에는 연꽃 모양이 보이며 양옆에도 연꽃무늬가 장식되었는데, 이는 불교의 영향일 것이다. 왕의 관식에는 금속조각이 덧붙여져 있다.

이런 차림새는 동시대 신라왕들의 금관보다 훨씬 세련된 것이다. 무령왕릉에서 출토된 금귀고리도 신라왕

무령왕릉에서 출토된 금제 관식

릉의 것보다 훨씬 섬세하고 왕비의 머리핀 역시 더 정교하다. 의상에 장식된 꽃 혹은 여러 가지 모양의 금장신구는 더욱 그러하다. 요컨대 무령왕릉에서 출토된 백제 금세공품은 신라왕릉에서 발견된 금세공품과 같거나 그보다 월등한 수준이었다.

무령왕릉에 남아 있는 무속세계

백제는 불교를 받아들이면서 불교 이전의 무속시대에 엄청난 재원과 시간을 들여 사후세계를 준비하던 일들을 점차 줄여나가고 있었다. 하지만 그것이 일순간에 종식될 수는 없었다. 백제는 384년 불교를 공인했으며, 더 앞서 불교국이 된 중국 양나라와도 빈번한 교류를 하였다. 두 나라 왕실 모두 불교도였다. 그럼에도 백제의 불교는 여전히 민간신앙과 뒤섞여 있었다.

이 때문에 무령왕릉에는 무속적 요소가 강하게 남아 있다. 단적인 사례는 무덤 속 왕이 잠들어 있는 현실의 길목에 잡귀가 접근하지 못하도록 무속적 동물을 돌로 조각해 세운 석수(石獸)의 존재다. 33센티미터 높이의 이 동물은 곰과 돼지, 사슴 등을 하나로 뒤섞어 놓은, 뚱뚱한 돼지와 같기도 한 돌조각이다. 이는 마치 중국 고대의 무속에서 다양한 동물 형상을 하나로 조합하여 그 힘을 배가하는 것과 같다. 머리에 꽂힌 쇠붙이 외뿔과 몸체에 새겨진 날개비늘 같은 무늬는 불교를 공인하기 전의 백제 무속신앙의 면모를 여실히 보여주고 있다. 무속신앙의 흔적은 왕이 지신(地神)과 거래한 데서도 나타난다. 무령왕은 불교도인 동시에 백제 땅의 실제 통치권자였음에도, 무속세계의 지신에게 자신과 왕비가 묻힐 무덤의 땅값으로 1만

석수 무덤을 지키는 무속적 동물.

냥을 지불하였다.

'백제 예술품이 삼국 중 가장 품위가 있다'는 통념을 뒷받침하는 유물로는 무령왕릉에서 출토된 산수문경(山水文景)이 최고이다. 산수문 전돌은 '벽돌 전(塼)' 자를 사용하는 데서 알 수 있듯이 산수풍경을 그린 얕은 부조(浮彫)형식의 틀을 떠서 구워 만든 벽돌이다. 현재 국립공주박물관에는 이 고분에 사용된 전돌이 전시돼 있어 백제 미술품의 진수를 감상할 수 있다.

전돌에는 두툼한 연꽃이나 봉황이 새겨져 있다. 그러나 그보다 중요한 것은 당시의 풍경화로 간주되는 산수문경이다. 벽돌에 새겨진 산수(山水)무늬가 증명하듯 무속시대의 원초적 예술이 점차 세련되어짐에 따라 산수문경을 그려넣게 되었던 것이다. 이것이 전돌을 구워 만든 장인의 작품이란 점을 고려하면 그림을 전문으로 그린 당시 백제 화공들의 작품 수준은 이보다 훨씬 높았을 것이다.

요컨대 공주시대의 백제에서 중국식 묘제인 전축분을 수용하였다는 것은 백제 문화의 개방적이고 역동적인 성격을 잘 반영하는 것이며, 나아가 백제 예술의 국제적인 세련미 또한 이렇게 해서 표출된 것이라 할 수 있다.

백제의 국제적인 면모는 중국 남북조시대 북조의 정사인 『북사』 열전 백제조의 "(도성의) 주민은 신라 · 고구려 · 왜 등이 섞여 있고, 또 중국 사람도 있다."는 기사가 입증해주고 있다. 그 상징적인 유물이 바로 무령왕릉과 무령왕릉에서 나온 출토품이다. 또한 출토품에서도 보이듯 당시에도 불교 공인 전의 전통신앙인 무속의 세계관이 강하게 존속하고 있었다.

23 '철의 왕국' 가야의 실체

고대 한국은 사료가 부족하기 때문에 그 실체가 제대로 드러나지 않은 나라가 많다. 가야도 그러한 나라들 중 하나로서 그야말로 비밀의 왕국이었다. 다행히 1970년대 이후 많은 유적들이 발굴되면서 '신비의 왕국 가야'의 베일이 조금씩 벗겨지기는 했으나 아직 전모를 밝히기에는 충분하지 않다.

그래도 한 가지 확실한 것이 있으니, 바로 가야가 '철의 왕국'이었다는 점이다. 예컨대 고분 발굴 조사 결과, 가야 고분들에 부장된 철제품의 양과 질은 신라, 백제, 왜의 그것보다 훨씬 우수하였다.

고대사회에서 국가 간의 전쟁은 우수한 철제 무기를 확보한 세력에 의해 좌우되었는데, 이로 보아 서기전 1세기경부터 이미 가야 지역에는 고구려, 백제, 신라 삼국에 못지않은 강력한 정치세력이 형성되어 있었음을 알 수 있다.

문헌에 나타난 철의 왕국

가야 지역은 중국과 한국, 일본을 잇는 교차점이라는 지정학적 위치로 인해 일찍이 항구가 발전했던 곳이다. 부산, 김해를 중심지로 한 현재의 경상도 서남부 지역에는, 고대에 가야 6국이 연맹체를 형성하고 있었다. 이 지역에서 1세기의 중국 동전이 발굴된 것으로 보아 당시 교역이 얼마나 성행했는지 알 수 있다. 이처럼 가야 지역에서 교역이 활발할 수 있었던 이유 중 하나가 이 지역에서 생산된 철 때문이었다. 3세기경의 사실을 전하는 『삼국지』 위서동이전 한 조에는 이런 기록이 나온다.

> "국(國)에서 철을 생산하는데 한(韓), 예(濊), 왜가 모두 와서 철을 얻어간다. 장사지낼 때에는 철을 사용하는데 마치 중국에서 돈을 사용하는 것과 같다. 또 철을 두 군(낙랑군 · 대방군)에 공급한다."

이 기록의 국(國)이 어디를 뜻하는지는 분명치 않지만 문맥상 가야가 위치했던 변한일 가능성이 높다. 그중에서도 김해의 구야국(가락국)이 가장 유력한 후보이다. 이처럼 가야의 철은 한반도뿐 아니라 한사군의 두 군(郡)에까지 공급되었으며, 쓰시마 해협을 건너 일본열도에까지 거래되었던 것이다.

실제로 김해는 인근의 김해 본생철부락, 장척부락, 감내부락 등에 분포된 철광자원을 비롯하여 의창군 다호리 고분군, 김해 양동리 고분군 등지에서 출토된 많은 철기유물을 통해 일찍부터 철을 생산했을 가능성이 높은 지역으로 추정된다.

그중 1988년부터 1992년까지 7차례에 걸친 발굴에서 다양한 유물이 출토되어 사람들의 관심을 끌었던 창원 다호리 유적은 서기전 1세기경부터 만들어진 무덤들로 이루어져 있다. 이 유적에서는 주조된 철기와 더불어 더욱 발전된 단조기술로 제작된 각종 철기가 다량 발굴되었다. 칼·창·화살촉 등 무기류, 각종 형태의 도끼, 괭이·따비·낫 등 농공구들이 그것이다. 창원 다호리 우적 외에 다량의 철기류가 출토된 대표적인 곳으로는 김해 양동리 유적을 들 수 있다. 이 지역에서는 판상철부(板狀鐵斧)로 네 모서리를 깐 철과 쇠솥〔鐵鍑〕이 발굴될 정도로 철이 다양하게 사용되었다.

고대사회에서 철의 의미

고대 한국에서 가야의 철은 어떤 의미가 있었을까? 고대사회에서 철을 장악한 세력은 곧 권력을 장악하게 되어 있었다. 당시에 철은 오늘날의 핵무기와 같은 위력을 지닌 존재였기 때문이다. 철제 무기를 지닌 세력과 청동기 무기를 지닌 세력의 싸움은 애당초 상대가 되지 않을 정도로 철제 무기의 위력은 대단했다.

더욱이 청동기는 원료인 주석, 아연 등을 많이 채취할 수 없어서 대량 생산이 불가능했으며, 철처럼 재질이 단단하지 않아 장신구로는 제격이었으나 무기로는 그다지 효율적이지 못했다. 청동기로는 농사도 지을 수 없었다. 청동기시대 사람들은 신석기시대와 마찬가지로 돌이나 나무로 만든 농기구를 이용하였기 때문에 농업생산력도 그리 높지 않았다.

반면 철기는 농기구로도 사용되었다. 쇠로 만든 괭이와 삽, 따비, 낫 등은 농업생산력을 비약적으로 증대시켰다. 농업생산력의 발전은 잉여생산물을 낳았고 잉여생산물을 둘러싼 개인간, 집단간의 투쟁이 더욱 격화되었다. 실로 고대사회는 잉여생산물을 누가 차지하느냐에 따라 지배자와 피지배자로 계급이 분화되었는데, 이러한 투쟁에서 가장 큰 역할을 한 것이 바로 철제 무기였다.

싸움에서 이기기 위해 칼, 창, 화살촉 등 공격용 무기와 방패, 투구, 갑옷 등 방어용 무기가 발달하였다. 전쟁방식은 더욱 진화하여 말을 이용하게 되었고, 이에 따라 각종 철제 마구류도 개발되었다. 결국 청동제 무기를 지닌 집단은 철제 무기로 무장한 집단 앞에서 맥을 못추게 되었다. 전쟁의 시기, 즉 전국(戰國)시대라고도 볼 수 있는 한국 고대의 주인공은 바로 철제 무기를 지닌 집단이었다.

가야의 덩이쇠

가야 지역의 철제 유물들 중에서도 가장 특징적인 물건은 철정(鐵鋌, 덩이쇠)이다. 『일본서기』의 기록에 따르면 4세기 중반 백제의 근초고왕이 왜에 보낸 물품 목록 중에 덩이쇠 40매가 보인다.

덩이쇠는 철광석에서 불순물을 제거하고 추출된 철을 얇게 두드려서 길다란 직사각형의 판자 모양으로 만든 일종의 철소재로, 이것을 가공하여 여러 가지 철기류를 만들 수 있다. 덩이쇠 즉 철정은 백제와 신라 지역에서 발견되는데 일본열도의 무덤에서도 종종 발견되고 있다. 특히 가야 지역인 김해 대성동, 부산 복천동 유적에서

철소재인 덩이쇠

수십 점이 한꺼번에 출토되어 철의 왕국 가야의 명성을 드높이기도
했다. 일본열도에서 만들어진 철기 중에는 가야에서 수입한 철정으
로 만든 것으로 추정되는 유물들이 여럿 알려져 있다.

철 산지인 김해는 중국, 한반도, 일본열도를 잇는 지리적 이점을
기반으로 철을 교역하면서 성장하였다. 특히 철 교역과 관련한 일
본열도와의 관계는 주목할 만하다.

열본열도에서 철기문화가 시작된 것은 서기전이지만 철광석을
제련하여 철을 추출하거나 사철(砂鐵)을 이용하여 철을 생산한 것은
그보다 훨씬 뒤인 5세기나 6세기 이후의 일이었다. 따라서 기원 초
기 일본열도는 철제 완제품을 한반도에서 수입하거나 철소재인 철
정을 공급받아 철기를 제작하는 수준이었는데, 그 주된 창구가 김
해의 가락국이었다. 또한 낙랑군과 대방군까지도 김해에서 철을 공
급받았다는 『삼국지』 기사는 이 지역의 철이 질적으로 우수하고 양
적으로 풍부했을 뿐 아니라 한반도를 넘어 먼 지역에까지 거래되었
음을 알려준다.

그러나 철을 매개로 한 대외교역으로 성장한 가야연맹의 주도국

인 김해의 가락국은 고구려 광개토왕의 남정(南征)으로 결정적 타격을 입고 쇠퇴하게 된다. 그리고 그 공백을 고령의 가라국이 맡으면서 가야의 중심세력이 바뀌게 된다.

철을 장악하여 후기연맹을 주도한 가라국

대가야(가라국)의 시조신화는 고령의 가라국이 후기 가야연맹의 맹주로 등장하고 있는 상황을 반영하고 있다. 대가야의 건국신화는 『동국여지승람(東國輿地勝覽)』 고령현조에 실려 있다.

"(고령현은) 본래 대가야국이다.…… 시조는 이진아시왕(伊珍阿豉王)인데, 그로부터 도설지왕(道設智王)까지 대략 16대 520년이다. 최치원의 『석이정전(釋利貞傳)』을 살펴보면 '가야산신(伽倻山神) 정견모주(正見母主)는 곧 천신(天神) 이비가지(夷毗訶之)에 감응되어 대가야왕 뇌질주일(惱窒朱日)과 금관국왕 뇌질청예(惱窒青裔) 두 사람을 낳았는데, 뇌질주일은 이진아시왕의 별칭이고, 청예는 수로왕의 별칭이다.' 라고 하였다."

신화에 천신의 요소가 나오기는 하나 오히려 가야산신의 권위가 우선시된다는 점에서 삼한시대 이래 고령지방의 토착 재지세력이 더 중시되었다고 할 수 있다. 그러면서도 고령 세력이 김해의 가락국 수로왕과 시조대부터 형제 관계라고 자칭하고 있는 것은 수로왕과의 형제 관계를 표방함으로써 전기 가야연맹의 정통성을 계승한

다는 명분 아래 가야 지역을 재통합하려 한 의도로 보인다. 즉 대가야는 옛 가야연맹의 소속국들에게 수로왕과 형제 관계라는 정신적 명분을 제시하여, 대가야를 중심으로 한 기존 가야연맹의 복구에 참여하도록 유도하였다.

실제로 고령의 가라국은 후기 가야연맹의 주도국이 되었다. 이는 고고학의 연구 성과에서도 확인할 수 있다. 전기연맹의 중심지인 김해·창원 지역에는 초기 고분 유적이 풍부한데, 5세기에 이르러서는 갑자기 고분의 수효가 줄어들고 규모도 작아진다. 반면에 고령·합천·함안 등 산간내륙 지방의 가야 세력은 5세기에 이르러 많은 대형 고분들을 남겼는데, 이로 보아 이 지역이 후기 가야연맹의 중심지가 되었음을 알 수 있다. 이 지역은 전기연맹의 중심지와

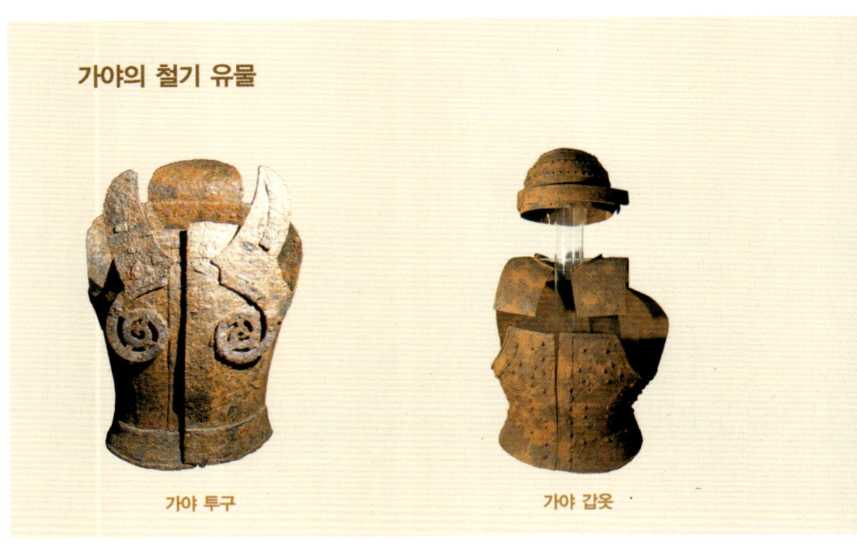

달리 고구려군의 남정 피해를 거의 입지 않았고, 전기연맹의 해체 시기에 그 중심지인 경남 해안지역 선진문화의 파급으로 철산지 등이 개발되면서 급속한 발전을 이루었다.

그중 가장 주목되는 것은 고령 지산동고분군의 출현이다. 이 고분군 중 5세기 후반에 조성된 고분은 봉토 규모가 50여 미터급이나 되는 대형 고분도 있고, 출토 유물도 가야 지역의 다른 고분군과 비교해볼 때 유례를 찾기 힘들 정도로 화려하고 풍부하다.

후기연맹의 주도국으로 성장한 가라국은 그 지위를 국제적으로 공인받게 된다. 이런 사정은 『남제서』 동남이전(東南夷傳) 가라국(加羅國)조에 보인다. 즉 가라국의 하지왕(荷知王)은 479년에 중국 남제와 통교해 보국장군본국왕(輔國將軍本國王)이라는 작호(爵號)를 제수받았다. 보국장군은 송(宋)·남제의 제3품에 해당하는 것으로 표기

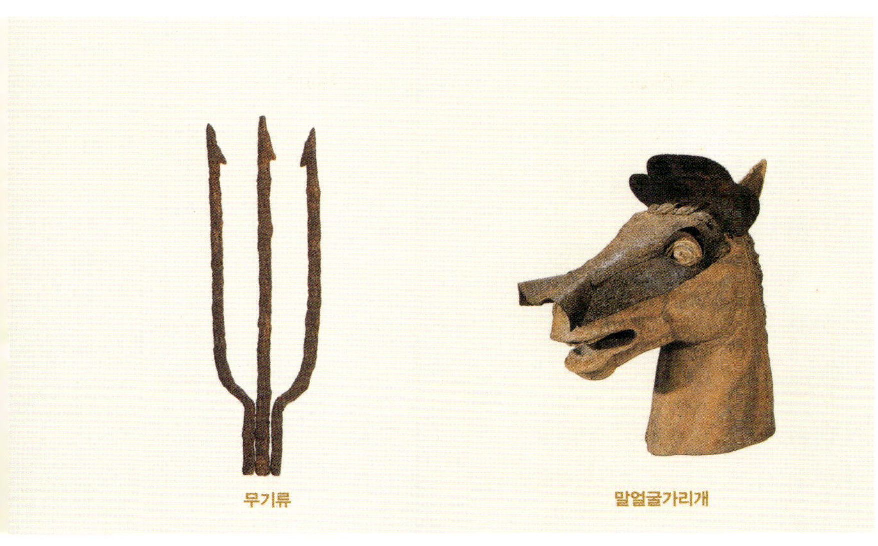

대장군(驃騎大將軍)·진동대장군(鎭東大將軍) 등 제2품을 인정받은 고구려·백제·왜보다는 못하더라도 상당한 지위를 인정받은 것이었다. 본국왕이라는 작호도 본국, 즉 가야에 대한 통치권을 가지는 왕을 의미한다.

또한 『삼국사기』 신라본기 법흥왕 9년(522)조에 따르면 신라 왕실과 혼인 관계를 맺는 등 신라로부터도 연맹의 주도권을 인정받게 된다. 이때 법흥왕은 제2등급인 이찬(伊湌) 비조부(比助夫)의 누이를 보냈는데, 백제 동성왕이 신라와의 혼인 동맹을 원했을 때에도 신라는 그 배우자로 이찬 비지(比智)의 딸을 보낸 일이 있었다. 이로 보아 당시 가라국은 신라에서도 백제와 동등한 대우를 받을 만큼 가야연맹의 맹주로서 인정받고 있었음을 알 수 있다.

가라국이 위치한 고령지역은 협소한 산간지대로, 해양지역인 김해는 물론 다른 지역에 비해서도 지리적인 조건이 매우 불리하였다. 즉 가라국은 사방이 산맥으로 차단된 내륙의 산간지대에 위치했기 때문에 낙동강 수로(水路)를 외국과의 주요 교통로로 이용했는데, 이곳이 차단되면 고립될 수밖에 없을 정도로 지리적 환경이 열악하였다. 그럼에도 불구하고 국제관계에서나 대가야의 건국신화에서 짐작할 수 있듯이, 5세기 후반부터 6세기 전반에 걸쳐 가라국이 가야의 주도국으로 군림할 수 있었던 원동력은 바로 철이었다.

『세종실록』 지리지에 따르면 고령과 인근지역 야로현(冶爐縣), 산음현(山陰縣), 삼가현(三嘉縣)에는 그 이름이 보여주듯 철 생산지가 있었다. 특히 야로현의 철산지는 조선시대 3대 철 생산지로 꼽힐 정도였다. 철이 풍부한 이 지역을 확보하였던 것이, 가라국이 지리적 약점을 극복하고 후기 가야연맹의 주도국으로 성장할 수 있었던 주요한 기반이 되었던 것이다.

김해와 고령뿐 아니라 영남지방 곳곳에 위치한 가야의 여러 나라들은 철기 생산에 있어서 신라, 백제, 왜보다 우월하였다. 가야 고분 발굴에서 나타나는 부장된 철제품의 양과 질이 다른 나라의 그것보다 월등히 앞선다는 점을 그 증거로 들 수 있다. 백제와 신라, 왜가 가야를 점령하거나 자신들의 영향력 아래에 두려고 경쟁한 가장 중요한 이유도 바로 철 때문으로 보인다.

가야 지역 고분에서는 철정뿐 아니라 이전에 못 보던 철제갑옷, 철제칼 등이 출토되었는데 그중에서 환두대도(環頭大刀)가 다량 발굴되었다. 환두대도의 원형 손잡이 고리 안에는 칼 주인의 권력의 크기를 상징하는 봉황머리나 용무늬, 날개 펼친 독수리의 추상무늬가 새겨져 있다. 그뿐 아니라 무사가 타던 말에게 씌우는 방어용 철제

말얼굴가리개 등의 말 보호기구가 발굴될 정도로 철이 풍부했다.

요컨대 베일에 싸인 가야 왕국은 바로 '철의 왕국'이었다. 연맹 초기부터 한반도뿐만 아니라 왜 및 중국 낙랑군과 대방군에까지 수출할 정도로 철이 풍부했기 때문이다. 그렇기에 현재까지도 가야는 '철의 나라'로 불리고 있다.

참고문헌

『남제서(南齊書)』, 『동국여지승람(東國輿地勝覽)』, 『북사(北史)』, 『삼국사기(三國史記)』,
『삼국지(三國志)』, 『세종실록(世宗實錄)』, 『양서(梁書)』, 『염철론(鹽鐵論)』, 『위략(魏略)』,
『일본서기(日本書紀)』

1) 김원룡, 「신라금관의 계통」, 『조명기박사화갑기념논총』, 1964.

2) 김태식, 『가야연맹사』, 일조각, 1997.

3) 성주택, 「무령왕릉」, 『백제연구』 2, 1971.

4) 윤무병, 「무령왕릉과 송산리 6호분의 전축구조에 대한 고찰」, 『백제연구』 5, 1974.

5) 이은창, 「신라금속공예의 원류적인 중앙아세아 고대문화」, 『한국학보』 26, 1982.

6) 이태호 · 유홍준, 『고구려 고분벽화』, 풀빛, 1995.

7) 이한상, 「신라관 연구를 위한 일시론」, 『고고학지』 11, 2000.

8) 이한상, 「적석목곽분 출토 황금장식과 유리제품의 원류」, 『신라문화』 23, 2004.

9) 이현혜, 「철기보급과 정치세력의 성장」, 『가야연학술총서』 1, 1995.

10) 전호태, 『고구려 고분벽화의 세계』, 서울대출판부, 2004.

11) 최병헌, 『신라고분연구』, 일지사, 1992.

12) 충청남도 · 공주대학교 백제문화연구소 편, 『무령왕릉의 연구현황과 제문제』, 1991.

13) 충청남도 · 공주대학교 백제문화연구소 편, 『백제 무령왕릉』, 1991.

7

동아시아 삼국의 역사전쟁

24

고구려는 자주국인가, 중국의 지방정권인가
| 고구려와 동북공정 |

언론매체에서 '역사전쟁'으로 표현하고 있듯이, 현재 동아시아 삼국 간에 벌어지고 있는 역사논쟁은 그야말로 심히 우려될 정도이다. 그동안의 역사논쟁은 주로 한일 양국 간에 진행되었는데, 과거 식민지 시기를 비롯한 한국사 왜곡에 대한 내용이 주된 쟁점이었다. 중일 간의 논쟁 역시 마찬가지였다.

동북공정과 과거사 왜곡

과거사를 둘러싼 이 같은 역사논쟁에서 한국과 중국은 그간 공동보조를 취해왔다. 예컨대 4년 전처럼 2005년에도 일본의 후소샤판 중학교 역사 교과서 왜곡문제가 제기되었을 때 양국의 학계는 물론 정부까지 앞장서 비판했던 것이 단적인 사례다. 일본정부의 총리를 포함한 고위인사들이 2차 세계대전 전범들이 합사된 야스쿠니 신사를 참배할 때마다 한중 양국이 비판하고 나선 것도 같은 이유에서다.

그러나 역사전쟁은 한일 양국을 넘어 한중 양국에까지 확산되었

일본의 역사 교과서 한일 간에 역사논란을 빚은 후소샤[扶桑社] 교과서.

다. 직접적인 계기는 중앙일보 2003년 7월 14일자 기사였다. 당시 중앙일보는 중국이 동북공정(東北工程)을 진행하고 있으며, 2002년 7월에 열린 고구려에 대한 토론회에서 향후 영토문제에 대한 대응으로 고구려를 중국왕조의 지방정권으로 정리했다는 사실을 보도하였다.

잘 알려진 대로 동북공정은 중국사회과학원 직속기관인 '변강사지연구중심(邊疆史地研究中心)'에서 2002년 2월부터 추진해왔던 '동북변강사여현상계열연구공정(東北邊疆史與現狀系列研究工程)'을 줄인 말로, 중국 동북지방의 역사·지리·민족 문제 등과 관련된 주제를 중점적으로 연구하는 국가적 차원의 프로젝트이다. 이러한 동북공정에 대해 한국측이 관심을 집중하는 것은 중국에서 고구려를 비롯한 발해, 고조선 등 고대한국과 관련된 역사를 '중국사의 일부'로 왜곡하고 있음이 드러났기 때문이다.

중국측의 역사왜곡 행위는 1980년대 개혁개방 이후 소수민족의 이탈가능성을 봉쇄해야 할 과제에 직면하여 시작된 것처럼, 그 이면에는 한반도 통일 이후를 대비하는 중국의 국가전략이 자리 잡고 있다. 그들의 주장처럼 '고위금용(古爲今用)', 곧 과거 역사가 현재를 위해 자의적으로 활용되는 역사왜곡의 극치에 다름 아닌 것이다.

역사 왜곡을 주도하는 대표적인 인물은 쑨진지[孫進己]다. 그는 『동북민족원류』(1989)와 『동북민족사연구』(1994)를 저술하여 부여, 고구려, 발해 등의 역사가 중국사임을 주장하면서 동북민족사 전반의 중국사 귀속문제를 이론적으로 선도해가고 있다. 특히 그는 『동북민족사연구』에서 고구려가 중국왕조의 지방정권임을 강조했는데, 그 주요 논리는 대략 다음과 같다.

첫째, 고구려는 중국 한(漢)나라가 설치한 한사군(漢四郡)의 하나인 현도군에 세워졌을 뿐만 아니라, 고구려를 세운 맥족(貊族)도 중국의 한 민족인 고이(高夷) · 한인(漢人)에서 비롯되었기 때문에 고구려는 중국에 복속된 나라인 동시에 중국의 한 종족이다. 둘째, 고구려는 역대 중국왕조로부터 책봉(冊封)을 받고, 그 대신 조공(朝貢)을 바쳤으므로 중국의 종속국이다. 셋째, 고구려가 중국의 지방정권인 만큼 수(隋) · 당(唐)과 벌였던 전쟁 또한 통일 중국을 건설하기 위한 일종의 '국내전'이었다. 넷째, 고려는 고구려의 옛 땅이 아니라 신라 영역 안에서 일어났고, 주민도 신라를 계승한 나라이기에 고려는 고구려를 계승한 나라가 아니다. 나아가 고구려인의 후예는 대부분 한족(漢族)이 되었고, 오늘날 한국인의 선조는 주로 신라에서 왔다. 즉 고려와 고구려 두 나라 간에는 계승관계가 없다.

이렇게 한국사의 영역을 신라사로 한정하면서 한반도 북부마저 중국이었다고 주장하는 쑨진지의 견해는 충격 그 자체다. 아무튼 이 주장은 중국학계에서 공론화 과정을 거치면서 점차 일반적인 견해로 자리매김을 하고 있다.

문제는 중국학계의 이 같은 왜곡된 역사관이 아여 중국정부의 공식 입장이 되어버렸다는 것이다. '고구려 역사연구의 몇 가지 문제에 대한 시론'이란 기사가 버젓이 『광명일보(光明日報)』 2003년 6월 24일자에 게재된 사정으로 보아 그렇다. 이 기사는 예의 쑨진지로 대변되는 중국학계의 입장을 그대로 발췌해서 싣고 있다. 중국 공산당을 대변하는 신문인 『광명일보』에 이 기사가 실렸다는 사실은 그 같은 견해가 중국정부의 공식적인 입장임을 천명하는 것에 다름아니다.

2004년 중국 언론은 고구려 유적이 세계유산에 등록된 것을 계기로, 고구려가 고대 중국 변방의 소수민족이 세운 정권이었다는 종전의 주장을 다시 한번 되풀이했다. 즉 중국정부의 입장을 대변하는 『인민일보』와 신화통신 등 관영 언론은 2004년 7월 2일 "쨩수썽〔江蘇省〕 쑤저우〔蘇州〕에서 열린 제28차 유네스코 세계유산위원회가 1일 찌린썽〔吉林省〕 찌안〔集安〕 내 고구려 유적의 세계문화 등재를 결정했다."고 전한 뒤 "서기전 37년 부여인 주콩(朱蒙)이 서한(西漢) 현도군 고구려현에서 건국한 고구려는 한·당 왕조 때 중국 동북에 존재했던 소수민족 정권이었다."고 주장하였다. 게다가 한국사를 소개하는 중국 외교부 사이트에서 고구려사 부분을 아예 삭제하여 고구려가 중국사의 영역임을 노골화하는 행위마저 서슴지 않고 있다.

고구려가 역대 중국왕조의 지방정권이란 중국정부의 견해에 대한 한국학계의 반론은 대략 이러하다.

한국학계는 고구려가 현도군에 복속된 것이 아니라, 오히려 현도군을 축출하는 과정에서 고구려가 성장하였다고 주장한다. 즉 현도군을 몰아내는 과정이 고구려의 성립 그 자체였다는 것이다. 이어 고구려는 낙랑군과 대방군마저 축출하고 난 후 중국왕조와 배타적으로 대립하면서 동아시아 강국으로의 위상을 확립해갔다. 그리고 고구려는 예맥족의 한 갈래인 부여족을 중심으로 말갈족, 거란족, 한반도 중남부의 한족(韓族)을 흡수해 형성되었다는 것이다.

다음으로 책봉-조공관계는 상하 내지 복속관계를 표현하는 것이 아니라, 전통시대 중국과 주변 국가간 외교의 일반적인 형식이었다고 한국학계는 반박한다. 예컨대 백제, 신라 등이 중국과 맺은 책봉-조공관계도 같은 맥락에서 이해해야 한다는 것이다. 중국측의 주장에 따르면 고구려뿐 아니라 백제와 신라도 중국의 지방정권이라는 논리적 비약에 빠질 수밖에 없다. 실제 중국측이 고구려를 제외한 백제와 신라에 대해 중국의 지방정권이었다고 하는 주장을 하지 않는다는 사실은 역설적으로 자신의 견해를 부정하는 셈이 된다.

또한 한국학계는 고구려와 수·당과의 전쟁이 내전이 아닌 당시 동아시아 전역을 뒤흔든 '국제전'이라고 주장한다. 수나라의 중국통일로 동아시아의 기존 다국적 질서가 무너졌기 때문에, 기존 강대국인 고구려와 신흥 강국인 수나라의 전면전이 불가피했다는 것이다. 이 때문에 고구려는 수세적 방어전을 치르는 대신 요서 지역

을 먼저 공격해 16년에 걸친 전면전에 나설 수밖에 없었다는 것이
한국학계의 주장이다.

끝으로 한국학계는 고려의 건국과정과 대외정책 자체가 고구려
와 고려의 계승관계를 부정하는 중국측의 주장을 일축하는 증거라
고 반박한다. 즉 국호를 고려라고 정한 것부터 고구려를 계승한 국
가라는 사실을 명백히 하려는 것이었고, 건국 직후부터 시작된 북
진정책도 고구려의 옛 땅을 회복하려는 의도에서 추진되었다는 것
이다.

한국학계의 반박에도 중국측은 종전의 입장을 고수하고 있다. 한
국학계 일부에서도 고구려사의 귀속문제를 떠나 동아시아 역사 전
체의 관점에서 고구려의 위상을 새롭게 자리매김하자고 주장하고
있다. 이런 견해는 근대국가의 민족과 영토 개념을 고대 역사, 즉 고
구려사에 그대로 대입해 따지는 일은 무의미하며, 자칫하면 힘의
논리로 흐를 수도 있다는 우려에서 비롯된 것으로 보인다. 그러나
이 또한 과거사가 현재를 위해 자의적으로 활용될 수 있다는 중국
학계의 논리인 '고위금용'에 다름 아니다. 어떻게 과거사를 현실의
필요에 따라 해석할 수 있단 말인가.

동시대 중국인조차 고구려가 독립국임을 인정하다

물론 고구려인에게는 근대와 같은 민족과 국토 개념이 없었다.
하지만 고구려인이 중국왕조를 비롯한 여타 주변 국가와 다른 그들
고유의 정체성을 지니고 있었다는 사실을 확인할 수 있다면, 그것

이 '고위금용'이든 그 변종이든 간에 이런 유의 역사관이 매우 자의적이며 주관적이라는 사실이 저절로 드러날 것이다.

그럼 당시 고구려인은 자신의 조국 고구려를 어떻게 인식하고 있었을까. 우리는 이미 앞에서 모두루묘지와 광개토왕비문에 나타난 고구려인들만의 고유한 정체성을 살펴본 바 있다.

> "하백(河伯)의 손자이며 일월(日月)의 아들이신 추모성왕(鄒牟聖王)이 북부여에서 태어났으니 천하 사방(天下四方)이 이 나라 이 고을이 가장 성스러움을 알 것이다."
>
> 모두루묘지

> "옛날 시조 추모왕이 나라를 세웠다. 시조는 북부여에서 나셨는데, 천제(天帝)의 아들이요, 어머니는 하백(河伯)의 딸이다.…… 광개토왕의 은혜와 혜택이 하늘에까지 이르고, 대왕의 권위〔威力〕는 사해(四海)에 떨쳤다."
>
> 광개토왕비문

이처럼 고구려인은 자신의 나라가 세계의 중심국이라는 세계관 즉 천하관을 가지고 있었다. 위의 두 기사는 고구려인이 직접 기록한 것이기에 자국에 대한 그들의 인식을 그대로 반영한 것이다. 이런 세계관을 지닌 고구려인들이 어떻게 자기 나라를 중국의 속국으로 인식할 수 있었단 말인가.

고구려와 같은 시기에 존재한 역대 중국왕조의 공식적인 역사서〔正史〕들도 분명히 고구려는 고구려일 뿐 중국이나 중국의 속국이

아니라고 기록하고 있다. 예컨대『후한서』,『삼국지』,『진서』,『양
서』,『남사』,『수서』,『구당서』,『신당서』 등은 동이열전(東夷列傳)에
서,『송서(宋書)』는 이만열전(夷蠻列傳)에서,『주서(周書)』는 이역열
전(異域列傳)에서 고구려를 다루고 있다. 고구려와 동시대에 존재했
던 중국왕조 모두가 고구려를 외국으로 대했던 것이다.

고구려 멸망 후 그 계승문제에 대해서도 마찬가지다. 한국측뿐
아니라 중국측 역사서에서도 고려는 고구려를 계승했음을 명백하
게 밝히고 있다. 예컨대『송사(宋史)』외국열전 고려조를 보면, 고려
건국 당시 중국을 대변했던 왕조 후당은 고려가 고구려를 계승했음
을 인정하고 있다.

"장흥연간(長興年間) 권지국사(權智國事) 왕건(王建)이 고씨(高氏, 고
구려)의 왕위를 계승하여 후당(後唐)에 사신을 보내어 조공하니, 왕
건을 현도주도독(玄菟州都督)으로 삼고 대의군사(大義軍使)에 충임하
는 동시에 고려국왕(高麗國王)으로 책봉하였다."

또한 고려와 가장 오랫동안 공존했던 송왕조도 고려가 고구려를
계승했다는 사실을 인정하고 있는데, 이는『송사』외국열전 고려조
의 "고려의 본래 이름은 고구려다."라는 첫머리 기사가 단적으로 입
증해주고 있다.

중국왕조가 고구려국왕을 책봉하였다는 사실을 근거로 고구려가
중국의 속국이었다고 주장하는 중국측의 논리를 확대하면, 한국의
역대 왕조, 나아가 일본, 베트남 등 역대 중국왕조와 외교관계를 맺
은 주변 국가의 역대 왕조 모두 중국의 속국이 된다. 즉 중국측의 주

장대로라면 전통시대 중국의 주변국가 대부분이 중국의 지방정권
이었다고 하는 논리적 비약에 빠질 수밖에 없다. 실제 중국측이 현
재 고구려를 제외하고는 이들 주변국가 모두에 대해 중국의 지방정
권이었다는 주장을 하지 않고 있는 것은 스스로 자신의 견해를 부
정하는 셈이 된다.

고려인 역시 고려가 고구려를 계승한 사실을 분명히 인식하고 있
었다. 가령 고려의 서희(徐熙)가 요나라 장군 소손녕(蕭遜寧)과의 담
판에서 "고구려의 옛 땅을 차지해 나라 이름을 고려라 했고, 원래
고구려 땅의 경계를 따지자면 도리어 요가 고려의 영토를 침식하는
것"이라고 주장하여 소손녕의 침략을 물리친 일은 무척이나 유명하
다. 그 결과 지극히 당연한 것이겠지만 『삼국사기』, 『삼국유사』, 『고
려사』를 비롯한 한국측 역사서들도 고려가 고구려를 계승했음을 밝
히고 있다.

요컨대 고구려가 존재했던 시기에 기록된 한국측 자료뿐 아니라
중국측 자료들도 고구려는 분명히 중국왕조의 지방정권이나 속국
이 아니었음을 보여주고 있다. 또한 고구려인이 직접 쓴 비문과 같
은 기록에 따르면, 고구려인은 천하관을 형성했을 정도로 역대 중
국왕조를 비롯한 여타 주변국가와 분명히 다른, 고구려인만의 고유
한 정체성을 가지고 있었다.

25

발해사는 과연 중국사의 영역인가
|발해의 정체성은|

현재까지 발해사 연구는 주로 발해의 건국 과정, 그것도 건국 시조인 대조영(大祚榮)의 출신 문제에 집중해왔다. 이 문제가 발해의 정체성, 즉 한국사의 영역인가 중국사의 영역인가를 밝힐 수 있는 핵심 주제로 여겨졌기 때문일 것이다.[*]

문제는 기존 관행처럼 대조영의 혈연적 출신만을 밝히는 방식으로는 발해의 정체성을 파악하는 데 근본적인 한계를 지닐 수밖에 없다는 점이다. 앞에서도 언급했듯이 발해사 연구의 텍스트들이 서로 모순되는 듯한 기록을 남기고 있기 때문이다.

대조영은 말갈계 고구려인

대조영의 출신 문제 못지않게 건국 집단의 종족적 구성을 밝히는

---

[*] 이 책의 95쪽 「8. 발해의 시조 대조영은 말갈인인가, 고구려인인가」 참조.

것도 중요한 연구과제다. 여러 건국 집단 가운데 어느 집단이 주도적 역할을 하였는지가 발해의 정체성을 형성하는 데 결정적인 역할을 하기 때문이다. 이와 함께 건국 주도집단의 귀속의식이 발해의 정체성을 파악하는 데 핵심적인 주제임은 두말할 필요도 없다.

먼저 대조영의 출신 문제에 대해 살펴보자. 본래 속말말갈 지역에 살던 대조영 집단이 고구려로 옮겨온 후 고구려로의 동화과정이 상당히 진전되어 순수 말갈족 상태에서 벗어났음은 앞에서도 이미 설명한 바 있다. 또 그 근거로 『구당서』와 『신당서』에 보이는 '고구려 별종', '고구려에 붙은 자'란 표현을 제시했었다.

그런데 일부 중국학자들이 이 '별종'이란 용어를 '종족상 별개이나 정치적으로 예속관계에 있는 집단'으로 이해함으로써 '고구려 별종'을 말갈족으로 규정하였다. 따라서 발해는 말갈족이 세운 나라이며 발해사는 한국사의 영역이 될 수 없다는 것이다.

하지만 '별종'은 결코 정치적인 종속관계에 있는 집단을 지칭하는 것이 아니다. 가령 중국 한족(漢族)에 종속되었던 집단은 무수히 많지만, 한족별종(漢族別種)이란 용어가 없는 것으로 보아 그렇다. 별종의 용례로는 후예를 의미하는 경우가 있다. 또 기준이 되는 본족(本族)에 대한 지파(支派)·별파(別派), 혹은 적손(嫡孫)에 대한 방계(傍系)의 집단을 뜻하는 용례가 있다. 이처럼 별종은 후예이거나, 기준이 되는 집단과 종속상 친연관계가 있는 집단을 가리키는 용어다. 따라서 고구려의 별종은 고구려의 후예, 혹은 한 분파 정도로 해석되어야 마땅하다.

발해의 건국 주체는 고구려 유민

이제 발해의 건국 주도세력에 대해 살펴보자. 잘 알려진 대로 발해의 건국 세력은 단일 집단이 아니었다.

이진형의 난 이후 걸걸중상과 걸사비우는 각각 무리를 이끌고 영주(營州)에서 탈출하였다. 이중 걸사비우는 『구당서』와 『신당서』에서 말갈인 혹은 말갈 추정으로 규정된 것으로 보아 그가 이끈 무리는 말갈족이 분명하다. 반면에 대조영과 그의 아버지인 걸걸중상은 걸사비우와 달리 고구려 별종 혹은 고구려에 붙은 자로 규정된 것으로 보아 그가 이끈 무리는 고구려 유민으로 보인다.

걸걸중상과 걸사비우는 각각 고구려 유민과 말갈인을 이끌고 요하를 건너 요동으로 왔다. 그후 세력을 더 확대하여 마침내 진국(震國)과 허국(許國)을 세워 왕이 되었다. 그런데 당군의 공격으로 걸사비우 집단이 큰 타격을 입었고 그 잔여 세력이 걸걸중상의 뒤를 이은 대조영에게 흡수되었다. 대조영은 이들을 규합하여 당군의 추격을 물리치고, 동모산(東牟山)에 정착하였다. 이후에도 "말갈 무리와 고구려 유민들이 차츰차츰 귀속해왔다."는 『구당서』 기사에서 확인할 수 있듯이, 말갈족과 고구려 유민들이 속속 대조영에게 귀속해옴에 따라 세력이 더욱 커졌다.

그렇다면 고구려 유민과 말갈인 가운데 어느 세력이 건국과정의 주도권을 잡았는가. 현존하는 모든 문헌에서 발해의 건국 주체를 걸걸중상 또는 대조영으로 밝히고 있듯이, 주도권은 고구려 유민에게 있었음이 분명하다. 더욱이 걸사비우가 당군에 의해 도중에 살해당하고, 그가 이끈 말갈인 잔존세력마저 대조영에게 흡수되었으

뚠화씨[敦化市] 강동 24개석

니, 대조영이 이끈 고구려 유민이 건국 주도권을 잡을 수밖에 없었을 것이다.

고구려 유민이 건국 주도권을 장악했다는 사실은 건국 이후에 형성된 지배층에서도 단적으로 확인할 수 있다. 현재 알려진 발해인은 335명 가량인데, 이중 왕족인 대(大)씨가 100명, 유력 귀족인 고(高)씨가 59명, 장(張)씨가 21명, 이(李)씨가 18명, 오(烏)씨가 11명, 양(楊)씨가 9명으로 총 218명이 왕족과 유력 귀족의 성씨를 가지고 있었다. 그것은 『송막기문(松漠紀聞)』 발해국조에서 발해의 왕족인 대씨 외에 유력 귀족으로서 고·장·양·두(竇)·오·이 등 불과 몇 가지 성밖에 없었다고 한 것으로 보아 그러하다.

전체 성씨 가운데 30퍼센트를 차지하는 대씨는 혈통은 말갈계이지만 고구려화한 대조영의 후예다. 그리고 고씨는 전체 성씨 중에

서는 18퍼센트 정도를 차지하지만 유력 귀족의 성씨 중에서는 50퍼
센트 가까이 된다. 고씨는 고구려의 왕실 후예였다. 779년 낙양에서
죽은 고진(高震)은 그의 묘지명에 '발해인'으로 기록되어 있는데,
이 같은 동질감 때문에 그리 했을 것이다. 그는 보장왕의 손자로서
아버지의 뒤를 이어 안동도호(安東都護)까지 지낸 인물이기도 했다.
이밖에 나머지 유력 성씨들도 고구려 계통일 가능성이 크다. 이런
사정은 『유취국사(類聚國史)』 발해조 기사가 뒷받침한다.

"발해는 고구려의 옛땅에 있다.…… 그 나라는 2천 리에 걸쳐 있
다. 관역(館驛)이 없고 곳곳에 촌리(村里)가 있는데 모두 말갈부락이
다. 그 백성은 말갈이 많고 토인(土人)이 적은데, 모두 토인으로 촌장
을 삼는다. 대촌(大村)의 장은 도독(都督), 그 다음 촌의 장은 자사(刺
史)라 하는데, 그 아래 백성은 (이들 촌장들을) 모두 수령이라 부른다."

이 기사는 초기 발해를 방문한 일본 사신의 견문기를 토대로 작
성된 것으로 여겨진다. 여기서의 토인은 발해국이 일어난 땅의 원
주 토착인이란 의미로 곧 고구려계 주민을 가리킨다. 이들 고구려
계가 말갈인을 통치하는 지배층을 형성하고 있었던 것이다.

발해인의 고구려 계승의식

이처럼 발해의 지배층은 거의 고구려계 인물들로 이루어져 있었
다. 이 때문에 그들은 고구려 귀속의식을 지니고 있었다. 그 결과 발

해인은 자신의 조국 발해가 고구려를 계승했음을 분명히 밝히고 있다. 가령 『속일본기』에 따르면, 3대왕 문왕은 759년 일본에 보낸 외교문서에서 스스로 '고(구)려국왕 대흠무(大欽茂)'라고 밝혀 발해가 고구려의 계승국임을 표방하였다. 또한 일본도 같은 해에 보낸 외교문서에서 발해왕을 '고려국왕'이라 하여, 발해의 입장을 인정하고 있다.

이렇게 발해는 일본과의 외교관계에서는 고구려 계승국임을 밝히고 있지만 당과의 교섭에서는 그러지 않았다. 당에게 고구려는 두려움을 주는 적대국이었고, 발해로서는 굳이 고구려의 계승국이란 이미지를 주어 적대감을 야기할 필요가 없다는 점을 고려했기 때문일 것이다. 그리고 발해와 당과의 외교관계가 본격화되는 8세기 전반에는 당이 정략적으로 고구려의 왕손을 고려조선군왕(高麗朝鮮郡王)으로 임명하고 있었다. 당이 고구려의 왕손을 고려조선군왕으로 임명한 것은 당 이전의 중국왕조가 과거 이 지역에 위치한 (기자)조선과 고(구)려의 왕들을 책봉한 사례에 따른 조치였다. 이런 상황에서 발해가 고구려의 계승국을 표방하여 자신의 외교력을 약화시킬 필요는 없었다. 실제로 발해가 일본에 보낸 사신단에는 고씨가 가장 많았던 반면에, 당에 파견한 사신에는 고씨가 없고 대씨가 압도적으로 많았다.

한편 당나라는 발해를 고구려의 계승국으로 인정할 수 없었다. 당은 정책적으로 고구려왕의 후손을 고려조선국왕으로 임명하고 있었는데, 발해를 고구려의 계승국으로 인정하게 되면 스스로 정책을 뒤엎는 결과를 야기하기 때문이었다.

그렇다고 오늘날 중국학자들의 주장처럼 발해가 중국의 지방정권에 불과하다는 견해는 성립될 수 없다. 발해 존속기간에 존재했던 중원왕조들이 발해를 외국으로 간주했기 때문이다. 그 단적인 사례는 당시 중원왕조의 모든 정사(正史)가 발해를 외국으로 취급하여 외국열전(外國列傳)에서 다루고 있다는 데에서 확인할 수 있다. 예컨대 발해에 대해 『구당서』와 『신당서』는 북적열전(北狄列傳), 『구오대사(舊五代史)』와 『송사(宋史)』는 외국열전, 『신오대사(新五代史)』는 사이부록(四夷附錄)에서 다루고 있다. 또 발해인을 신라인처럼 당의 빈공과(賓貢科)에 응시하게 한 조치도 발해를 외국으로 취급했던 대표적인 사례다. 빈공과는 외국인을 대상으로 한 과거시험이기 때문이다.

신라의 경우는 최치원의 글에서 확인할 수 있는데, 그는 "지난날의 고구려가 오늘날의 발해다." "고구려의 잔여 무리가 모여 북으로 백두산 기슭을 의지하여 나라를 세워 발해라 하였다."고 하여, 발해와 고구려가 계승관계에 있다고 파악하였다. 일본도 마찬가지였다. 가령 『속일본기』에서는 아예 발해왕을 고려왕으로, 발해사신을 고려사신으로, 발해국을 고려국으로 기록한 사례가 여러 군데 보인다. 역사서만이 아니라 평성궁(平城宮) 출토의 목간(木簡)에서도 발해사신을 고려사신으로 표기하고 있으며, 763년에 씌어진 동대사(東大寺)의 고문서에서도 발해인을 고려인으로 기록하고 있다.

이렇게 발해 존속 시기의 주변국은 모두 발해가 고구려의 계승국임을 인정하고 있다. 이 또한 발해가 고구려인에 의해 주도되었던 국가임을 입증하는 것으로서, 발해사가 한국사의 영역임을 확인해주는 것이다.

조작된 기자조선의 실체

조선시대는 물론이고 고려의 지식인들도 기자조선을 우리나라에 실재했던 나라로 믿고 있었다. 실제 고려와 조선시대에는 국가 차원에서 평양에 기자의 사당을 세워 그를 추모하기도 하였다. 이런 현상은 조선 후기에 와서 더욱 강해졌다.

숭인전 기자사당으로 평양에 위치해 있다.

이렇게 조선은 물론 고려의 유학자들도 기자조선이 우리나라에 실재했다고 믿은 이유는, 이른바 '기자동래설(箕子東來說)' 때문이었다. '기자동래설'이란 기자가 동쪽으로 망명하니, 주나라 무왕이 그를 조선의 왕으로 봉하였다는 전설이다. 그러면 기자는 실제로 고조선에 왔던 것일까?

기자동래설을 부정하는 가설들

기자동래설을 부정하는 가설은 일제 때부터 제기되어왔다. 그중 최남선(崔南善)은 단군조선을 계승한 나라는 기자조선이 아니라 '개아지조선'이라는 견해를 제기하였다. 민족주의 역사가인 정인보(鄭寅普)와 안재홍(安在鴻)도 각각 '검조선'과 '크치조선'을 한자로 음사(音寫)한 것이 기자조선이라고 하였다. 이들 견해는 모두 기자조선과 관계가 있는 낱말들의 음운(音韻)을 비교 검토하여 주된 근거로 삼고 있다는 점에서 결정적 오류가 있다. 세 학자가 기자조선의 본래 이름을 각각 '개아지조선', '검조선', '크치조선'으로 다르게 보고 있듯이, 언어학적 고찰은 상상이나 추측의 범위를 벗어나지 못한 그야말로 가설에 불과하기 때문이다.

이들과 달리 이병도(李丙燾)는 『삼국지』 동이전에 보이는 기자의 후손이라는 준왕(準王)이 위만에게 정권을 빼앗기고 한(韓)지역에 도망와 살면서 한왕(韓王)이라고 자칭하였다는 기록에 주목하여, 준왕이 후에 한왕이라 칭한 것은 그의 성이 한씨였기 때문이라고 주장한다. 따라서 기자조선은 '한씨조선(韓氏朝鮮)'이어야 한다는 것이다. 하지만 준왕은 한왕이 된 후에 군장(君長)을 뜻하는 토착어인 '한', '칸〔汗〕' 또는 '가한(可汗)'이라 불렸고, 그것이 한자인 '한(韓)'으로 표기되었을 가능성이 높기 때문에 기자동래설을 부정하는 결정적 근거는 될 수 없다.

근래에는 고고학 자료를 근거로 기자조선 대신에 예맥조선이라는 명칭을 사용하는 것이 바람직하다는 견해도 제시되었다. 이들은 기자조선 시대에 해당하는 무문토기(無文土器)와 청동기문화를 담당한 주체가 예맥족이며, 이들의 문화에 중국적 요소가 없다는 점을 그 근거로 들고 있다.

기자동래설을 부정하는 이러한 견해들은 일제 강점기에 일부 외국학자가 시도한 악의적인 한국사 왜곡에서 벗어나려는 노력의 차원으로 제기되었다는 점에서 그 동기는 충분히 평가받을 만하다. 하지만 기자조선이 허구에 불과하다면서 누가 왜 그것과 관련된 기록들을 조작하였는지 같은 사료비판은 도외시한 채, 어떤 결정적인 근거도 제시하지 못하고 단지 민족의식만으로 기자동래설을 부정하는 것은 한국학계에 대두한 민족주의 때문이라는 비난을 면치 못할 것이며, 기자동래설을 인정하는 견해도 극복할 수 없다.

그렇다면 현재 중국학계뿐 아니라 한국학계 일부에서도 인정하고 있는 '기자동래설'은 실제로 있었을까?

기자동래설에 대한 서로 다른 기록들

기자에 관한 기록이나 유적들은 모두 전설에 토대를 둔 것이고 실제 문헌이나 유적들을 고찰해보면 사실과 차이가 있음이 확인되기 때문에 그 내용을 모두 사실로 받아들일 수는 없다. 기자동래설이 실려 있는 최초의 책은 전한(前漢) 때에 편찬된 『상서대전(尙書大全)』으로 내용은 대략 이러하다.

상〔은〕나라를 멸망시킨 주나라 무왕(武王)이 옥에 갇혀 있던 기자를 석방하였는데, 기자는 비록 상나라 주(紂)왕의 비행을 간하다 갇히기는 했으나 그 자신은 상〔은〕나라의 신하를 자처했기 때문에 상나라를 멸망시킨 무왕에 의해 석방된 것을 차마 감수할 수가 없어 조선으로 망명하였다. 이 소식을 들은 무왕은 기자를 조선의 제후로 봉하였다. 기자는 주왕실로부터 봉함을 받았으므로 신하의 예를 행하지 않을 수 없어서 무왕 13년에 주왕실에 조근(朝覲)을 왔는데, 이때 무왕이 기자에게 천하를 다스리는 대법(大法)인 홍범(洪範)을 물었다는 것이다.

『상서대전』을 비롯한 한대(漢代) 이후에 편찬된 중국측 문헌들에서는 기자동래설을 전하고 있지만 한대 이전에 편찬된 진대(秦代) 이전, 즉 선진(先秦)시대의 기록에는 보이지 않는다. 예컨대 『죽서기년(竹書紀年)』에는 기자가 상나라 마지막 왕인 주(紂)에 의해 감옥에 갇혔고, 상나라가 멸망하고 주나라가 건립된 후 주 무왕 16년에 기자가 주왕실에 조근한 것으로 기록되어 있다. 『상서(尙書)』에도 기자가 주나라 무왕 때 감옥에서 풀려났는데, 무왕은 상나라를 멸망시키고 주를 세운 후 13년에 기자를 찾아가서 그로부터 홍범을 배운 것으로 되어 있다. 또한 『논어(論語)』, 『주역(周易)』, 『좌전(左傳)』 등도 기자의 인물됨과 그 행적을 전하고 있는데, 이들 문헌에서도 기자가 동쪽으로 갔다는 기자동래설은 전혀 보이지 않는다.

이렇게 진대 이전의 문헌들에서 기자는 단지 덕과 학문을 지닌 어진 인물로 묘사되어 있을 뿐 조선과의 관계, 즉 기자동래설에 대해서는 언급조차 없다. 선진문헌들에는 기자와 조선의 관계가 전혀 언급되지 않았는데, 한대 이후의 문헌들에 이르러서야 비로소 나타나기 시작하였던 것이다.

기자동래설의 실체를 그대로 인정할 수 없는 이유가 여기에 있다. 선진시대의 기록에는 나타나지 않았던 내용이 후대의 기록에 첨가되었다는 것은 기자동래설이 후세에 조작되었을 가능성이 있음을 보여주기 때문이다.

기자동래설의 근거는 무엇인가

그러면 한대 이후의 문헌들은 무엇을 근거로 기자동래설을 사실인 양 기록하였을까? 이에 대한 해답은 고고학 자료에서 찾을 수 있다. 1973년에 대릉하(大凌河) 연안지역인 요녕성(遼寧省) 객좌현(喀左縣)에서 기후(箕侯)의 명문(銘文)이 있는 방정(方鼎) 등 청동예기(靑銅禮器) 6점이 출토된 것이다. 갑골문과 금문(金文)에서 '기(箕)' 자는 '기(箕)' 자와 동일하게 쓴다. 이곳과 함께 이 일대 3개소에서도 많은 청동예기가 출토되었는데, 서로가 10킬로미터 내외의 거리 안에 있다. 이들 유물의 제작 시기는 상나라 말기이므로 기자의 생존시대와 일치한다. 그렇다면 이들 청동예기가 어떻게 동북지방에 이르는 중요한 통로인 대릉하 연안에서 출토될 수 있었을까?

상나라 신하였던 기자는 주나라에 의해 상나라가 멸망하자 그 족

속들을 데리고 어디론가 피신했을 것이란 추정이 가능한데, 위의 유물은 그가 피신한 지역이 대릉하 연안지역이었다는 해석을 가능하게 해준다. 이 지역에서 발견된 기후의 명문이 새겨진 청동기가 이런 추론을 뒷받침해주고 있다.

그런데 문제는 이 청동기가 무덤이 아닌 교장갱(窖藏坑)에서 발견되었다는 데에 있다. 교장갱은 지하에 구덩이를 파서 임시로 청동예기 등을 저장해두는 임시저장소를 말한다. 이는 기자와 그의 집단이 대릉하 연안지역에 왔다 해도 무덤을 사용하지 않을 정도로 잠시 동안만 거주했다가 곧바로 다른 지역으로 이동하였음을 뜻한다. 이 지역, 즉 대릉하 연안에서 발견된 상나라 유민들의 것으로 추정되는 청동예기 모두가 교장갱에 묻혀 있다는 것도 이런 사정을 증언한다.

기자로 상징되는 기자족이 오랫동안 정착한 곳은 산동성(山東省) 지역으로 보인다. 이는 1951년에 산동성 황현(黃縣) 남부촌(南埠村)에서 출토된 8점의 기기(箕器), 1969년에 산동성 연대시(烟臺市) 남쪽 교외에서 출토된 기후정(箕侯鼎) 등이 입증해주고 있다. 이들 청동예기는 모두 교장갱이 아닌 무덤에서 출토되었는데, 이로 보아 기자족이 이곳에 정착했음을 알 수 있다. 또한 이 유물들은 서주(西周) 후기부터 춘추시대에 걸쳐 제작된 것이므로 이 기간 동안 기자족이 산동성 지역에서 영주하였음을 보여준다.

그러면 왜 기자산동설이 아닌 기자동래설이 퍼졌을까? 그것은 기자가 잠시 중국 동북지방에 망명했던 사실에서 비롯된 것으로 보인다. 앞에서 언급한, 대릉하 연안지역에서 발견된 기후 명문이 있는 방정의 존재는 기자와 그 집단이 동북지방에 잠시 망명하여 거주했던 사실을 알려준다.

주 무왕이 상나라를 멸망시킨 후 대릉하 서쪽에 위치한 연나라의 제후로 봉해진 인물은 소공(召公) 석(奭)이었다. 그런데 『사기(史記)』 주본기(周本紀)는 소공 석이 무왕의 명에 따라 기자를 풀어준 장본인임을 말해주고 있다. 소공 석과 기자의 이러한 인연은 기자가 자신의 망명지로 소공이 제후로 있는 연나라를 택했을 가능성이 있음을 보여준다. 이후 중국 동북지방에는 기자가 망명했다는 전설이 전해져 내려왔을 가능성이 높다. 실제 기자집단의 주력은 산동으로 이주했어도 일부는 여전히 동북지방에 잔류했을 것이고, 그리하여 이 지역 주민들 가운데는 기자의 후손으로 자처하던 집단이 존재했을 것이다.

이런 전설을 토대로 한대 이후의 각종 문헌들은 선진시대 기록들과 달리 기자를 조선과 관련하여 기록하였을 가능성이 매우 높다. 실제로 기자가 조선에 망명했다는 시기인 서기전 11세기 중국에는 동북지방의 조선에 대한 정보가 전혀 없었다. 중국 문헌 가운데 조선에 관한 정보가 담겨 있는 최초의 문헌은 『관자(管子)』와 『산해경(山海經)』이다. 이들 문헌은 전국시대(서기전 403~221)의 저작이지만 한대(漢代, 서기전 206~서기 220)에 와서 편집되었다는 사실을 고려해야 할 것이다. 즉 이들 문헌에 담긴 조선에 관한 정보에는 한대의 인식이 반영되어 있다. 따라서 한대의 자료에서 비로소 기자가 조선에 망명한 사실이 등장하는 것 또한 한나라 사람들의 인식이 반영된 것으로 보아야 한다.

이처럼 중원의 중국인들은 한대, 빨라야 전국시대에 이르러서야 동북지방의 주요 세력으로 등장한 (고)조선에 관한 정보를 가지고 있었다. 이 무렵 중국인들은 동북지방에 전해져온 기자의 망명 전설에 대한 정보를 입수했을 것이다. 그들은 이를 근거로 기자동래설을 기정사실로 인식하였으며, 그 결과가 한대 이후의 각종 문헌에 나타난 것이다.

기자동래설을 조작한 이유

그럼 한나라 사람들은 왜 기자동래설을 만들어냈을까?

한나라 무제(武帝)는 서기전 108년 동북지방의 유력한 세력이었던 위만조선을 멸망시키고 그곳에 한사군을 설치하였다. 하지만 토착세력의 저항으로 진번(眞番)·임둔(臨屯) 두 군은 설치 20년 만에 폐지되었고, 일부 지역은 서기전 82년에 낙랑(樂浪)·현도(玄菟)에 통합되었다. 더욱이 현도군도 고구려의 공격을 받아 서기전 75년부터는 유명무실해졌다. 결국 낙랑군만 남게 되었는데 이마저도 점차 토착세력의 저항에 부딪혀 사실상 통치를 포기했을 정도였다.

결국 중원왕조는 효과적으로 동북지방을 지배하기 위해서는 무력에만 의존해서는 안 된다는 사실을 깨닫고, 사대명분론에 입각한 이념적 통치방식을 모색하였다. 그것이 바로 상나라 멸망 후 기자의 막연한 행적에 착안하여 조작해낸 기자동래설이었다. 즉 기자동래로 조선은 중국의 제후국이 되었기 때문에 영원히 중원왕조에 사대의 예를 철저하게 수행해야 한다는 것이었다. 이처럼 중원왕조는 당시 동북지방의 주요 세력으로 등장한 조선을 항구적으로 통제할 목적으로, 중국인인 기자와 그 후손을 조선의 통치자로 둔갑시킨 기자동래설을 조작하였던 것이다. 물론 이런 조작의 기저에는 중국인 특유의 중화의식이 자리 잡고 있었다.

실제 중화주의자들은 역사적으로도 기자의 후예인 조선이 중원왕조에 사대를 철저하게 수행해왔음을 강조하였다.『삼국지』동이전에 인용된『위략』의 기사가 단적인 사례다.

"옛 기자의 후예인 조선후(朝鮮侯)가, 주나라가 쇠약해지자 연나라가 스스로 높여 왕이라 칭하고 동쪽으로 침략하려는 것을 보고, 조선후도 스스로 왕호를 칭하고 군사를 일으켜 연나라에 대항해 싸우며 주 왕실을 받들려 하였다."

그리하여 한대 이후 중화주의자들은 기자동래설을 기정사실화하고, 이를 증폭시키기 시작하였다. 곧 『사기』, 『한서』, 『후한서』 등 한대 이후에 편찬된 역사서에 '기자동래설' 관련 기사가 나타났다. 그 내용도 처음에는 일관성을 유지하지 않는 등 원시적이었으나 시대가 내려올수록 세련되고 풍부해졌다.

예컨대 한대에 편찬된 『사기』와 『한서』에는 기자동래설이 각각 송미자세가(宋微子世家)와 지리지에 실려 있는데, 정작 조선의 상황을 다룬 조선전에는 기자에 대해 언급조차도 없다. 이 때까지만 해도 아직 기자동래설은 중화주의자들에게조차도 일반화되지 않았던 것이다. 그것도 전한 때에 편찬된 『사기』는 무왕이 기자를 조선에 봉했다는 기록만을 적고 있는 데 비해, 후한에 와서 편찬된 『한서』는 기자가 동쪽으로 온 이후 조선에서의 행적에 대해 더 자세하게 전하고 있다. 그 내용은 대략 이렇다.

상나라의 도(道)가 쇠퇴하자 기자는 조선으로 가서 조선의 백성을 예의로써 교화하고 농사, 양잠, 길쌈 등을 가르쳤다. 그리하여 낙랑군의 조선 백성은 원래 범금(犯禁)8조만으로도 순후한 생활을 하였다. 하지만 한나라가 낙랑군을 설치한 후 중국 관리와 상인들의 영향으로 풍속이 점차 각박하여져서 지금은 범금이 60여 조항으로 증가하였다. 즉 조선 백성은 기자의 교화로 인해 범금 8조만으로 다

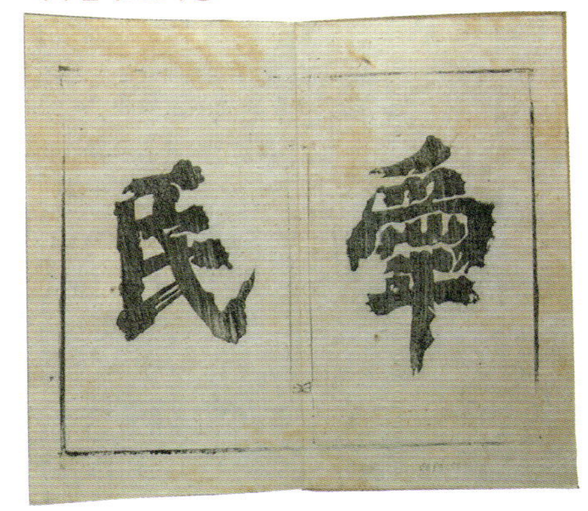

스려질 만큼 순후한 풍속을 지니고 있었다는 것이다.

이런 내용은 『후한서』와 『삼국지』에도 보이는데, 물론 옛 조선지역의 상황을 다룬 동이전에 실려 있다. 이들 문헌, 특히 『삼국지』에는 기자 후손의 사적(史蹟)까지도 자세하게 기록되어 있다. 『후한서』 동이열전의 기사에서는 심지어 조선을 '중국의 풍속이 어지럽혀지자 공자가 가장 살고 싶어 했다' 는 문명국가로 그리고 있다.

"옛날 기자가 쇠망하는 은나라의 운수를 피하여 조선 땅에 피난하였다.…… (기자로 인해) 동이(東夷) 전체가 유근(柔謹)으로 풍화(風化)되어 3방(三方, 서융·남만·북적)의 풍속과는 다르게 된 것이니, 진실로 정교(政敎)가 창달되면 도의(道義)가 있게 마련인 것이다. 공자가 분연히 9이(九夷)에 가서 살으려 하였더니 어떤 이가 그곳이 더러운 곳이 아닌가 하므로, 공자가 '군자가 살고 있으니 어찌 그곳이 더럽겠는가.' 한 것도 특히 그런 까닭이 있어서일 것이다."

이 같은 경향은 조선과 관련된 기사에서도 동일하게 나타난다. 『사기』나 『한서』는 위만조선 이전의 조선 상황을 전하면서 그냥 '조선' 이라는 표현을 사용하였지만, 한대 이후에 편찬된 사서 등에서는 모두 기자와 관련시켜 서술하고 있다. 예컨대 『사기』와 『한서』 조선전에서는 연나라가 조선을 침략하여 복속시켰다거나 위만이 조선을 복속시켰다는 간단한 표현만 등장한다. 이에 비해 『후한서』 동이열전은 "일찍이 (주나라) 무왕이 기자를 조선에 봉하니…… 그 뒤 40여 세가 지나 조선후 준에 이르러 스스로 왕이라 칭했다."고 하여, 조선을 분명히 기자와 관련시켜 서술하고 있다. 그리고 『삼국지』동이전에서는 동일한 내용을 더 자세하게 전하고 있다.

역사상 조작된 사실과 사건 등이 모두 그렇듯이 기자동래설과 관련된 조작도 처음에는 불완전하게 이루어지다가 시대가 점차 내려올수록 내용이 한층 세련되고 풍부해지면서 완결된 구조를 갖추게 되었다.

기자를 숭배한 유학자들

고려 이후 유학자들은 이렇게 조작된 기자동래설을 사실로 받아들였으며, 특히 조선시대에 와서는 기자를 숭배하기 시작하였다.[*]

이런 인식은 15세기에 편찬된 『동국세년가(東國世年歌)』, 『응제시주(應制詩註)』, 『삼국사절요(三國史節要)』, 『동국통감(東國通鑑)』 등에도 그대로 반영되어 있다. 게다가 사림파가 일정 정도 편찬에 참여한 『동국통감』부터는 기자를 도덕과 의리의 구현자로서 부각시키는, 기자 개인에 대한 숭배 경향이 강하게 나타났다.

기자 숭배는 성리학을 제외한 모든 사상을 이단으로 배격하는 사림파가 정권을 장악한 16세기 후반 이후에 한층 고조되고 심화되었다. 이들에게 기자는 명분과 의리의 구현자, 조선 도학(道學)의 시조, 왕도정치의 실천자일 뿐만 아니라 공자·맹자·주자와 같은 성현(聖賢)으로 받아들여졌고 그에 대한 숭배가 극에 달했다. 이제 기

---

* 이 책 26쪽 「1. 한민족은 과연 단군의 자손인가?」 참조.

자동래설, 홍범의 전수자, 정전제의 실시자, 상왕실의 왕족 등 기자
와 관련된 여러 기록들은 의심할 여지가 없는 진실이 되고 있었다.

국가적인 차원에서만이 아니라 민간에서도 기자 존숭운동이 전
개되었다. 가령 기자는 특정 가문들의 시조로 받들어지기도 했는
데, 청주 한씨(淸州韓氏), 행주 기씨(幸州奇氏), 태원 선우씨(太原鮮于
氏)의 족보에는 모두 기자가 시조로 되어 있다. 국가에서도 이들 가
문을 기자의 후손으로 인정하고 군역을 면제하는 특권을 부여하기
도 했다.

마침내 대한제국 성립 전후에는 기자숭배가 절정에 이르러 기자
를 '태조문성왕(太祖文聖王)'이라 존칭하고, 기자의 치적은 물론 기
자조선 역대왕의 왕명과 재위 연대, 그리고 각 왕의 치적이 역사서
에 상세히 서술되었다.

이런 인식은 역사적 사실이 아니라 중화주의자들의 조작된 정보
에 근거한 것으로 그야말로 허구에 불과하다. 그런데 오늘날까지도
고조선에 대한 연구는, 국사편찬위원회에서 총 60권으로 편찬하고
있는 『한국사』 4권의 "우리나라의 국가 기원 및 형성문제에 관한 논
의는 이른바 기자조선과 관련된 자료를 근거로 하여 이루어지고 있
다."(94쪽)는 고백처럼, 한대 이후 중국 중화주의자들이 조작한 기
자와 관련된 자료를 토대로 이루어지고 있는 실정이다.

이렇게 연구된 고조선상은 사상누각에 불과할 뿐이다. 실상이 이
런데도 대다수의 국사학자들은 실증사학을 표방하면서도 엄격한
사료비판은 도외시한 채 조작된 정보 등을 토대로 고조선에 대한
연구를 수행하여 그 성과를 독자에게 무책임하게 유포하고 있다.

27 광개토왕비문의 왜(倭)는 조작의 산물인가 역사적 사실인가

　1883년 일본군 중위 출신인 사카와 카게아키〔酒匂景信〕가 광개토 왕비문의 탁본(이를 雙鉤加墨本 또는 墨水廓塡本이라고 함)을 입수하여, 일본학계가 비문의 전 내용을 처음으로 세상에 공개한 이후 지난 1백 년간 비문 연구는 자연스럽게 일본학계가 독점하다시피 하였다. 문제는 일본학계가 비문을 고대한일관계의 역사상을 재구성하는 핵심 자료로 이용했다는 데에 있다.

　즉 그들은 비문에 보이는 왜관계 기사를, 4~5세기경 야마토정권이 한반도 남부를 지배했다는 이른바 '남한경영설(南韓經營說)'을 뒷받침해주는 결정적인 근거로 삼았다. 게다가 이 기사는 일본의 한국 침략과 식민지 지배를 정당화하는 역사적 근거로도 이용되었다. 그 결과 2차 세계대전 후 비문 연구를 둘러싼 한일 간의 논쟁은 양국의 학계뿐 아니라 온 국민의 관심을 받아왔다. 비문이 지닌 현재적인 의미가 실로 대단하다는 것을 알 수 있다.

　오랫동안 일본 지식인들의 뇌리 속에 자리 잡고 있던 남한경영설은 이른바 '임나일본부설(任那日本府說)'로 구체화되었다. 임나일본부설은 일본이 2차 세계대전에서 패망한 후 스에마쓰〔末松保和〕가 자신의 저서 『임나흥망사(任那興亡史)』(1949)에서 집대성하였다. 스에마쓰 역시 저 유명한 예의 신묘년(391) 기사*를 자신의 설을 뒷받침하는 결정적인 근거로 삼았다. 즉 그는 신묘년 기사를 "왜가 바다를 건너와 백제와 임나(혹은 가라)·신라 등을 격파하고 신민(臣民)으로 삼았다."고 해석하여, 이 기사가 당시 왜의 한반도 남부 지배를 확인해주는 결정적인 증거라고 주장하였다. 더불어 무엇보다도 고구려라는 제3자의 입장에서 씌어진 만큼, 일본의 가장 오랜 역사서인 『일본서기』보다 더 신빙성이 있다고 하였다.

일본을 건너온 충격, 비문조작설

그러던 중 1972년 재일교포 사학자 이진희가 펴낸 『광개토대왕비의 연구』는 아무도 예상하지 못했던 놀라운 반향을 일으켰다. 이 책은 비문이 일본군 참모본부에 의해 의도적으로 변조되었다는 내용을 다루고 있었는데, 출간되자마자 한국의 언론들은 연일 그 내용을 대서특필하였다. 책의 내용은 평소 반일감정으로 무장된 한국인들의 감정에 불을 지폈고 한국 학자들도 대체로 비문조작설에 동조해 일파만파의 파문을 일으켰다.

이 책은 조작설의 당사국인 일본학계에도 큰 충격을 주었지만, 대다수 일본 연구자들은 비문조작설을 무시하면서 '공중에 지은 누

---

* 이왜이신묘년래 도□파백잔□□신라 이위신민(而倭以辛卯年來 渡□破百殘 □□新羅 以爲臣民)

각'이라고까지 비판하였다. 그들은 일개 위관급 포병 장교에 불과한 사카와 중위가 광개토왕비가 있는 현장에서 비문을 조작할 만한 지식이 있을 리도 없으며, 더구나 일본군 참보본부에 의한 은폐작전이란 있을 수도 없다고 주장하였다.

그럼 두 나라 역사학계를 떠들썩하게 만든 이진희의 책 내용에 대해 살펴보자. 이진희의 주장은 대략 이러하다.

일본군 참모본부는 1880년에 사카와를 중국에 간첩으로 파견하고, 그는 일본군이 눈독을 들이고 있던 만주 일대에서 정보를 수집하였다. 이 과정에서 사카와는 1883년에 우연히 광개토왕비를 발견하였다. 사카와는 이 비문이 일본의 한반도 침략에 이용가치가 큰 것을 알고 현지인을 시켜 탁본을 뜨게 했는데 이것이 쌍구본이다. 이진희는 사카와가 쌍구본을 일본에 가져온 시기는 1884년 2월 이전인데, 쌍구본을 작성하면서 이미 비문의 일부 내용이 변조되었다고 주장하였다. 쌍구본을 분석한 일본군 참모본부는 비문의 내용 일부를 조작하면 한반도 침략의 명분으로 삼을 수 있다는 데 착안하여, 많은 인원을 동원해서 비문에 대한 해독 작업을 실시하였다. 작업을 마친 참모본부는 탁본을 천황에게 바쳤고, 1888년 국수주의 단체의 기관지인 『회여록(會餘錄)』 5권에 그 결과를 발표하였다.

일본군 참모본부는 1894년경에 다시 통구(通溝)에 간첩을 보내 비문을 탁본했는데, 이 탁본의 상당 부분이 사카와의 쌍구본과 다르다는 사실에 당황하여 1900년을 전후해서 다시 사람을 보내 비문에 석회를 발라 필요한 글자의 자형을 만든 후 탁본을 떴다. 참모본부는 변조한 비문의 내용을, 일찍이 일본이 한반도를 지배했다는 증거로 삼으려 했는데 이런 의도에 완전히 짜맞추기 위해 다시 사

람을 보내 3차로 변조하였다. 이렇게 변조된 부분이 문제의 신묘년
조 기사의 '바다를 건너오다[來渡海]'는 뜻의 글자 등 16곳, 25자에
달한다는 것이다.

　일본군 참모본부가 한반도 침략의 명분으로 삼기 위해 광개토왕
비문을 조작했다는 내용은 진위 여부에 관계없이 한일 양국에 상당
한 충격을 주었다. 하지만 누구보다 이 문제에 가장 큰 관심을 갖고
있던 한국인들은 냉전체제 아래에서 비문을 직접 조사하지 못하는
현실적인 어려움이 있었다.

중국에서 바라보는 광개토왕비

　비문조작설의 진위를 파악하는 데 가장 유리한 위치에 있던 나라는
중국이었다. 중국학자 왕건군(王健群)은 1972년, 1979년, 1981년 세
차례에 걸쳐 직접 광개토왕비를 조사한 연구결과를 토대로 1984년
『호태왕비연구(好太王碑研究)』를 출간해 비상한 관심을 모았다.

　이 책의 요지는 이렇다. 청나라 정부는 1876년에 회인현(懷仁縣)
을 설치했는데, 그곳 관리에 의해 광개토왕비가 발견되었다. 이후
중국의 몇몇 금석학자(金石學者)들은 사람들을 보내 탁본을 뜨기 시
작했는데, 어느덧 비문 근처에 살던 초천부(初天富) 부자가 탁본 뜨
기를 독점하게 되었다. 비문의 이끼가 두꺼워 탁본 뜨기가 힘들어
지자 말똥을 바른 후 불로 태웠지만 비문의 겉면이 여전히 울퉁불
퉁해 탁본을 뜨기가 쉽지 않았다. 탁본의 수요가 계속 늘어나자 초
천부는 탁본을 쉽게 뜨기 위해 1903년경부터 비면에 석회를 칠해

고르게 하고, 획이 분명하지 않은 글자는 문제의 쌍구본을 참고해서 석회를 발라 선명하게 만들었다.

왕건군은 비문에 대한 대규모 변조 작업이 비밀리에 진행될 수도 없을뿐더러 당시 청나라 정부가 아무리 나약했다고 해도 자국의 영토 안에서 이런 작업을 한다는 것은 불가능하다고 주장하였다. 현재 일본은 물론 한국 학자 상당수도 비문을 직접 조사했던 왕건군의 주장에 동조하고 있는 실정이다. 하지만 현재로서는 능비의 마모가 심하여 현존 비문 자체를 보아서는 비문조작설의 진위를 밝히기가 쉽지 않다. 결국 문제의 핵심은 조작 여부가 아니라 광개토왕비문, 그것도 한일 역사학계가 첨예하게 대립하고 있는 앞의 신묘년 기사를 어떻게 해석하느냐에 있다.

왜는 있었다

최초로 비문조작설을 제기한 이진희는 이미 '바다를 건너와서 (백제를) 파했다'는 뜻의 '도해파(渡海破)'란 글자 자체가 조작되었다고 주장했었는데, 왕건군의 책이 나온 다음해인 1985년에 현지 조사를 다녀온 후 '해(海)'는 '명(皿)'의 자획이며 '도(渡)'자도 확실치 않다면서 자신의 주장을 철회하지 않았다.

고대 왜가 바다를 건너 한반도를 공격했다는 사실을 굳이 부정하고 싶지 않은 일본인 학자들을 제외하고는, 비문조작설을 인정하는 학자들은 물론 조작설을 부인하는 한국과 중국학자들도 신묘년 기사에 대해 광개토왕의 업적을 과장하기 위하여 작은 사실을 과장한 표현일 뿐 역사적 사실이 아니라고 부정하고 있다. 4세기 후반 일본은 통일된 정권을 형성하지 못하고 있었기 때문에 바다를 건너 한반도를 공격할 능력이 없었다는 것이 그 이유이다. 하지만 이 기사를 무작정 부정해서는 안 된다.

비문에 따르면 왜는 당시 동아시아의 패자로 군림하던 고구려에 도전할 정도로 강력한 세력을 유지하고 있었다. 이는 비문의 다음 기사에서 확인할 수 있다.

"영락(永樂) 9년(399) 기해(己亥)에 백제가 맹서를 어기고 왜와 화통하였다. (이에) 왕이 평양으로 행차하여 내려갔다. 그때 신라왕이 사신을 보내어 아뢰기를, '왜인이 그 국경에 가득 차 성지(城池)를 부수고 노객(奴客, 신라왕)을 왜의 백성으로 삼으려 하니, 이에 왕께 귀의(歸依)하여 구원을 요청합니다.' 라고 하였다.…… 10년(400) 경자(庚子)에 왕이 보병과 기병 도합 5만 명을 보내어 신라를 구원하게 하였다. (고구려군이) 남거성(男居城)을 거쳐 신라성에 이르기까지 그 안에 왜적이 가득하였다. 관군(官軍)이 막 도착하니 왜적이 물러났다. (고구려군이) 그 뒤를 급히 추격하여 임나가라의 종발성(從拔城)에 이르자 성이 곧 항복하였다.…… 왜구가 크게 무너졌다."

비문 내용처럼, 고구려가 신라에 침입한 왜를 격퇴하는 데 동원한 병력이 무려 5만 명이나 될 정도로 당시 왜세력은 고구려에 위협적인 존재였다. 이런 사정은 비문 영락 14년(404)조의 다음 구절에서도 알 수 있다.

"왜가 법도를 지키지 않고 대방 지역에 침입하였다.…… (이에) 왕이 (군대를) 끌고 평양을 거쳐 □□□로 나아가 서로 맞부딪치게 되었다. 왕의 군대가 적의 길을 끊고 막아 좌우로 공격하니, 왜구가 궤멸하였다."

이로 보아 왜의 침략은 광개토왕이 직접 군대를 거느리고 나가 싸울 정도로 고구려에게 대단히 위협적이었음을 알 수 있다.

당시 왜가 강력한 세력을 유지하고 한반도 내에 상당한 영향력을 행사하고 있었다는 것은 『삼국사기』에서도 확인된다. 당시 신라의 가장 큰 골칫거리는 왜의 계속된 침략이었다. 왜의 침략 때문에 나라의 운명이 불분명해지는 상황에 처하자, 실성왕은 자신의 아우를 왜에 인질로 보내면서까지 우호관계를 구축해야 했다. 국내 역사학자들이 간과한 기록이지만 『삼국사기』 신라본기 실성왕 1년(402) 3월조의 "왜국과 우호 관계를 맺고, 내물왕의 아들 미사흔(未斯欣)을 인질로 삼았다."는 기사는 이런 배경에서 나온 것이다.

『삼국사기』에 따르면 백제도 왜에 인질을 보냈는데, 백제본기 아신왕 6년(397)의 "왕이 왜국과 우호 관계를 맺고 태자 전지(腆支)를 인질로 보냈다."는 기사 내용이 그것이다. 태자 전지는 아신왕이 죽자 대를 이어 왕위에 오른 전지왕이다. 당시 백제가 이처럼 태자를 인질로 보내서 우호를 도모해야 할 정도로 왜는 막강한 세력을 유지하고 있었다.

『삼국사기』에도 신묘년 직후의 왜에 관한 이런 내용들이 실려 있는 것으로 보아, 비문의 신묘년 기사가 전혀 사실무근이라는 주장은 비현실적이다. 현재의 민족적인 입장이 과거의 사실 판단에 영향을 미쳐서는 안 된다.

그러나 광개토왕비문에 있는 왜의 침략 기사가 사실이라고 해서 고대 일본이 한반도에 막대한 영향력을 끼쳤다는 주장이 사실로 입증되는 것은 아니다. 비문의 왜가 일본열도의 왜는 아니기 때문이다.

현재 일본학계에서는 일본에 통일된 국가권력이 형성된 시기를 6세기 말로 보는 것이 통설인데, 최근 일부 학자들이 그 시기를 7세기 말로 1세기 이상 늦추어 주장하여 점차 세를 얻어가고 있다. 따라서 4세기 말엽인 신묘년의 백제 및 신라와 당시 일본의 세력관계를 볼 때, 백제나 신라가 일본을 속국으로 삼을 수는 있어도 일본이 백제나 신라를 속국으로 삼을 수는 없다.

서기 400년에 광개토왕이 신라에 침입한 왜를 물리치기 위해 보낸 병력은 보병과 기병을 합쳐 무려 5만 명이다. 이는 그 정도의 대병력을 보내야만 왜를 물리칠 수 있었음을 뜻하는데, 당시 일본열도 내에는 그만큼의 병력을 움직일 만한 중앙집권적 국가가 존재하지 않았다. 다시 말해 광개토왕 비문의 왜가 현재의 일본열도 내의 세력은 아니라는 말이다. 비문이 조작되었는지 여부에 매달리기보다는 이 '왜(倭)'의 실체에 대해 연구하는 것이 비문 조작이라는, 어떻게 보면 지엽적일 수 있는 문제를 뛰어넘어 한국고대사, 나아가 한일고대관계의 가장 큰 비밀을 밝히는 핵심 과제가 될 것이다. 그럼 비문에 보이는 왜는 과연 어디에 위치해 있었던 것일까?

한반도 내 왜세력

1세기 초에서 3세기 초까지의 한반도에 대한 정보가 실려 있는 『후한서』 동이열전 한조(韓條)는 한과 왜의 위치 관계를 이렇게 설명하고 있다.

> "한에는 세 종류가 있느니, 하나는 마한, 둘째는 진한, 셋째는 변진이다. 마한은 (삼한 중에) 서쪽에 있는데 54국이 있으며, 그 북쪽은 낙랑, 남쪽은 왜와 접해 있다〔南與倭接〕. 진한은 동쪽에 있는데 12국이 있으며, 그 북쪽은 예맥과 접해 있다. 변진은 진한의 남쪽에 있는데 역시 12국이 있으며, 그 남쪽은 왜와 접해 있다.…… 그(마한) 남쪽 경계가 왜와 가까우므로〔近倭〕 문신(文身)한 사람도 있다.…… 그 나라(변진)는 왜와 거리가 가깝기 때문에 문신한 사람이 상당히 있다."

이 기사에 따르면, 왜는 한반도 밖이 아니라 한반도 안쪽, 즉 삼한의 남쪽인 한반도 남부에 있었다. 지금껏 '왜는 일본열도에 있다'는 고정관념을 갖고 기사를 대해, 기사가 말해주는 위치 비정을 무시했던 것이다. 이런 고정관념을 해체하고 "〔한의〕 남쪽은 왜와 접해 있다(南與倭接)."는 기사를 해석하면 왜는 도저히 일본열도 내에만 있을 수는 없게 된다. 더구나 마한과 변한 사람들이 왜와 이웃〔近倭〕하고 있었기에 왜의 풍습인 문신을 하였다는 정보도 왜가 삼한의 남부, 즉 한반도 남부에 위치하고 있었음을 간접적으로 입증하고 있다.

3세기의 한반도 정보가 담겨 있는 『삼국지』 위서동이전 한조의 다음 기사에서도 왜의 위치에 대해 『후한서』와 동일하게 적고 있다.

　　"한은 대방(帶方)의 남쪽에 있는데, 동쪽과 서쪽은 바다로 한계를 삼고〔東西以海爲限〕, 남쪽은 왜와 접해 있으며, 면적은 사방 4천 리쯤 된다. (한에는) 세 종족이 있으니, 마한 · 진한 · 변진이며 진한은 옛 진국이다. 마한은 (삼한 중에) 서쪽에 있다.…… 지금 진한 사람은 모두 납작머리이고, 왜와 가까운 지역〔近倭〕이므로 역시 문신을 하기도 한다.…… 그(변진)중에서 독로국은 왜와 경계가 접해 있다〔與倭接界〕."

　　이 기사에서도 왜의 위치를 삼한의 남쪽, 즉 한반도 남부로 기록하고 있다. 또한 진한조에 '근처에 왜가 있다〔近倭〕'는 구절과 변진 12개국 가운데 하나인 독로국도 '왜와 경계가 접해 있다〔與倭接界〕'는 구절도 왜가 일본열도만이 아니라 진한과 독로국 근처의 한반도 내에도 있었다는 사실을 말해준다.

　　여기서 사료 해석상 한 가지 주의해야 할 점은 두 사서(史書)의 '(한의) 남쪽은 왜와 접해 있다〔南與倭接〕'는 구절 중 '접(接)'은 육지로 서로 경계하고 있을 때 쓰는 낱말이지 바다 건너 있는 지역을 말할 때 쓰는 단어가 아니라는 것이다. 만약 바다 건너 왜가 있었다면 '바다〔海〕'로 동쪽과 서쪽의 경계를 표시한『삼국지』의 위 기록이 유독 남쪽 경계를 표시할 때에만 바다를 생략할 이유가 없는 것이다.

　　『후한서』와『삼국지』기사에서 분명한 것은 왜가 한반도 밖이 아니라 한반도 안쪽, 즉 삼한의 남쪽인 한반도 남부에도 존재하였다는 사실이다. 적어도 왜는 중국의 삼국시대인 3세기까지 일본열도뿐 아니라 한반도 남부에도 위치하고 있었다는 말이 된다.

　　게다가 일본사 연구자들의 통설에 따르더라도 신묘년, 즉 4세기 말엽에 일본은 통일된 정권을 형성하지 못하고 있었다. 4세기 후반 일본열도 내에, 바다를 건너와 백제와 신라를 공격할 만한 정치세력이 존재하지 못했다는 것이 일본 학계의 연구결과이다. 그렇다면 신묘년에 백제와 신라를 압도하였던 왜는 일본열도가 아닌 한반도 내에 있었던 다른 왜세력인 것이다.

그런데 한반도 내의 왜는 광개토왕비문에서 알 수 있듯이 400년과 404년 두 차례에 걸쳐 고구려와 대규모 전쟁을 벌였다가 패했다. 그 결과 한반도 내 왜세력은 결정적으로 약화되었을 것이다. 고구려와 싸울 여력을 잃은 한반도 왜 주도세력은 한반도 남부를 포기한 채 일본열도로 건너간 것으로 추정된다.

『송서』 왜국전(倭國傳)은, "왜국은 고(구)려의 동남쪽 큰 바다 가운데 있다."고 기록하고 있다. 이는 중국 남북조 송나라(420~479) 때에는 왜가 한반도에는 존재하지 않고 일본열도에만 위치해 있었음을 알려준다. 이후에 발간된 모든 중국측 문헌들은 왜가 일본열도에만 자리 잡고 있다고 기록하고 있다. 이런 기록들은 한반도 내에 위치했던 왜세력도 5세기의 어느 시점부터 한반도를 떠나 일본열도로 이동하였음을 설명한다.

왜 관련 기사는 『삼국사기』에도 수없이 나타난다. 『삼국사기』 신라본기는 혁거세 8년(서기전 50)부터 소지왕 19년(497)까지 대략 550여 년 동안 49회에 걸쳐서 왜에 관해 기록하고 있는데, 그중 33회가 왜가 신라를 침략한 기사이다. 그 후 약 160여 년 동안 보이지 않다가, 백제가 멸망할 무렵인 문무왕 5년(665)에야 다시 나타난다.

백제본기에도 왜 관련 기사가 아신왕 6년(397)에 처음 등장하여 비유왕 2년(428)까지 7회에 걸쳐 나온다. 그 후 180년 동안 보이지 않다가 무왕 9년(608)에 다시 나타나 의자왕 때에 두 번 보인다.

백제 비유왕 2년(428)과 신라 소지왕 19년(497) 이후 왜 관련기사가 『삼국사기』에서 오랫동안 사라지는 것은, 이 무렵 즉 5세기경에 한반도 내의 왜 주도세력이 한반도를 떠나 일본열도로 들어간 사정으로 이해하는 것이 합리적일 것이다.

한편 고구려에게 결정적 타격을 입고 일본열도로 이주한 한반도 내 왜 주도세력은 과거에 한반도에서 차지했던 위상을 근거로 한반도 남부의 연고권을 주장하였다. 중국『송서』왜국전에 따르면 왜왕(倭王)은 남송(南宋, 420~479)에게 보낸 외교문서에서 스스로 '도독 왜·백제·신라·임나·진한·모한육국제군사(都督倭百濟新羅任那秦韓慕韓六國諸軍事)'* 라 칭하고, 이의 사용을 인정해줄 것을 요구하였다.

당시 남송은 백제와 외교관계를 맺고 있었으므로, 백제에 대해서는 연고권을 인정해줄 수 없었다. 그래서 남송은 왜왕에게 '도독 왜·신라·임나·가라·진한·모한육국제군사' 라는 작호(爵號)를 내려주어 한반도에서 누렸던 과거의 위상을 인정해주었다.

이처럼 역대 중국왕조는 신복(臣服)에게 나라를 봉(封)하고 관직을 줄 때 모두 기정사실에 근거하고 또 자신의 세력범위 내에서 진행하였다. 예컨대 비슷한 시기에 장수왕이 요동을 차지하고 있었기 때문에 '도독요해제군사(都督遼海諸軍事)'를, 백제 전지왕의 경우는 오직 '도독백제제군사' 만을 책봉하였다. 이러한 봉호는 중국왕조가 기존의 사실에 근거하여 봉하였다는 것을 말해준다.

---

* 이 작호는 왜·백제·신라·임나·진한·모한 등 여섯 나라의 군사권을 통괄하는 제독을 가리킨다.

　이후 왜왕은 남송을 계승한 남제(南齊, 479~502)에 게서도 그 작
호를 인정받아, 왜는 고구려를 제외한 한반도 남부에 대한 연고권
을 주장할 수 있었다.

임나일본부는
고대 일본의 통치기구인가

이른바 '임나일본부설(任那日本府說)'은 일제 강점기 이래로 한일 양국 학계의 최대 쟁점이 되어왔다. 때문에 지금도 임나일본부에 관련된 문제만 제기되면 학계는 물론이고 일반인들도 비상한 관심을 가지고 주목하고 있는 실정이다. 가령 2005년 일본 역사 교과서 왜곡 파동이 일어났을 때의 상황을 떠올려보라.

이는 임나일본부 문제가 고대 한일관계사에 국한된 것이 아니라 현재적 의미도 아울러 가지고 있기 때문이다. 식민지 시절 일제는 한국이 일본의 지배를 받는 것은 지극히 자연스러운 일이라고 강변하였다. 그리고 그 중심에는 바로 '임나일본부'가 있었다. 임나일본부설은 '일본의 야마토조정이 4세기 후반부터 6세기 후반까지 200여 년간 한반도 남부를 지배했다'는 견해로 일제의 한국 식민지화가 역사적 정당성이 있는 당연한 조치였다고 주장한다. 그 근거가 된 텍스트는 일본의 가장 오랜 역사서인 『일본서기』다.

임나일본부설의 변형된 견해들

임나일본부설에 대한 본격적인 비판은 1960년대에 북한학계에서 먼저 나왔다. 북한의 역사학자 김석형은 『일본서기』에 나오는 임나일본부와 관련된 사건은 실제 한반도 여러 나라와 야마토조정 사이에 벌어진 것이 아니라, 한반도에서 일본열도로 건너간 이주민들에 의해 각지에 세워진 이른바 '삼한·삼국의 분국(分國)' 들과 야마토조정이 일본열도 내에서 벌인 사건들이라고 주장하였다. 임나일본부도 일본열도 내에 설치된 분국들 중 가야계의 분국인 임나국에 설치된 것이지, 한반도 남부에 설치된 것이 결코 아니라는 것이다.

김석형의 이론은 임나일본부설을 전면 부정하는 데에 그치지 않고, 한반도 본국과 연계를 가진 일본 내 분국들이 일본열도를 지배하였다는 정반대 논리였다. '분국설'로 불리는 그의 주장은 이처럼 일본의 논리를 정반대로 해석했다는 점에서 충격을 주었으나, 관련 자료에 대한 제시가 불분명했기 때문에 일본학계에서는 이를 일축해버렸다.

북한학계의 주장이 나온 이후 남한학계에서도 1970년대부터 본격적으로 임나일본부설을 비판하고 나서 임나일본부 논쟁에 불을 지폈다. 예컨대 천관우는 『일본서기』에 나오는 임나 관련 사건의 주체는 일본의 주장대로 야마토조정이 아니라 백제라고 주장하였다. 백제 멸망 후 일본으로 건너간 백제인들에 의해 『일본서기』가 편찬되면서, 원래 백제가 주체로 되어 있던 기사들이 왜를 주체로 한 것으로 바뀌었으며, 나아가 임나일본부는 백제가 가야지역의 통치를 위해 설치한 '파견군 사령부'와 같은 것으로, 고대 일본의 한반도 남부 지배와는 아무런 관계가 없다고 하였다.

이렇게 남북한의 유력한 학자들이 임나일본부설에 대해 반론을 제기하자 일본 역사학계는 임나일본부설을 보완한 여러 견해들을 제출하였다. 가야지역에 있던 왜국계 주민의 자치기관이라는 견해, 가야와 왜의 외교교섭을 맡은 기관으로 보는 견해, 왜가 설치한 상업적 목적의 교역기관으로 보는 견해 등은 이렇게 나온 것들이다.

어쨌든 이들 견해는 과거처럼 야마토조정이 한반도 남부를 지배했다는 당초의 주장에 비해 상당히 후퇴한 모습이다. 이런 변화에도 불구하고 간과해선 안 될 중요한 문제는 현재까지도 임나일본부설의 저변에 깔려 있는 인식의 기본틀, 즉 "고대 일본이 한반도에 군사적으로 진출하여 한반도 남부의 여러 나라에 강한 정치적 영향력을 미쳤다."는 생각 자체에는 근본적인 변화가 없다는 것이다. 변형된 임나일본부설도 가야지역에서의 왜의 역할을 전면 부정하지는 않고 있다.

이제 논쟁의 핵심은 임나일본부 자체가 아니라, 고대 일본의 한반도 남부에 대한 지배 혹은 영향력 행사의 확인에 모아졌다. 이 사실만 훼손되지 않는다면, 임나일본부가 통치기관이었든 아니었든, 더 나아가 실제 존재했든 안 했든 그리 큰 문제는 아니라는 것이다.

가야를 정복한 왜의 정체는

그동안 한국학계는 대체로 임나일본부설 자체를 허구에 불과한 것으로 보았다. 광개토왕비문에 등장하는 신묘년(서기 391), 즉 4세기 말엽의 일본열도에는 그러한 대규모 정복전쟁을 수행할 만한 정치세력 자체가 없었다는 것이 임나일본부설을 부정하는 주요한 근거였다.

그렇다면 임나일본부설은 일제가 한반도 지배를 정당화하기 위해 만들어낸 허구의 산물에 지나지 않는 것일까?

『일본서기』에서는 '임나'를 '미마나'로 읽는데 좁은 의미로는 김해, 넓은 의미로는 가야 전체를 가리키는 용어로 사용하고 있다. 그런데 '임나'가 김해의 금관국을 가리키는 경우는 드물고, 대부분 넓은 의미로 가야지역의 나라들을 총칭하는 것으로 사용되고 있다.

이처럼 임나가 지역명칭이라면 이른바 임나일본부는 그곳에 설치된 일본의 관부(官府)를 뜻하게 된다. 하지만 우리측 기록에는 임나일본부라는 용어가 전혀 보이지 않는다. 그래서 이것이 한때 그 존재 자체를 부정하는 논거로 사용되기도 했다. 그러나 우리측 기록에 보이지 않는다고 그 존재를 무조건 부정하는 것은 학문적 태도가 아니다. 우리측 기록인 『삼국사기』는 삼국을 중심으로 한 역사 기록이기 때문에, 당연히 가야나 임나에 대한 기록 자체가 극히 적을 수밖에 없기 때문이다. 실제로 드물기는 하지만 『삼국사기』 등 우리측 기록에서도 '임나'의 용례가 나타난다. 가령 『삼국사기』 열전 강수(强首)전에는 강수가 본래 '임나가량(任那加良)'이라고 적혀 있다.

그런데 『일본서기』에는 '임나'가 총 215회나 나온다. '일본부'라는 용어도 총 35회나 될 정도로 빈번히 나타난다. 그중에서 '임나일본부'라고 되어 있는 것은 흠명기(欽明紀) 2년(541) 4월조에 2회, 7월조에 2회, 5년(544) 11월조에 1회 등 총 5회다.

특히 『일본서기』 신공(神功) 49년(369) 3월조에는 왜가 가야지역을 정벌했다는 기사가 보인다. 여기에서는 신공황후가 황전별(荒田別)·녹아별(鹿我別) 등을 보내 백제의 구저(久氐)·목라근자(木羅斤資)·사사노궤(沙沙奴跪) 등과 함께 탁순(卓淳)에 모여 신라를 격파하고 비자벌(比自㶱)·남가라(南加羅)·록(㖨)·안라(安羅)·다라(多羅)·탁순·가라(加羅) 등 가야 7국을 평정하였다고 기록하고 있다.

문제는 이처럼 왜가 가야지역을 정복했다는 기사가 우리측 기록인 광개토왕비문에서도 확인된다는 점이다. 앞에서도 인용한 바 있는 영락 10년(400)조의 기록이 바로 그것이다.

하지만 이미 살펴보았듯이 광개토왕비문의 왜는 현재의 일본열도 내의 세력이 아니라 한반도 남부에 존재한 왜세력이었고, 고구려와의 대전에서 패배해 5세기 어느 시점에 그 주도세력이 일본열도로 옮겨간다.

물론 왜의 일부 세력은 삼국 후기까지도 여전히 한반도 남부에 잔존하고 있었다. 이는 우리측 자료에서 확인할 수 있다. 황룡사의 「본전(本傳)」을 인용한 『삼국유사』 황룡사9층석탑조(黃龍寺九層石塔條)를 보면, 선덕왕 5년(636)에 자장(慈藏)이 증언한 내용 중 "우리나라는 북으로 말갈과 연(連)하고, 남으로 왜인과 접해 있습니다."라는 구절이 있다. 이 기사는 왜의 일부 세력이 이 시기까지도 신라의 남쪽에 잔존해 있었음을 말해준다.

그러나 이미 세력이 약화된 왜세력은 가락국의 「본기(本記)」를 인용한 『삼국유사』 금관성파사석탑조(金官城婆娑石塔條)의 "제8대 질지왕(銍知王) 2년 임진(452)에 이 땅에 절을 설치하고 또 왕후사(王后寺)를 세워 지금까지 여기서 복을 받음과 동시에 남쪽의 왜까지 진압하였다. 모두 이 나라 본기에 자세히 적혀 있다.”는 기사에서 확인할 수 있듯이, 금관가야에 의해 진압되고 말았다.

일본부는 가야의 한반도 왜 통치기관

이제 가야는 452년에 한때 자신들을 지배했던 왜를 진압하고, 그 결과로 왜세력을 통제할 기구가 필요했을 것이다. 그것이 바로 한일 역사학계의 최대 쟁점인 『일본서기』에 보이는 ‘일본부’이다. 이런 사정은 『일본서기』 웅략(雄略)기 8년(464)의 기사가 뒷받침해주고 있다.

“(신라왕이) 임나왕에게 사람을 보내 말하기를, ‘고구려왕이 우리 나라를 정벌하였다. 이때를 당하여…… 나라의 위태로움이 누란의 위기보다 더하다.…… 일본부의 행군원수(行軍元帥) 등에게 도움을 청한다.’고 하였다. 이에 임나왕은 선신반구(膳臣斑鳩), 길비신소리(吉備臣小梨), 난파길토적목자(難波吉土赤目子)에 권하여, 신라로 가서 도와주게 하였다.”

『일본서기』 편찬자가 일본의 권위나 은혜를 나타내기 위해서 대담한 개찬이나 윤색을 가했기 때문에 표현상의 문제는 있지만, 이 기사에서 분명히 확인할 수 있는 것은 임나(가야)왕의 지시에 따라 일본부가 신라에 구원군을 보냈다는 사실이다. 같은 사건을 다룬 『삼국사기』 신라본기 소지왕 3년(481)조 기사는 이 점을 더 명확히 하고 있는데, 여기서는 아예 신라 구원군을 왜병이 아닌 가야병으로 기록하고 있다. 신라측에서는 왜를 가야의 예속집단으로 파악하고 있었기 때문에 그렇게 표현한 것이다.

'일본부'라는 용어는 앞의 웅략기 1회를 제외한 나머지 34회 모두 흠명(欽明)기 2년(541)부터 15년(554)사이에만 보인다. 사실 '일본부'는 6세기 중엽인 이 시기에 실제로 사용했던 명칭이 아니다. '일본'과 '부'는 7세기 말 이후에나 쓰였던 용어들이다. 따라서 '일본부'는 왜가 일본으로 국호가 바뀐 후에 가필 수정된 것이다.

현존하는 가장 권위 있는 『일본서기』 주석서인 『석일본기(釋日本紀)』는 '임나일본부'를 일본음으로 '미마나노야마토노미코토모치'로 읽고, '임나지왜재(任那之倭宰)'라고 주석을 달고 있다. 여기에서 '야마토'는 왜를 의미하고 '미코토모치'는 천황의 의지를 전달하는 사람, 즉 사신을 의미한다. 결국 '임나일본부'는 '임나에 파견된 왜의 사신'을 의미한다. 더구나 『일본서기』 흠명기 15년(554) 12월조의 백제가 왜에 보낸 외교문서에는 '안라일본부(安羅日本府)'를 '안라제왜신(安羅諸倭臣, 안라에 있는 여러 왜신들)'이라고 적고 있다. 이로 보아 '일본부'란 왜의 사신 내지는 그 집단을 가리키는 표현임을 알 수 있다. 즉 『일본서기』에 나타나는 '임나일본부'는 왜왕의 명령을 받아 '임나에 파견된 왜의 사신 내지 그 집단'에 불과한 것이다.

실제 흠명기에 보이는 일본부의 구체적인 활동을 보면, 그들은 야마토정권의 명령에 의해서가 아니라 독자적인 판단에 따라 활동하고 있다. 심지어 흠명기 5년 2월조에 따르면, 왜왕의 사신조차 임나 부흥문제에 관한 정책을 논의하는 데 있어 일본부를 배제했기 때문에 그들은 백제나 신라에 가서야 이 문제에 대한 왜왕의 의사를 들을 수 있을 정도였다. 일본부가 임나 부흥 등의 문제에 적극적으로 개입할 수 있었던 것은 자신들을 지배했던 금관국이 멸망했기 때문에 자연 왜세력도 독자적인 세력을 구축한 결과일 것이다.

그러면 일본부는 어째서 왜왕으로부터 떨어져 가야제국 왕과 친밀한 관계를 유지하게 되었을까? 먼저 일본부 소속 인물의 출신지와 가야지역에서의 장기체류에 주목할 필요가 있다. 흠명기에는 일본부경(日本府卿)인 적신(的臣)이 적어도 12년 이상 안라 한곳에서 체류하다가 거기서 죽은 것으로 기록되어 있으며, 그 휘하의 길비신(吉備臣)·하내직(河內直) 등도 거의 비슷하게 오랜 기간에 걸쳐 안라지역에서 활동한 것으로 나타난다. 더구나 일본부를 주도한 좌로마도(佐魯麻都)는 그의 어머니가 가야인인 것으로 보아, 가야에 거주하던 왜인일 것이다.

이와 관련하여 흠명기 2년 7월조의 "일본경(日本卿) 등은 임나국에 오래 살았고 신라의 경계에 접해 있으니 신라의 사정도 알 것이다."라는 백제 성왕의 증언이 주목할 만하다. 또한 『일본서기』는 왜국에서 일본부 소속 인물을 파견한 것처럼 쓰고 있으나 왜왕권이 그들을 임나에 사신으로 파견하였다는 기사는 어디에도 없다. 결국 『일본서기』에 보이는 일본부는 임나지역에 거주한 현지 왜인세력일 수밖에 없다.

실제로 『일본서기』에서는 일본부와 야마토조정의 예속관계를 나타내는 구체적인 기사를 찾아볼 수 없다. 그리고 만약 임나의 일본부가 야마토조정의 현지기관이었다면 당연히 야마토조정과 공동으로 전략 전술을 짰을 텐데, 오히려 이들은 야마토조정의 이익에 반하는 정책을 취했다.

이 같은 사실은 일본부가 왜왕과 꽤나 소원한 관계에 있었다는 것을 보아도 알 수 있다. 백제의 성왕은 왜왕에게 반백제·친신라 정책을 추진하고 있는 하내직(河內直) 등을 본거지로 송환시킬 것을 여러 번 요청하였으나, 이에 대해 왜왕은 아무런 실력행사도 하지 못했다. 일본부가 왜왕의 통제와는 무관한 위치에 있었음을 짐작케 한다. 그리고 왜왕은 몇 차례에 걸쳐 가야의 일에 관하여 자신의 입장을 밝히고 있으나, 이와 같은 입장 표명을 일본부에 직접 전달하지 못하고, 백제나 신라를 통하여 간접적으로 전달하였다. 즉 이 시기의 왜왕은 일본부를 제대로 통제하지 못하고 있었으며 그 관계도 아주 소원하였다.

그렇다고 해서 일본부가 백제의 통제하에 있었던 것도 아니었다. 이는 백제 성왕이 일본부 소속 인물에 대해 맹렬히 비난하면서 그들의 송환을 요구한 흠명기의 기사에서도 확인된다. 성왕이 일본부를 비난한 것은 그들이 반백제세력인 신라와 접촉하여 임나의 부흥 및 독립 보장을 요구했기 때문이다. 결국 일본부는 왜왕이나 백제왕이 아닌 가야제국의 왕에 의하여 조종되고 있었음을 알 수 있다.

한편 백제 성왕은 23년(545)부터 25년까지 왜에 방물을 주거나 기술자 또는 학자 등을 파견하는 등 물량공세를 퍼부어 왜왕으로부터 군대를 파견하겠다는 약속을 받아냈다. 이에 불안해진 안라와 일본부는 대항체제를 정비할 여유를 얻기 위해 고구려에게 백제 정벌을 요청하였다. 그러자 고구려는 548년 1월에 군사 6천을 보내 백제의 독산성을 공격하였는데, 신라의 참전으로 고구려가 대패하였다. 이때 전투에서 잡힌 고구려측의 포로가 이 전쟁의 발단은 안라국 및 일본부가 백제의 처벌을 요청했기 때문이라고 증언하였다.

증거를 잡은 백제가 일본부 관원의 소환을 요청하였지만 야마토정권은 번번이 응하지 않았다. 이 사건으로 보아도 일본부는 가야제국의 이익을 위해 활동하고 있었으며 야마토조정에 반하는 행동을 하고 있었음을 알 수 있다.

이렇게 『일본서기』 흠명기에 따르면 '임나일본부'는 임나(가야)에 파견된 왜의 사신 내지 그 집단이다. 하지만 실체는 기껏해야 가야지역에 잔존한 왜인 집단의 대변기구에 불과한 것이었다. 이들의 구체적인 활동도 모두 임나의 부흥 및 가야제국의 독립을 유지하고자 하는 외교활동뿐이었다. 가야제국은 백제·신라·왜와의 외교교섭에 일본부를 전면에 내세웠다. 이렇게 함으로써 일본열도에 위치한 왜와의 관계를 원활히 하고 백제와 신라에 대해서는 야마토정권이 자신의 배후에 있는 것처럼 보이게 하여 양국의 침략을 견제하였던 것이다.

요컨대 한반도의 왜는 두 차례에 걸친 대규모 전쟁에서 광개토왕에게 패배해 큰 타격을 받고, 주도세력이 일본열도로 건너갔기 때문에 한반도의 잔존 왜는 그 세력이 크게 약화되었다. 결국 왜세력은 452년 한때 자신들이 지배했던 금관국에 의해 진압되고 말았다. 그 결과 금관국은 왜세력을 통제할 기구가 필요했을 것이고 그것이 바로 한일 역사학계의 최대 쟁점인 『일본서기』에 보이는 '일본부'일 것이다. 그런데 금관국이 신라에게 멸망하자, 그 통제하에 있던 왜집단은 자연스럽게 독자적인 세력을 구축할 수 있었다. 이들 왜세력은 이른바 '일본부'를 중심으로 가야제국과 함께 신라에 멸망당한 금관국 등 남부 임나의 부흥 및 나머지 가야제국의 독립을 위하여 적극적인 외교활동을 전개하였던 것이다.

참고문헌

『상서대전(尙書大全)』, 『사기(史記)』, 『한서(漢書)』, 『후한서(後漢書)』, 『삼국지(三國志)』, 『구당서(舊唐書)』, 『신당서(新唐書)』, 『삼국사기(三國史記)』, 『삼국유사(三國遺事)』, 『제왕운기(帝王韻紀)』, 『고려도경(高麗圖經)』, 『고려사(高麗史)』, 『삼국사절요(三國史節要)』, 『동국통감(東國通鑑)』, 『조선경국전(朝鮮經國典)』, 『조선왕조실록』

1) 고구려연구회편, 『광개토호태왕비 연구 100년』, 학연문화사, 1996.
2) 김석형, 『초기 조일관계사』, 사회과학원 출판사, 1965.
3) 김태식, 『가야연맹사』, 일조각, 1997.
4) 노태돈, 「5세기 금석문에 보이는 고구려인의 천하관」, 『한국사론』 9, 1988.
5) 末松保和, 『임나흥망사』, 대팔주출판, 1949.
6) 박광용, 「기자조선에 대한 인식의 변천」, 『한국사론』 6, 1980.
7) 박시형, 『광개토왕릉비』, 사회과학원 출판사, 1966.
8) 송기호, 『발해정치사연구』, 일조각, 1995.
9) 왕건군 저 · 임동석 역, 『광개토왕릉비연구』, 역민사, 1984.
10) 윤내현, 「기자신고」, 『한국사연구』 41, 1983.
11) 이진희, 『광개토왕릉비의 탐구』, 일조각, 1982.
12) 이형구, 「대릉하유역의 은말주초 청동기문화와 기자 및 기자조선」, 『한국상고사학보』 5, 1991.
13) 정상수웅, 『임나일본부와 왜』, 영악사, 1978.
14) 천관우, 「기자고」, 『동방학지』 15, 1974.
15) 천관우, 『가야사연구』, 일조각, 1991.
16) 한영우, 「고려-조선초기의 기자인식」, 『한국문화』 3, 1982.
17) Jae-hoon Shim, "A New Understanding of Kija Choson as a Historical Anachronism," Harvard Journal of Asiatic Studies 62.2(2002).

고 대 편

고조선(古朝鮮)

환인(桓因)−환웅(桓雄)

‖−단군왕검(檀君王儉)……부왕(否王)−준왕(準王)

웅녀(熊女)

위씨조선(衛氏朝鮮)

위만왕(衛滿王)−△△−우거왕(右渠王)−장(長)

부여(夫餘)

……시왕(始王)−위구왕(尉仇王)……부태왕(夫台王)……위구태왕(尉仇台王)┐

┌간위거왕(簡位居王)−마여왕(麻余王)−의려왕(依慮王)……의라왕(依羅王)……현왕(玄王)

└── △△ ──── 위거(位居)

└── △△ ──── △△

고구려(高句麗)

1. 동명성왕(東明聖王)−2. 유리명왕(琉璃明王)─3. 대무신왕(大武神王)−5. 모본왕(慕本王)

4. 민중왕(閔中王)

재 사(再思)─6. 태조왕(太祖王)
(53~146)

7. 차대왕(次大王)
(146~165)

8. 신대왕(新大王)─9. 고국천왕(故國川王)
(165~179)　　　　　(179~197)

10. 산상왕(山上王)−11. 동천왕(東川王)
(197~227)　　　　　(227~248)

12. 중천왕(中川王)−13. 서천왕(西川王)−14. 봉산왕(峰山王)
(248~270)　　　　　(270~292)　　　　　(292~300)

돌고(咄固)−15. 미천왕(美川王)−16. 고국원왕(故國原王)─
(300~331)　　　　　(331~371)

17. 소수림왕(小獸林王)
(371~384)

18. 고국양왕(故國壤王)−19. 광개토왕(廣開土王)−20. 장수왕(長壽王)−조다(助多)−21. 문자명왕(文咨明王)−22. 안장왕(安藏王)
(384~391)　　　　　(391~413)　　　　　(413~491)　　　　　　　　　(491~519)　　　　　(519~531)

23. 안원왕(安原王)
(531~545)

┌─**24.** 양원왕(陽原王)─**25.** 평원왕(平原王)┬**26.** 영양왕(嬰陽王)
　　　　(545~559)　　　　　(559~590)　　　　(590~618)
　　　　　　　　　　　　　　　　　　　├**27.** 영류왕(榮留王)
　　　　　　　　　　　　　　　　　　　　　(618~642)
　　　　　　　　　　　　　　　└ 태양(太陽)─**28.** 보장왕(寶藏王)
　　　　　　　　　　　　　　　　　　　　　(642~668)

백제(百濟)

1. 온조왕(溫祚王)─**2.** 다루왕(多婁王)─**3.** 기루왕(己婁王)┐

└**4.** 개루왕(蓋婁王)─**5.** 초고왕(肖古王)─**6.** 구수왕(仇首王)┬**7.** 사반왕(沙伴王)

　　　　　　　　　　　　　　　　　　　　└**11.** 비류왕(比流王)─**13.** 근초고왕(近肖古王)─**14.** 근구수왕(近仇首王)
　　　　　　　　　　　　　　　　　　　　　　(304~344)　　　　　(346~375)　　　　　(375~384)

　　　　└**8.** 고이왕(古爾王)─**9.** 책계왕(責稽王)─**10.** 분서왕(汾西王)─**12.** 계왕(契王)
　　　　　　(234~286)　　　　(286~298)　　　　(298~304)　　　(344~346)

┌**15.** 침류왕(枕流王)─**17.** 아신왕(阿莘王)─**18.** 전지왕(腆支王)─**19.** 구이신왕(久爾辛王)─**20.** 비유왕(毗有王)┐
　　(384~385)　　　　(392~405)　　　　(405~420)　　　　(420~427)　　　　(427~455)

└**16.** 진사왕(辰斯王)
　　(385~392)

┌**21.** 개로왕(蓋鹵王)┬**22.** 문주왕(文周王)─**23.** 삼근왕(三斤王)
　　(455~475)　　　(475~477)　　　　(477~479)

　　　　　　　　└ 곤지(昆支)─**24.** 동성왕(東城王)─**25.** 무령왕(武寧王)─**26.** 성왕(聖王)┐
　　　　　　　　　　　　　　(479~501)　　　　(501~523)　　　　(523~554)

┌**27.** 위덕왕(威德王)
　　(554~598)

└**28.** 혜왕(惠王)─**29.** 법왕(法王)─**30.** 무왕(武王)─**31.** 의자왕(義慈王)
　　(598~599)　　(599~600)　　(600~641)　　(641~660)

신라(新羅)

[박씨(朴氏)]

1. 혁거세(赫居世)─**2.** 남해(南解)─**3.** 유리(儒理)┬**7.** 일성(逸聖)┬**8.** 아달라(阿達羅)
　　　　　　　　　　　　　　　　　　　└**5.** 파사(婆娑)└**6.** 지마(祇摩)

[석씨(昔氏)]

4. 탈해(脫解)─구추(仇鄒)─**9.** 벌휴(伐休)┬골정(骨正)┬**11.** 조분(助賁)┬**14.** 유례(儒禮)
　　　　　　　　　　　　　　　　　　　　└**12.** 점해(沾解)　　 걸숙(乞淑)─**15.** 기림(基臨)
　　　　　　　　　　　　　　└ 이매(伊買)─**10.** 나해(奈解)── 우로(于老)──**16.** 흘해(訖解)

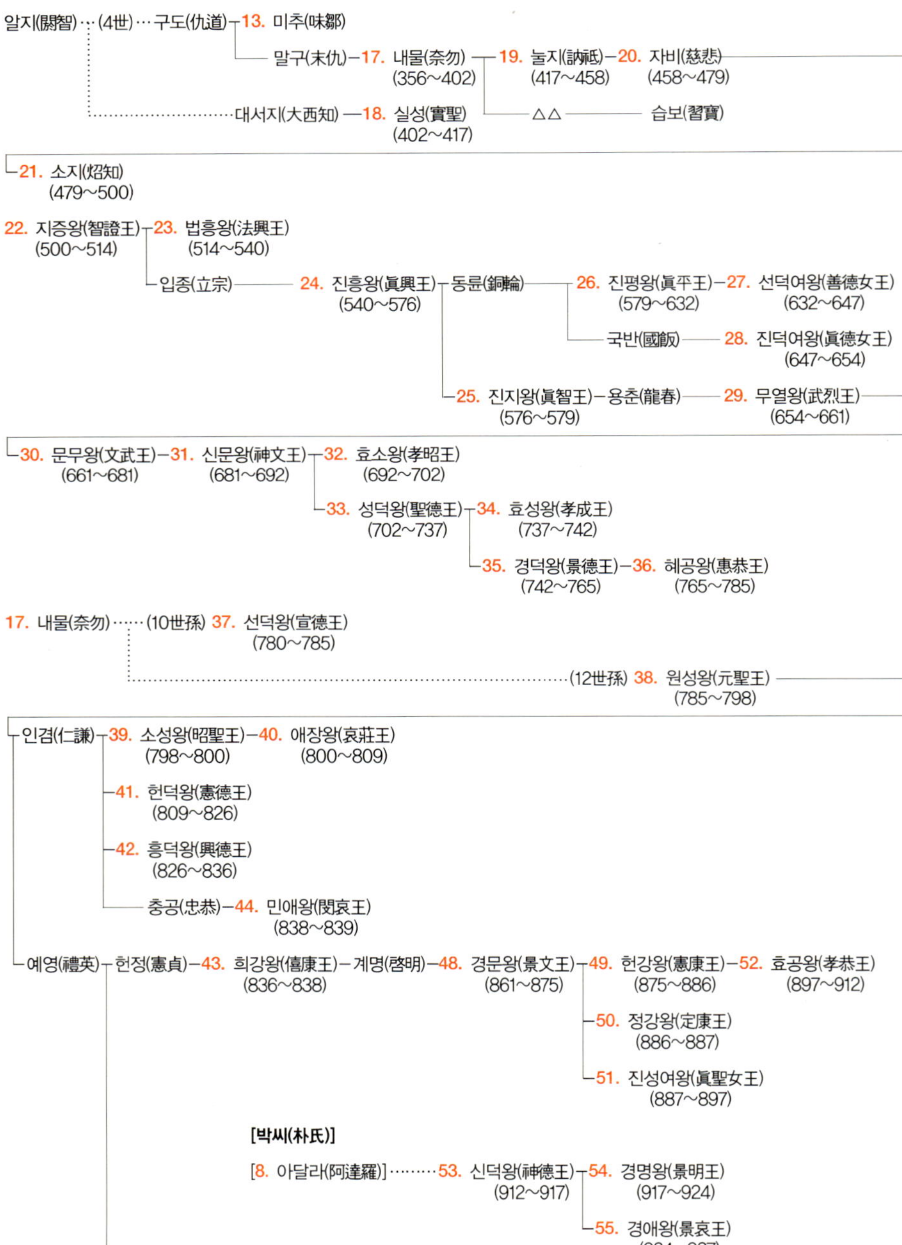

[김씨(金氏)]
알지(閼智) … (4世) … 구도(仇道) ─ 13. 미추(味鄒)
말구(末仇) ─ 17. 내물(奈勿) (356~402) ─ 19. 눌지(訥祇) (417~458) ─ 20. 자비(慈悲) (458~479)
대서지(大西知) ─ 18. 실성(實聖) (402~417)
△△ ─ 습보(習寶)
21. 소지(炤知) (479~500)
22. 지증왕(智證王) (500~514) ─ 23. 법흥왕(法興王) (514~540)
입종(立宗) ─ 24. 진흥왕(眞興王) (540~576) ─ 동륜(銅輪) ─ 26. 진평왕(眞平王) (579~632) ─ 27. 선덕여왕(善德女王) (632~647)
국반(國飯) ─ 28. 진덕여왕(眞德女王) (647~654)
25. 진지왕(眞智王) (576~579) ─ 용춘(龍春) ─ 29. 무열왕(武烈王) (654~661)
30. 문무왕(文武王) (661~681) ─ 31. 신문왕(神文王) (681~692) ─ 32. 효소왕(孝昭王) (692~702)
33. 성덕왕(聖德王) (702~737) ─ 34. 효성왕(孝成王) (737~742)
35. 경덕왕(景德王) (742~765) ─ 36. 혜공왕(惠恭王) (765~785)
17. 내물(奈勿) …… (10世孫) 37. 선덕왕(宣德王) (780~785)
(12世孫) 38. 원성왕(元聖王) (785~798)
인겸(仁謙) ─ 39. 소성왕(昭聖王) (798~800) ─ 40. 애장왕(哀莊王) (800~809)
41. 헌덕왕(憲德王) (809~826)
42. 흥덕왕(興德王) (826~836)
충공(忠恭) ─ 44. 민애왕(閔哀王) (838~839)
예영(禮英) ─ 헌정(憲貞) ─ 43. 희강왕(僖康王) (836~838) ─ 계명(啓明) ─ 48. 경문왕(景文王) (861~875) ─ 49. 헌강왕(憲康王) (875~886) ─ 52. 효공왕(孝恭王) (897~912)
50. 정강왕(定康王) (886~887)
51. 진성여왕(眞聖女王) (887~897)
[박씨(朴氏)]
[8. 아달라(阿達羅)] ……… 53. 신덕왕(神德王) (912~917) ─ 54. 경명왕(景明王) (917~924)
55. 경애왕(景哀王) (924~927)

본가야(本加耶)

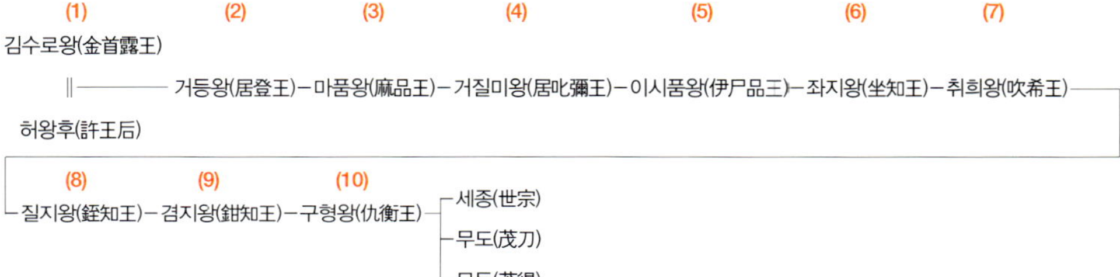

대가야(大加耶)

(1) 이진아시왕(伊珍阿豉王) … (9) 이뇌왕(異腦王) — 월광태자(月光太子) … (16) 도설지왕(道設智王)

발해(渤海)

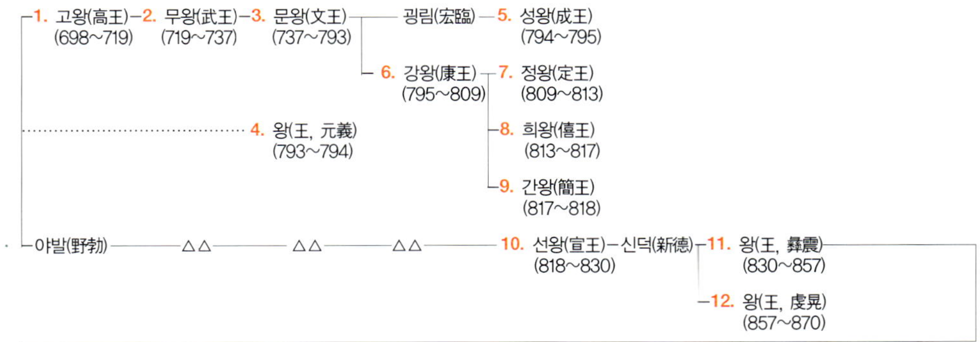

인명

일연(一然) 28, 29, 32, 34, 35, 36, 135,
　　154, 156

장보고(張保皐) 229, 230, 234

장수왕(長壽王) 107, 112, 113, 114,
　　115, 117, 118, 126, 189, 200, 254,
　　314

전지왕(腆支王) 309, 314

정도전(鄭道傳) 42

정인보(鄭寅普) 291

주몽(朱蒙) 40, 58, 65, 70, 71, 72, 73,
　　74, 75, 76, 77, 78, 80, 81, 83, 116,
　　250, 277

준왕(準王) 291, 292

지증왕(智證王) 135, 137, 140, 141,
　　143, 148, 149, 230

진덕여왕(眞德女王) 135

진수(陳壽) 89, 208, 213, 251

진시황(秦始皇) 27, 147

진흥왕(眞興王) 91, 132, 136, 142, 143,
　　145, 146, 147, 148, 149

질지왕(銍知王) 320

차대왕(次大王) 76, 109

천관우 215, 317

최남선(崔南善) 291

최리(崔理) 49, 54

최치원(崔致遠) 83, 96, 102, 137, 141,
　　156, 266, 289

탈해(脫解) 58, 59, 60, 65, 66, 67, 68,
　　92, 93

하백(河伯) 70, 71, 72, 73, 74, 114,
　　190, 280

하지왕(荷知王) 268

한 무제(武帝) 47, 48, 53, 55, 297

해모수 77

해부루(解扶婁) 74, 81, 83

허왕후 92, 93

허황옥(許黃玉)→ 허왕후

헌강대왕(憲康大王) 232

혁거세(赫居世) 58, 60, 62, 64, 65, 66,
　　67, 68, 69, 135, 250, 313

혜공왕(惠恭王) 67, 179

호공(瓠公) 66, 68

후한(後漢) 광무제(光武帝) 48, 52, 53,
　　54, 55, 91

흑치상지(黑齒常之) 133

주제어